影视艺术与传媒系列丛书

电视名牌节目读解

DIANSHI MINGPAI JIEMU DUJIE

孙宜君 吴竞韡 等/著

北京师范大学出版集团
BEIJING NORMAL UNIVERSITY PUBLISHING GROUP
北京师范大学出版社

图书在版编目(CIP)数据

电视名牌节目读解/孙宜君等著．—北京：北京师范大学出版社，2016.5

ISBN 978-7-303-20048-1

Ⅰ.①电…　Ⅱ.①孙…　Ⅲ.①电视节目—分析—研究
Ⅳ.①G222.3

中国版本图书馆 CIP 数据核字(2016)第 016535 号

营销中心电话　010-58802181　58805532
北师大出版社高等教育分社网　http://gaojiao.bnup.com
电子信箱　gaojiao@bnupg.com

出版发行：北京师范大学出版社　www.bnup.com
北京市海淀区新街口外大街 19 号
邮政编码：100875

印　　刷：大厂回族自治县正兴印务有限公司
经　　销：全国新华书店
开　　本：730 mm×980 mm　1/16
印　　张：23.25
字　　数：366 千字
版　　次：2016 年 5 月第 1 版
印　　次：2016 年 5 月第 1 次印刷
定　　价：39.80 元

策划编辑：周　粟　　　　责任编辑：齐　琳　王新焕
美术编辑：焦　丽　　　　装帧设计：焦　丽
责任校对：陈　民　　　　责任印制：陈　涛

内容简介

《电视名牌节目读解》是一部以多视角解读电视名牌节目的著作。作者从全国若干电视节目中，精选46个具有一定代表性的品牌节目或近年收视火爆的优秀节目进行读解分析。其中，既有《中国好声音》《出彩中国人》《中国达人秀》等电视真人秀节目，又有《焦点访谈》《新闻夜宴》等新闻类节目，也有《艺术人生》《鲁豫有约》《首席夜话》等电视访谈节目，并有《是真的吗》《最强大脑》等科学求证与脑力竞技类节目，还有《创客星球》《汉字英雄》等自主原创节目。书中将总结这些电视名牌节目的创办与制作经验，梳理其传播源流与路径，概述其主要社会影响，探析其优点与特色，也指出其不足，提出进一步改进创新的建言。全书将理论与实际结合，深度探究与通俗解析结合，力求做到论述客观，评价公允，见解独到。本著作既是电视工作者、研究者与爱好者的理论研究读本，也可作为高等院校相关专业的参考用书。

作者简介

孙宜君，男，江苏淮安人。任南京理工大学设计艺术与传媒学院教授，传播与传媒发展研究中心主任；兼任中国高校影视学会理事、中国传播学会理事、中国广播电视学与新媒体研究会常务理事、中国科技传播学会常务理事等；被聘为国家哲学社科基金项目通讯评审专家、教育部人文社科基金项目评审专家、浙江越秀外国语学院兼职教授等。曾在《现代传播》《电视研究》等国内外期刊发表论文近百篇；已出版《影视艺术鉴赏学》《文艺传播学》《影视艺术概论》《广播电视学引论》《欧美经典电影读解》等著作9部；主编、参编教材20部；主持与参加国家及省部级科研课题8项；有多项成果获得省部级科研奖与教学奖。目前主编的“广播影视新视角丛书”，正陆续出版并产生了良好的学术影响。

前 言

21世纪以来，随着以数字技术、网络技术为核心的信息革命的深入演进，我国乃至全球的传播媒介发生了巨大变革。以网络与手机为代表的新兴媒体突飞猛进，用户量急剧增长。有关权威机构发布的统计数据显示：到2015年6月，我国网民规模达6.68亿，手机用户数达到5.94亿。[①] 同时，以互联网为基础的新兴媒体形态，如网络电视、手机电视、SNS社交平台、微博等；以移动通信为基础的新兴媒体形态，如手机电视、手机视频、公共移动视频、微信等；正以裂变的速度渗透到社会生活的各个角落，成为改变国家媒介发展格局的主导力量，成为我国人民获得资讯和进行休闲娱乐的重要渠道，也成为我国文化产业发展的核心领域。

正是网络与手机新媒体的飞速发展，以及其他各类新媒体新业态的层出不穷，改变了整个媒介生态与电视媒体一家独大的格局，促进了传统媒体的变革及其与新媒体的融合，从而形成了媒体多渠道、多屏化、多终端的发展态势。以电视媒体为例，一方面，电视媒体因网络新媒体的快速发展、激烈竞争而动摇了“霸主”地位，其收视率与影响力受到了渠道分流与多屏化的严峻挑战。据央视索福瑞收视数据显示，2014年中国电视整体收视人数与收看时长都在减少，电视媒体的广告投放总量也首次由增长转为下降(降幅为0.5%)。与此形成鲜明对比的是，截至2014年12月，中国网络视频用户规模达4.33亿，比2013年底增加了478万；而在网络视频用户中，电视的使

---

① 中国互联网络信息中心．第36次中国互联网络发展状况统计报告[R/OL].[2015-07-22]. http://www.cnnic.net.cn/hlwfzyj/hlwxzbg/hlwlibg/201507/t20150722_52624.htm.

用率仅为22.4%。[①] 这一降一增之间，电视媒体的危机显而易见。另一方面，我们也应看到，在用户规模、接触率、广告收入、媒体地位及综合影响力方面，电视作为"第一传播平台"的地位现在(也许还有相当长的时间)并没有失去。从用户规模上讲，电视拥有其他媒体无法匹敌的庞大受众群。"2014 年中央电视台有 5 个频道全国覆盖人口均超 12.6 亿，排名前五的省级卫视频道(依次为湖南卫视、浙江卫视、山东卫视、江苏卫视、东方卫视)全国覆盖人口均超 10.2 亿。"[②]从内容输出优势上讲，内容是大众媒介的核心竞争力。对于电视媒体产业来说，传输的电视节目内容是其重要的资源。毕竟吸引观众的不是电视机而是电视节目。多渠道、多视频传播呈现后，"虽然分流了大量电视观众，但从视频网站的点击分布看，大部分点播节目来自传统电视台。也就是说转向网络视听新媒体的受众，其实还是乐于收看传统电视媒体的节目，只不过是换了一个渠道，原来是面对电视机，现在是面对显示器或者手机屏幕。可见，优秀电视节目的内容无论在什么传播平台上都是受欢迎的"[③]。再拿英美等发达国家来说，尽管新兴媒体发展迅速，但传统电视媒体的收视率仍然很高。例如，英国 2015 年公布的观众收视数据显示：2014 年"英国观众收视的主要终端是电视机，比例为 98.4%，其中 86.0%的收视是在客厅中；观众每周在电视机上收看电视节目的平均时间长度是 3 小时 41 分钟。相比 10 年前(2004 年)的观众收视数据，观众在电视机上的收视时间比例只下降了 0.4%。观众通过平板电脑、智能手机、笔记本电脑等终端收看电视节目的比例是 1.6%，每周这些终端上收看电视节目的平均时间长度是 3 分钟 30 秒"[④]。此外，英国电视广告营业收入连续 5 年处于增长态势，2014 年增幅达到了 6.0%，总额为 49.1 亿英镑。由此可见，电视在英国也依然居于媒体领域的主导地位。

---

① 中国互联网络信息中心．第 35 次中国互联网络发展状况统计报告[R/OL]．[2015-02-03]．http://www.cnnic.net.cn/hlwfzyj/hlwxzbg/hlwtjbg/201502/t20150203_51634.htm.

② 综艺＋网．美兰德发布 2014 全国电视覆盖与收视状况调研成果[EB/OL]．[2014-12-17]．http://www.zongyijia.com/News/News_info?id=28191.

③ 王长潇，曾辉．超越传统——电视影像传播的嬗变[M]．北京：中国传媒大学出版社，2014：7.

④ 李宇．传统电视与新兴媒体：博弈与融合[M]．北京：中国广播影视出版社，2015：12.

总之，我们认为在新媒体背景下，电视媒体的传统优势地位不可避免地发生了变化，但电视媒体也绝非日薄西山。在媒体融合环境中，电视媒体经过凤凰涅槃式的变革依然会有强大的生命力，电视节目内容经过不断的适调与创新也会有很强的竞争力。基于以上认知，我们判断，在当今电视媒体、电视节目方面的深入研究是非常有必要的。而《电视名牌节目读解》一书具有较强的现实意义与理论价值，对于我国电视媒体的发展与繁荣、电视节目质量的改进与提高具有积极的促进作用。

《电视名牌节目读解》整体架构中的读解对象包括 46 档电视节目。这是从全国若干电视节目中，精选的具有一定代表性的品牌节目或近年收视火爆的优秀节目。其中既有《中国好声音》《出彩中国人》《中国达人秀》等电视真人秀节目，又有《焦点访谈》《新闻夜宴》等新闻类节目，也有《艺术人生》《鲁豫有约》《首席夜话》等电视访谈节目，并有《是真的吗》《最强大脑》等科学求证与脑力竞技类节目，还有《创客星球》《汉字英雄》等自主原创类节目。对每个节目的读解基本分为五部分：一是节目概述，即节目基本信息，包括节目名称、主创人员、开播时间与现在状态、节目形态、节目宗旨、主要内容以及评价概说等。二是传播源流与路径，以传播学的视角梳理节目的来源与传播历程。因为我国绝大多数电视节目都是通过引进国外节目模式，再进行本土化改造而产生的，这就需要进行中外节目对比，找出异同。三是主要社会影响，叙述节目的社会反响、受众评价、问题争议、效果与成就等。四是阐述与评价，主要对节目特色、成功因素、创制经验以及不足之处等进行分析，进而提出节目改进建议等。五是阅读延伸，列举了节目读解中参考的文献与推荐阅读的文献，作为读者观看鉴赏节目时的理论拓展。全书将理论与实际结合，深度探究与通俗解析结合，力求做到论述客观，评价公允，见解独到。

《电视名牌节目读解》的完成得力于三届研究生的参与支持。此书的选题早在 2011 年我为“广播影视新视角丛书”做策划方案时就列出来了。原想约请两位专家教授合作完成此书，但我在给研究生讲授“影视传播专题研究”课程后改变了这一想法。在课程研讨中，研究生不仅对视听新媒体传播非常感兴趣，而且对《中国好声音》《出彩中国人》《谢天谢地，你来啦》等电视节目传播现象表现出了极大的热情。我鼓励他们将研讨的观点、想法进一步深化，写出文章上交我修改后再研讨交流，最后写出成稿。这样连续三届，也就集结了大部分书稿。经此过程，学生的评析能力有了较大提升，文章中也不乏一些真知灼见。全书由我设定框架纲目，增删修改，统稿，定稿。吴竞韡、王雅、胡家玮补写了多个节目，并协助我统筹。在此，对所有付出写作辛劳的研究生一并表示感谢。

同时，还要感谢诸位电视媒体人，是他们创制的节目成为本书的读解对象；感谢电视研究领域的专家学者，是他们的研究成果为本书写作提供了颇有价值的参照(其引用多已标注)；感谢浙江越秀外国语学院网络传播学院领导的支持；最后特别感谢北京师范大学出版集团的领导及周粟、王新焕编辑，是他们的支持与辛劳使本书得以顺利出版。由于本书作者较多，撰写时间、水平各有差异，加之所评节目大多处在动态发展中(节目改版、更换主持人等常有发生)，书稿虽经我几个月修改润色，甚至部分重写，可也难保文风完全统一。书中疏漏与错误在所难免，敬请读者、有识之士批评指正。

孙宜君

2016 年 3 月记于南京

目　录

圆梦中国，快乐公益

——浙江卫视《中国梦想秀》读解

《中国梦想秀》作为浙江卫视践行中国蓝（浙江卫视台标象征及品牌）“顶层设计”的一次探索，一改昔日“明星化”的娱乐风格，把聚光灯转焦在普通百姓身上，揭示了当代社会文化转型的积极意义，提升了电视节目的品格。《中国梦想秀》自开播以来，收视率飙升，已经成了众所周知的媒介事件。它引领了健康的娱乐风潮，建构了综艺节目的品牌意义与电视文化内涵，开启了电视综艺节目的新风尚。

一、节目概述

中文名称：中国梦想秀
外文名称：Chinese Dream
节目类型：真人秀类圆梦节目、综艺节目
主持人：朱亚丽、华少、陈欢等
梦想大使：周立波
节目导演：蒋敏昊
播出频道：浙江卫视
在线播放平台：爱奇艺、中国蓝 TV、蓝莓视频等
制作单位：浙江卫视节目中心
开播日期：2011 年 4 月 2 日
节目时长：100 分钟以内
播出时间：每周日至周三 21：30(周日为精华版)
播出状态：已播出 9 季

《中国梦想秀》全称《快乐蓝天下·中国梦想秀》，是浙江卫视打造的一档“季播性”电视综艺节目。节目以公益为诉求、以真诚为根本、以梦想为依托、以现实为动力，让全国观众从节目中体验到了快乐，认识到了公益的本质。《中国梦想秀》是由浙江卫视购入英国收视第一的王牌综艺节目《就在今夜》模式版权，精心打造而成的一档由明星给老百姓惊喜，帮老百姓圆梦的大型公益节目。

《中国梦想秀》首季节目于 2011 年 4 月 2 日晚开播，到 2015 年 2 月 25 日已播出至第九季。已有上百组的追梦人在《中国梦想秀》的舞台上，实现了自己的梦想。他们或改善了生活，或与亲人团聚，或成功地展示了自己，追梦人由此收获了梦想成真的喜悦。节目开播后短短几个月，就已在全国形成了巨大反响。作为一档模式创新的电视节目，一个实践电视“顶层设计”的栏目，《中国梦想秀》引发了全媒体关注，以“梦想”为关键词的节目呈现被认为是引

领2011年中国电视的一种特殊文化现象。《中国梦想秀》前3季节目已经收获了高收视率、高网络点击率和全社会的好评，继而播出的6季在不断创新之中给观众带来了更多的惊喜，引领了电视综艺类节目的新风尚。

二、传播源流与路径

1. 节目来源

《中国梦想秀》，由浙江卫视于2011年3月购买下英国广播公司世界电视台(BBCW)创全国收视第一的王牌综艺节目《就在今夜》的中国版权制作而成。《就在今夜》是2004年英国推出的一档以英国一线大牌歌手为普通百姓伴唱等为看点的综艺性电视节目，这档节目一经推出收视便雄居榜首。

浙江卫视负责人表示，英国广播公司也非常重视和浙江卫视的这次合作，因而特意派出了原版《就在今夜》的一名飞行制片人来到中国，全程参与《中国梦想秀》的策划和录制。所以，《中国梦想秀》这档节目是中英两国节目制作高手共同打造的。

后来，《中国梦想秀》第3季到第9季的节目在原版节目的基础上进行了大胆的改革和创新，新增了"梦想大使"和"观察团"。据浙江卫视负责人称，英国广播公司认证这个模式为全新模式，希望回购《中国梦想秀》的节目版权，制作新版《英国梦想秀》并在英国播出。

2. 中外节目对比

(1)看点对比。英国的《就在今夜》最大的看点是：英国一线大牌歌手为普通百姓伴唱，最顶尖的舞者为普通百姓伴舞，最一流的交响乐团为大众伴奏。相比英国的欢乐诉求，挖掘人物故事中的感动因素更契合中国人的深层文化心理，从人出发又注重情感的细节把握，这样的节目必然能打动中国社会的大众群体。《中国梦想秀》引进大量感人的故事，走温情路线，几乎每个追梦人都有一段看似寻常但却感人至深的追梦经历，这才是节目最大的看点。

(2)主持人对比。《中国梦想秀》的前三季由朱丹和华少担任主持，第四季的主持人为朱亚丽。在节目中，主持人很大程度上只起到一个圆梦的助推作用，节目的重点还是在内容展示上。在英国原版节目《就在今夜》中，只有一位主持人约翰·巴洛曼，他有"音乐剧小天王"之称。节目让约翰·巴洛曼尽情展示自己在歌舞方面的才艺，以致这位主持人完全抢了追梦人的风头。

(3)追梦人对比。《就在今夜》选择的追梦人很多都是病痛患者，而《中国梦想秀》则注重给心中有梦的普通人提供一个圆梦的平台。《中国梦想秀》聚焦于生活中的小人物，以他们平凡人生中始终怀揣着的不平凡梦想为切入点，帮助他们重新找回实现梦想的勇气，并给予他们实现梦想的机会。

3. 节目形式全面升级

前两季《中国梦想秀》在整个节目形态上几乎和《就在今夜》相同，即梦想大使接受梦想委托人的委托，乔装打扮后找到追梦人，发出邀请，追梦人到现场完成梦想。而后面几季节目，摒弃了原版节目的基本形态，实现了创新升级和本土化。海派清口文化发起人周立波以梦想大使的身份加盟节目，追梦人表演结束后，由周立波身后的 300 位梦想观察员进行投票，当圆梦票数超过 200 票，节目组就会帮助追梦人实现心中的梦想。

三、主要社会影响

1. 社会反响

《中国梦想秀》作为浙江卫视践行中国蓝"顶层设计"的一次探索，一改昔日"明星化"的娱乐风格，把聚光灯转焦在普通百姓身上，揭示了当代社会文化转型的积极意义。普通百姓实现梦想的节点与场景在电视的镜像中多维呈现，更有明星现场帮助圆梦，惊喜连连，使观众置身于电视娱乐文化情感场域之中，体验内心深处的感动。在推进梦想实现的进程中，精英文化与大众文化进行了创造性的融合，"草根精神"在华丽的舞台上尽情地狂欢与释放。

《中国梦想秀》自开播以来，收视率飙升，已经成为众所周知的媒介事件，把电视娱乐节目推向了高潮。《中国梦想秀》引领了健康的娱乐风潮，建构了娱乐节目的品牌意义与电视文化内涵，开启了电视娱乐节目的新时代。

2. 受众分析

(1)"圆梦"热潮激发情感共鸣。浙江卫视掀起的这股"圆梦"热潮，真实客观地反映了观众情感体验的需求。观众在收看节目的过程中，融入电视情境中，通过主持人和追梦人的互动产生身临其境之感。由于节目中嘉宾的年龄、学历、工作、梦想、经历等各不相同，因此不同层次的受众都能从节目中寻找到相似的经历，努力和追梦人产生高度的联结，从而释放并加深情感体验的需求。而这一需求是推动观众持续关注该节目的根本原因。

“圆梦”，在相当大的程度上成了节目为受众提供的参考框架，受众在这一基础上，调整自己的价值观念和行为。受众会无意识地将自己无法实现的情感需求和认知体验加诸到追梦人身上，产生角色替代。受众高度持续的关注追梦人的动态，并根据追梦人的个人经历和梦想来寻求相似或弥补不同，产生强烈的情感共鸣。因此，《中国梦想秀》的收视会持续飙高，并有庞大的受众群体。

(2)娱乐性满足观众消遣需要。《中国梦想秀》的一大特色就是“秀”，因此它的冲突性和游戏性发挥得淋漓尽致。追梦者的舞台表演及其生活状态的展现，在接近真实、贴近生活的前提下，既满足了受众的窥探欲，又缓和了受众的压力，深得观众喜爱。

3. 相关争议

(1)消费爱心惹争议。自开播以来，参与节目的追梦者多以励志、公益等感人经历得到评审团和节目组的认可。然而，有网友爆料，《中国梦想秀》中的一些追梦者其实是综艺栏目的“常客”。第三季第三期节目中的“前门兄弟”就被网友爆料曾在多个舞台上见到其身影。某网友在看完节目后表示：“和刘霜霜、哈佛女孩这些圆梦者相比，这些走秀人物的出现在我看来很不协调，别人是用真诚来面对梦想，而他们则是利用这种真诚。”

(2)“悲惨爆棚”引争议。第四季《中国梦想秀》，收视飘红亦热议不断，在不断制造话题的同时频频引发争议。尤其是播出的前三期节目中，追梦人要么身世悲惨，重病缠身，要么情路坎坷。每期预埋的“重磅催泪弹”，令观众感动之余也不禁惊呼，“中国梦想秀难道是部‘苦情戏’?”网络上关于《中国梦想秀》转型《中国“悲惨秀”》的质疑声越发高涨。对此，节目组表示“悲惨”并非节目唯一主导元素，《中国梦想秀》的舞台同样不缺欢乐元素，每期追梦人都力求多元化呈现，因为不同的追梦人是不同群体的缩影。

(3)宣传炒作惹争议。在这个眼球时代，似乎只有争议、口水才能吸引眼球。《中国梦想秀》号称“公益圆梦励志”节目，不应该为了获得所谓的眼球而走刻意炒作的路线，但依然曝出了追梦人绵羊妹妹有关“六万元饭局价”“绵羊妹夫”等传闻。节目组负责人表示，作为公益励志型节目，他们绝不做话题性炒作，绝不会炒八卦、挖负面，这样有损“公益”品牌，而是从弘扬正能量出发，挖掘人物背后的感人故事。

(4)节目造假引争议。曾在《中国梦想秀》中凭“用开铲车赚的每月 3000 元工资资助三个孩子上学”的事迹感动无数人的“铲车哥”吴晓磊，被网友曝出“身份造假”，并“有图有真相”地表示此人“有多处房产”“开路虎”“媳妇是富二代”。吴晓磊本人坦言网上爆料属实，但所有编造的内容均为《中国梦想秀》节目组故意造假。对于吴晓磊的“重拳出击”，《中国梦想秀》的官方微博表示，对方的这种爆料行为才是“恶意炒作”。另外，还有“鹿晗庆生事件”的争议。2014 年 4 月 8 日，一段视频通过微博营销账号的“推广”，在网上火速“上位”，成为热议话题。该视频的内容是：《中国梦想秀》海选现场有两位女粉丝自称为韩国组合 EXO 成员鹿晗庆生而登台表演，并大喊“鹿晗是世界上最伟大的歌手”。随后，鹿晗粉丝迅速发出与节目组导演接洽的对话内容，表示该事件是节目组某导演自编自导，并非真实粉丝所为。2014 年 4 月 9 日，《中国梦想秀》节目组公开道歉，称这是负责海选招募的外聘人员单方面策划的事件，非电视台与节目组授意。

四、阐述与评价

1. 节目的特色与成就

《中国梦想秀》在坚持公益性路线、秉承大众化理念、充分把握受众心理特点的基础上，紧扣当下时代的脉搏，将舞台上的光芒聚焦在普通大众身上。节目以零门槛选拔追梦人，真实记录他们的生活状态，反映日常生活中的人和事，拉近了与观众的距离，引起了全民的关注，真正做到了走进大众，贴近生活。节目具有鲜明的特色，取得了很好的成绩。

(1)尊重普通人梦想，注重人文关怀。《中国梦想秀》在“秀梦想”的同时，为观众呈现了生动鲜活的普通百姓的生存状态。它没有简单表现“穷愁潦倒”和“幸福美满”两种极端的生活现状，而是呈现了一场场平凡生活中的“众生秀”。舞台上，很多追梦人的梦想和生存状态都非常普通，但是他们敢于为了梦想而来，只要表演有亮点，就会获得大家的支持。《中国梦想秀》与歌舞类选秀节目最大的不同在于，它不以“秀艺”为唯一手段，更不以“秀艺”为目的，它秀的是普通人的梦想、追求以及追梦的故事。舞台上的表演者多是一些执着于梦想却不是“达人”的普通人，他们的才艺大都没有达到专业的水准，但是他们在用奋斗改变命运，用执着赢得尊重。他们在向这个浮躁的时代宣告：“小人物”也可以有大梦想，只要心中有梦，就不卑微。《中国梦想秀》时时刻刻让你感受到情感的律动，一个个关于亲情、爱情、友情的故事不断触动着观众内心最柔软的部分，体现着情感的力量。《中国梦想秀》搭建了一个没有晋级、没有对决、没有造星计划的舞台，消解了传统“电视秀”节目的游戏规则，引领了电视娱乐文化的后现代转向。

《中国梦想秀》打破了以往“以明星为主线，以才艺为话题”的电视娱乐节目的“精英式”叙述形态，提出了“不必是达人，有梦有舞台”的口号，舞台的“主角”不是来秀才艺，而是来实现梦想的。如此精心的内容制作，从普通人的视角出发，在平凡人生中寻找不平凡的表达。追梦人的行为、动机、情感、信念、态度和成就等，使得《中国梦想秀》不仅在内容上更贴近一般民众的生活体验，而且展现了国内娱乐节目中少有的人文关怀，在最大程度上引起了观众情感的共鸣，从而扩大了节目受众的横向面。《中国梦想秀》把“人文关怀”作为创意的出发点，呈现普通百姓生存状态，表达大众人生理想，流露人间真情实感，体现了节目对芸芸众生的尊重与关爱，彰显了主流媒体主动承担起社会责任的意识与品质。

(2)精英实力助推大众文化，“中国式圆梦”应运而生。在精英文化制造和大众文化体验的两端制造一种积极响应的全新传播模式，这正是现今许多电视节目正在摸索的发展方向。《中国梦想秀》的成功似乎为“以精英实力创造大众文化”这种理念的践行，提供了较好的电视实验文本。在《中国梦想秀》的舞台上，原本处于对峙状态的精英文化与大众文化已趋于融合，在精英文化的助力之下，大众文化已然大放光彩。

《中国梦想秀》的节目原形为英国的《就在今夜》，由于政治、经济和文化水平各方面的差异，完全照搬英国模式不可能触及中国民众的内心深处。《中国梦想秀》成功实现了节目呈现模式的本土化，把精英层面的人文思考巧妙地嵌入民众的生活圈、消费圈和兴趣圈。通过梦想内容挖掘与呈现方式的创意设计来实现人生价值和精神层面的民间认同，与民众的现实生活实现互动，将梦想照进现实。相比《就在今夜》的欢乐诉求，挖掘人物故事中的感人因素更契合中国人的深层文化心理。以人为本，注重情感的细节把握，这样的节目才能感动中国的大众群体。精英文化的理性和大众文化的体验相结合，在这样的模式下，共同创造出了"中国式圆梦"的电视奇观。节目既达到了社会文化价值的评论高度，又符合一般大众的审美需求，将思想和娱乐融为一体，宣传公益的同时树立了品牌。

在《中国梦想秀》的舞台上，精英力量还体现在推进惊喜的环节中。前两季节目中，章子怡、陈奕迅、李宇春等明星的出现给追梦人带来了无限的惊喜，使普通人完成了与偶像同台的梦想。主持人朱丹、华少为了帮助追梦人圆梦，不惜扮丑给追梦人带来惊喜。第三季和第四季中，周立波作为梦想观察团的团长鼎力助阵圆梦环节，找到连接梦想与现实的通路，给追梦人带来无限惊喜与感动。在整个节目中，明星充当"绿叶"，普通百姓才是"红花"，精英成为给大众制造惊喜的关键人物与核心力量，精英文化推动了大众文化的繁荣与发展。

中国书画学会副主席孔健先生在其博客中对《中国梦想秀》所提供的中国梦想的实现路径有如下评价："明星形象、巨商财富、高管风度，这些社会上的精英可以'代言'却不能'代表'。庞大草根阶层之于梦想的种种莫名冲动和痴心坚持，'梦想家'能够与偶像合唱一支歌、同跳一曲舞，心灵上即获得巨大的满足，此所谓字面意义上的'富而能仁'。这如同曾皙的理想一般，全然存在于精神层面，如地火默默无声，却使无力者有力，使悲观者前行。"

(3)为梦想前行，践行快乐公益。《中国梦想秀》以公益为诉求、以真诚为根本、以梦想为依托、以现实为动力，让全国观众从节目中找寻到了快乐和公益的本质。公益是一个社会持续焕发生机的正能量来源，是对弱势群体背后苦难和悲伤的慰藉，是构建和谐社会不可或缺的价值元素。《中国梦想秀》

以其绵薄之力，支撑起了一个电视公益的平台。它没有贩卖苦难，更没有空喊口号，而是站在公益的角度，让平凡人的梦想得以升华。

公益意味着对社会公众的福祉和利益看得比个人利益更加重要，热衷公益的人目光焦点早已脱离“小我”，而是更多地关注代表整个社会群体或者某个社会群体的“大我”。许多追梦人来到《中国梦想秀》的舞台上，并不是为实现“小我”的梦想，而是为了向公益事业奉献自己的一份力量。来自山东省德州市的“杀猪姐”穆俊霞省吃俭用就是为了办一个敬老院，既抚慰自己无法为奶奶送终的终身遗憾，也立志为更多老人创造“夕阳无限好”的生活空间；支教老师王胤颖、董申宇放弃优越的生活和工作环境，自愿到山区支教，他们来到《中国梦想秀》的舞台上就是希望能够有更多的人加入到支教的队伍中去。这样的故事在《中国梦想秀》的舞台上不可胜数，让观众真切地感受到无私奉献的高尚精神其实遍布在社会的各个角落；让观众深切地意识到我们享受美好生活的同时还有很多人在受苦，人人都应该为公益事业奉献自己的绵薄之力。

公益还表现在对弱势群体的关爱之中，《中国梦想秀》的舞台上曾多次上演过身残志坚的人们坚强生活的故事。在汶川地震中失去双腿的美女舞蹈老师廖智，始终没有放弃舞蹈梦想，在轮椅上不断地努力练习；2 岁时因治疗高烧而药物中毒，落下终身聋哑残疾的女孩刘霜霜，虽然生活艰苦却从没有失去对未来的信心；弱听者杨萍，仅靠震感学习古筝，却练就了不逊于专业人士的精湛技艺；上海盲童吴怡铮，靠手摸老师脸练习发声，歌声中充满着对希望的呼唤。她们没有健全的身躯，不能自如地活动，但她们依然能像普通人一样享受生活的美好。她们的经历告诉我们，只要心中永存希望，就不会被生活抛弃，观众从她们身上看到了自强不息的力量。现在，许多媒体常常运用嘉宾的悲惨身世进行炒作，吸引更多的关注，却不顾对当事人产生的二次伤害。与此不同，《中国梦想秀》一直坚持“不贩卖苦难”的原则，更多以积极的态度看待苦难，传递正能量。

“公益不是少数人的马拉松，而是全世界的接力赛。”《中国梦想秀》以圆梦的形式向观众和追梦人传递着快乐生活的理念，将一切苦难化作前行的动力，唤起社会上更多人对公益事业的关注。在这个圆梦的舞台上，处处体现出对人生价值的温情回归。可以说《中国梦想秀》的舞台是普通人圆梦的舞台，也是爱和关怀无处不在的舞台。这是一档综艺栏目对传达大爱、传播主流价值的实践，是一个频道对自身价值取向的柔性表达。《中国梦想秀》用人间的真情真爱，实现了电视综艺节目的价值衡量由"收视率"向"公益性"的必然转变，使电视综艺文化迸发出了时代激情。

2. 节目改进建议

(1)内容应更真实。《中国梦想秀》从开播到现在多次被质疑其内容的真实性，可见节目本身确实存在一些问题。例如，追梦人的选择方式不透明，追梦人遭遇过于悲惨，一些流程细节不够完善等。真诚是最大的美德，虽然节目只是一场秀，但是其公益性质决定了其应该承担起媒体的社会责任，用真实的节目内容打动观众。

(2)故事更贴近生活。能让观众感动的，必然是与他们的生活贴近的东西。能够直达每个人内心最柔软部分的故事，不一定曲折离奇，千回百转，但一定要使受众产生情感共鸣。《中国梦想秀》是普通百姓圆梦的舞台，所展现的是草根情怀。节目只有努力贴近观众的生活和心灵，让观众坐在电视机前看到感同身受的故事，才会大获成功。

(3)制造更多惊喜。无处不在的惊喜是《中国梦想秀》给予圆梦者和观众的礼物，但这些惊喜往往局限于圆梦者，场外观众的参与性较低。因此，可以设置更多派送惊喜的环节，让电视机前的观众在收看节目的同时也可以收获好运，从而增强观众的参与性，培养稳定的受众群体。

五、阅读延伸

[1]赵红勋.《中国梦想秀》的独特魅力[J]. 视听纵横，2012(4).

[2]刘桐春，韩燕.《中国梦想秀》：电视大片时代的"快乐公益"[J]. 中国广播电视学刊，2012(8).

[3]韩业庭，李蕾.《中国梦想秀》的社会价值刍议[J]. 中国广播电视学刊，2012(7).

[4]刘彩萍．从受众需求角度分析《中国梦想秀》的节目形态[J]．青年文学家，2011(11).

[5]杜昉．电视综艺变局中的《中国梦想秀》[J]．中国广播电视学刊，2011(8).

[6]程蔚东．中国梦想秀 梦想秀中国——浙江卫视《中国梦想秀》栏目的成功启示[J]．当代电视，2012(9).

[7]孟婧．浙江卫视实现“顶层设计”将梦想照进现实[J]．当代电视，2012(10).

[8]蒋敏昊．《中国梦想秀》：从“920 时段”困境中突破[J]．中国广播电视学刊，2015(8).

[9]熊侃．《中国梦想秀》实现主流价值和传播效果完美结合的探索[J]．视听纵横，2015(4).

[10]张月．浅议《中国梦想秀》的人文关怀[J]．新闻实践，2012(8).

[11]佚名．《中国梦想秀》共秀“中国梦”[J]．今日浙江，2013(8).

（王菲，孙宜君）

全民脱口秀的南北混搭
——中央电视台《小崔说立波秀》读解

《小崔说立波秀》在中国脱口秀节目整体低迷的态势中整装登台，将人们在生活中不可避免的十种关系通过“说”与“秀”的形式铺陈展现，混搭南北特色。然而，承载了过多期待的《小崔说立波秀》招致了多数媒体、业界和大众的负面评论，如笑点不足、表演离题、争锋弱化等。节目需要在今后的制作中不断地总结经验教训，汲取更多有益的建议。

一、节目概述

中文名称：小崔说立波秀

节目类型：脱口秀

主持人：崔永元、周立波

播出频道：中央电视台财经频道 CCTV-2

开播日期：2012 年 9 月 28 日

首播时间：每日 21：20

节目时长：60 分钟

播出状态：已停播

由崔永元和周立波这两位风格迥异的主持人合作的《小崔说立波秀》第一季于 2012 年国庆黄金周完整播出。它是浙江卫视与中央电视台合力打造的新节目，在中央电视台财经频道播出，得到了相当多的关注。的确，节目还未播出便因崔永元和周立波这对南北混搭组合而吊足了观众的胃口，节目播出之后铺天盖地的评论从媒体渠道、普通观众口中纷至沓来。

《小崔说立波秀》是一档双人脱口秀节目。“脱口秀节目是指由主持人、嘉宾、现场观众组成一个谈话场，针对社会、政治、情感、家庭和人生等话题进行讨论。因主持人、嘉宾的言论均是脱口而出，因而被称为脱口秀节目。”①

《小崔说立波秀》，承载了人们对中国电视节目的太多期许，也是中国电视人在社会转型的大背景下对电视业的新思考和再出发。

节目第一季围绕“关系”展开，分别讲述了同学、买卖、职场、师生、夫妻、旅途、父子、对手、朋友和医患十种关系，从人与人、人与社会的关系入手，试图在社会快速转型时期探索人情的焦虑，扭转不同群体之间的误解局面，找寻人性中美好的部分。节目体现了深刻的人文主义关怀，充满了浪漫主义情节。通过两位主持人的讲述、情景演绎和观众互动等方式来完成。

① 韩炜，李鑫．关于中国电视娱乐脱口秀节目的思考[J]．当代电视，2012(8)：53-54.

二、传播源流与路径

电视脱口秀节目形式发轫于20世纪20年代的美国[①]，至今已有近百年的历史。中国电视脱口秀节目虽然只走过了十多个年头，但却迅速完成了本土化过程并出现了一批具有代表性的优秀电视节目，如东方卫视的《东方夜谭》和《壹周立波秀》、湖南卫视的《天天向上》、中央电视台的《实话实说》等。经历脱口秀的极盛时期后，观众的审美疲劳随之而来——同质化节目越来越难以满足观众的要求，新意不足是其突出困境之一。《壹周立波秀》《天天向上》等为数不多的节目是突破格局的惊喜之作。《小崔说立波秀》就是在这样一个脱口秀节目整体低迷、鲜有亮点的宏观电视生态下诞生的。

早年的脱口秀节目注重说——语言传播的部分，即意在构建一个主持人、嘉宾、观众的谈话场。而近几年的脱口秀节目越来越注重非语言传播，也证实了语言传播和非语言传播的结合能够创造出更加丰富和广阔的谈话场，从而使传播效果得到进一步渲染和放大。《小崔说立波秀》既包含或平铺直叙或振奋人心或感人肺腑的说的部分，也包含真实而曲折、幽默而回味的秀的部分。

三、主要社会影响

在说的方面，两位主持人围绕主题多叙述自我的经历，如崔永元讲述自己悲苦的出身，周立波讲述自己浪漫的爱情。通过大众媒介对自我人格进行揭露，能够拉近主持人与观众的距离，满足观众的窥视欲望。这反映了一个转变——主持人由诱导他人叙述变成自我叙述。主持人已经不单单是嘉宾和观众之间沟通的桥梁了，其本身就已经成为节目内容的主体了。

在秀的方面，戏剧元素的加入是该节目的亮点之一，崔永元和周立波通过情景演绎将主题关系呈现得更加立体化和多元化。例如，第一期《同学关系》中，崔永元和周立波在竞选班干部的情景中分别扮演好学生和调皮学生，

---

① 刘临春．电视脱口秀节目的发展现状初探[J]．新闻传播，2012(4)：230.

从外形到语言都进行了戏剧化的包装。脱口秀节目的戏剧化包装讲求代表性和夸张性，并非和电视剧艺术一样追求对生活原型的百分之百复制。戏剧化的包装使得秀的部分更加有张力和幽默感，主持人的表演全方位调动了观众的视觉、听觉和感觉，营造了一种剧场的氛围。

《小崔说立波秀》仅从栏目名称上就可以推断出该节目的主心骨是两位名嘴崔永元和周立波，栏目和栏目名称都被深深地刻上了带有主持人风格的烙印，这就是所谓的栏目主持人化。[①] 除了强强联合的名人效应，观众还期待看到这两位主持人分别代表的北方文化和南方文化的交锋。

主持人在一档节目中已经不再仅仅扮演播音员的角色，当今节目的主持人是连接观众和嘉宾的纽带，或者说主持人是节目的核心。固定的主持人和稳定的主持风格越来越成为一档节目或者一个频道的品牌。

崔永元早在1996年便凭借中央电视台的《实话实说》红遍全国，后又因《小崔说事》《电影传奇》等栏目重回观众视线。崔永元一直保持独特的主持风格，他已经成为亲民、幽默、睿智的代表。周立波凭借《笑侃大上海》《笑侃三十年》等舞台脱口秀节目深入人心，后又因《壹周立波秀》正式涉足主持领域，以辛辣的讽刺和幽默的抨击形成独树一帜的主持风格；浙江卫视斥巨资邀请周立波加盟便是对此的有力证明。

新时期主持人形象和品牌的重要性业已突出。做《小崔说立波秀》这样一档名嘴对话的节目，正是对主持人品牌论的实际响应。央视财经频道希冀充分利用崔永元和周立波的品牌效应，通过两位名人的强强联合带来名人效应的裂变，创造一个新的品牌节目，增加频道的影响力，创造更大的品牌文化价值和商业价值。

四、阐述与评价

《小崔说立波秀》在中国脱口秀节目整体低迷的态势中整装登台，将人们在生活中不可避免的十种关系通过“说”与“秀”的形式铺陈展现，混搭南北特

① 钟新．美国电视脱口秀主持人特征分析[J]．中国青年政治学院学报，2000(4)：77-83.

色。然而，承载了过多期待的《小崔说立波秀》招致了多数媒体、业界和大众的负面评论，如笑点不足、表演离题、争锋弱化等。节目需在今后的制作中不断地总结经验教训，汲取更多有益的建议。

从节目的说与秀上看，观众早已为成功的脱口秀节目贴上了幽默的标签，仿佛一档脱口秀节目没有笑点就不能称之为脱口秀节目。在这样的思维定式下，崔永元和周立波都背负了用扔包袱、讲段子来引观众发笑的压力。因此，两位主持人时时刻刻在为讲什么段子打腹稿，找到合适的时机就迫不及待地把段子扔出来。这种笑点难免生硬，打乱节目的节奏。

说与秀是节目不可或缺的两个部分，并且都是为节目的主题服务的。说与秀如何达到平衡状态并紧扣节目主题是必须考虑的问题。然而，《小崔说立波秀》的即兴表演把握的度有时不适当。无厘头的、荒诞的表演有时会充当整个节目的主角，冲淡节目主题的核心；两位主持人陷入表演的泥淖难以自拔；观众从情景演绎的部分缓过神来，恍惚之间已经消解了节目主题的意义。

也有专业人士对节目主题的立意深度不买账。网友“燕山谭客”针对第一期节目《同学关系》在微博中指出：说与秀的内容不牵扯社会实际，而是回忆自己的同学年代；讽刺与幽默不敢面对社会现象，不敢说当今最热的话题，必然索然无味。另一位网友也谈道：“我们同国外的谈话节目在内容题材上是有很大差异的，国外的‘脱口秀’基本上是一种秀，娱乐成分是很大的，能够开政治和其他的玩笑。”可是，《小崔说立波秀》节目要做到触痛社会时弊却很困难。例如，第十期《医患关系》涉及的本是一个很有看点、很有社会意义的话题，但是节目中两位主持人表演的情景剧看病依然讲段子、丢包袱，充满了嬉笑，没有怒骂，对医患关系的分析总给人隔靴搔痒、不击痛处之感，白白浪费了这样一个社会热点话题；在请观众发表意见的环节中，一位女医生哽咽着说自己非常能理解病人的痛苦，现场观众也都表示理解和同情，可见节目对不同群体关系进行的是柔和式调解，是感性的处理方式，而不是抽丝剥茧、直达根本的理性的处理，没有往深度上引导；更让人费解的是，一位男观众表达了他对医生的不满，理据脆弱，最后在不知所以然和失控的情景剧演绎中草草结束，使节目偏离了正常运行的轨道，不免令人失望。

从主持人的混搭看，这早已不是什么新鲜事。我国台湾地区常青脱口秀节目《康熙来了》就是主持混搭的典范。充满书生气质的蔡康永和大胆妩魅的徐熙娣在节目中一静一动、一唱一和，两人既保持各自的本色，又融合得恰到好处、相得益彰。再比如江苏卫视《非常了得》由王牌主持孟非和相声名嘴郭德纲共同打造。孟非以睿智点评、犀利眼光对当下社会热点进行解读；郭德纲则以幽默语言、搞怪肢体动作博得满堂彩，更重要的是郭德纲在节目中甘当副麦，从不喧宾夺主。

可见，混搭以主持人风格的对比见长，而要搭得和谐、搭得出彩，关键在于两人的角色定位清晰、任务分配合理、默契程度上佳。崔永元和周立波在《小崔说立波秀》中依然延续了之前的主持风格，在角色定位、任务分配和默契度上均表现不佳。默契度不是一朝一夕就能练就的，要靠长时间的配合与磨练。而角色定位不清晰、任务分配不合理，主要是策划准备不足造成的。因此崔永元和周立波的南北混搭噱头大、反响差——无台本是其重要原因。

无台本的设置意在希冀两位主持人能够临场发挥，创造即兴的惊喜。这对观众来说是最大的刺激，而对主持人来说是最大的挑战。崔永元是慢热型主持人，擅长冷幽默；周立波是能够快速调动气氛的主持人，长于热讽刺。崔永元有着北方人的耿直和朴实，周立波则积聚了南方人的精明和智慧。两人的主持风格形成强烈对比，首次合作在无台本的情况下要将两人的特点有机兼容并包本身就是一件难事。因此，观众可以看到，节目现场两位主持人似乎无时无刻不在以试探的方式临时寻求默契；观众像在看杂技节目一样生怕哪一方失手没有接住包袱而冷汗涔涔。有网友认为，崔永元在舞台经验丰富的周立波面前显得有些拘谨甚至是傻气。崔永元本人也说："这个节目是没有台本的，上台以前我们都不知道该说什么，做这样的节目要处理两个矛盾，一个是现场我俩能不能即兴说到一起，另一个是周立波演的时候我能不能跟上去，因为我的才艺实在拿不出手。"这块"无台本"的短板本身就给两位主持人造成了很大的压力，使他们的发挥受到了情绪的限制。

另外，南北混搭的冲击力不够。观众希望看到的是责任意识很强的崔永元与回应尖锐话题反应敏捷的周立波，在一问一答中、在嬉笑怒骂中碰撞出真理；结果却是两位主持人碍于深厚的友情在台上互敬互让、一团和气，两人幽默、犀利的特质都消解于无形之中。所谓的南北差异也仅仅体现在情景剧的演绎中，增加搞笑元素尔耳。

《小崔说立波秀》因两位名嘴的操刀本是一件很值得打磨的作品，在万众期待中却只出现了1+1<2的效果，实在令人扼腕。节目在今后应该总结回顾第一季的得失，争取有所突破。首先，做好充足的策划，精编台本，同时不局限于台本，注重临场发挥。其次，在话题立意方面，大胆而不逾矩，针对社会热点解读时下现象，同时具备社会责任意识，不流于谩骂和低俗。最后，继续保留和观众的交流沟通渠道，发挥和观众互动的优势，增强现场气氛，捕捉谈话灵感。

五、阅读延伸

[1]程前，李勇．差异化元素组合与戏剧化叙事——谈《小崔说立波秀》对脱口秀节目的新探索[J]. 电视研究，2012(11).

[2]张明芳，王珍珍．强强联合 未显优势——《小崔说立波秀》的文本分析[J]. 当代电视，2013(3).

[3]王朝阳．脱口秀节目新突破——从策划角度看《小崔说立波秀》[J]. 神州，2013(26).

[4]唐林，周璐瑾．新节目 新机制 新品牌——央视财经频道《小崔说立波秀》节目创新研讨会纪要[J]. 中国广播电视学刊，2012(11).

[5]陈俊妮．《小崔说立波秀》的语境与地域文化错位[J]. 青年记者，2012(36).

[6]苗元华．从组合到融合——《小崔说立波秀》的创新价值[J]. 电视研究，2012(11).

[7]程林．《文学改良刍议》对电视脱口秀话语表达的启示——兼评《小崔说立波秀》[J]. 南方电视学刊，2013(1).

[8]应天常．《小崔说立波秀》为何无疾而终[J]. 南方电视学刊，2013(2).

[9]何春钢．论脱口秀节目的地域差异[D]. 哈尔滨：哈尔滨师范大学，2012.

[10]韩欣．探讨南北主持人语体的碰撞和融合——从《小崔说立波秀》谈起[D]. 上海：上海戏剧学院，2014.

（周妍）

表演真人秀的最炫文化风

——中央电视台《谢天谢地，你来啦》读解

在《谢天谢地，你来啦》中，嘉宾们没有剧本，没有台词，不知道自己将要扮演的角色，通过一扇门进入到一个完全未知的场景。场景中的人物角色见到参与嘉宾的第一句话就是："谢天谢地，你终于来啦！"然后迅速将参与嘉宾、观众带入到设置的场景当中。精良的剧本设计，即兴生动的表演，巧妙的应答，急中生智的举动，心急如焚的表情，这些都是节目备受欢迎的不可或缺的要素。不论表演成功或失败，明星们生活化的表演，在表演中擦出的智慧火花，都惹得观众哈哈大笑。

一、节目概述

中文名称：谢天谢地，你来啦
外文名称：Thank One's Stars You Come
节目原名：正大综艺·谢天谢地，你来啦
节目类型：戏剧表演真人秀、综艺节目
前任主持人：崔永元
代班主持人：周炜、王自健、华少
现任主持人：高博
点评嘉宾：阎肃、梁宏达、高希希、金韬等
编剧代表：王雪纯等
播出频道：中央电视台综合频道 CCTV-1、
中央电视台财经频道 CCTV-2
开播日期：2011 年 10 月
播出时间：CCTV-1 周一 23：38、CCTV-2 周日 12：30
播出状态：播出中

《谢天谢地，你来啦》是中央电视台综合频道于 2011 年推出的一档大型明星戏剧表演真人秀节目，这也是中央电视台第一次将海外戏剧表演真人秀节目正式引入本土。在 2011 年国庆期间《谢天谢地，你来啦》在中央电视台综合频道试播四期，2012 年 4 月 14 日起中央电视台综合频道每周六 22：28 正式播出。这档节目正式登陆中央电视台综合频道，每周六固定播出，节目时长为 60～80 分钟。尽管开播时间不长，但吸引了广大观众的目光：首播当日，该节目便以 11920 次的搜索量蹿升至新浪热搜榜第四位，超过了同天播出的《缘来非诚勿扰》(节目原名为《非诚勿扰》)《快乐大本营》等王牌节目，节目官方微博一夜之间增加上万粉丝，微博转发加评论数量超过几千条。[①] 它以简单

① 蔡慕嘉．崔永元新节目《谢天谢地》力压《非诚勿扰》笑果明显[N]．信息时报，2012-05-05.

的形式、精致的布景、优秀的演员、出色的主持人、巧妙的剧本、高水准的评委以及高雅的定位为特色和优势，一举击败无数曾经占据周六 22：30 收视黄金档的电视节目。

《谢天谢地，你来啦》采取了情景舞台剧的表演模式，一扇门就是一个未知的世界，充分调动了观众的好奇心。传统的情景舞台剧都经过精心编排，演员预先看过脚本，该说什么该做什么都已经准备好，并经过彩排。而《谢天谢地，你来啦》的创新之处在于参演嘉宾是在一切未知的情景下进行表演，使得节目充满搞笑元素、戏剧冲突，妙趣横生。

《谢天谢地，你来啦》节目规则非常简单，嘉宾们没有剧本，没有台词，也不知道自己将要扮演的角色，通过一扇门进入到一个完全未知的场景。场景中的人物角色见到参与嘉宾的第一句话就是："谢天谢地，你终于来啦!"然后迅速将参与嘉宾、观众带入到设置的场景当中。在饰演特定角色的过程中，助演会向他们提出稀奇古怪的要求，表演嘉宾面对所有问题只能回答"是"。嘉宾们面对各种未知挑战时机智幽默的表现，给节目带来了不间断的笑点。在演员表演到达高潮时，常驻评委王雪纯会按铃，让表演停止，然后会请专业评委对嘉宾的表演进行点评。

主持人崔永元是此节目的亮点之一。他亲切随和、幽默又不失智慧的主持风格一直为观众所称道，这也为节目积攒了不少人气。崔永元在《谢天谢地，你来啦》中身兼数职，不仅担任主持人，还是节目剧本的主创之一，有时还要亲自上阵扮演不同角色。该节目开播后的第一个场景《新书推介会》就是由崔永元和嘉宾郑昊共同完成的，这一经典场景至今仍让不少观众津津乐道。节目设置了两名评委，一名是常驻评委，同时也是节目编剧代表，由著名主持人王雪纯担任；另一名是专业评委，到目前为止，担任过专业评委的有小香玉、李立群、金韬、翟俊杰、齐士龙等。在节目中，王雪纯面前有一个红色按钮，在演员表演到达高潮时，她果断按铃，让表演立即停止。这种结束方式增强了即兴的效果，无结局的故事令人遐想。

在节目定位上，栏目创作组将《谢天谢地，你来啦》定位于一档全新智慧型文化栏目，从而使其与目前一些收视率较高的综艺性节目区别开来。例如，江苏卫视播出的《缘来非诚勿扰》属于一档婚恋交友真人秀，湖南卫视的《快乐大本营》属于嘉宾访谈游戏型的综艺性节目，天津卫视主推的《非你莫属》则属于一档职场真人秀节目。可以看得出，《谢天谢地，你来啦》在节目定位上强调两个方面：一为“智慧”，强调嘉宾的随机应变能力和临场发挥能力，倡导智慧娱乐；二为“文化”，注重节目的文化性而非娱乐性，主张传播高雅文化。《谢天谢地，你来啦》自节目播出以来一直致力于树立娱乐节目的文化标杆，强调节目的文化引领和价值主导作用，在节目创作上主张实现从“娱乐”到“文艺”再到“文化”的三级跳。

从受众对象来看，它有别于现在很多广受年轻群体喜爱的电视节目，如《缘来非诚勿扰》《快乐大本营》《非你莫属》三档节目都以年轻群体为收视主体。《谢天谢地，你来啦》是一档面向全国观众的节目，男女老少皆宜。它把老百姓喜闻乐见的生活现象浓缩成一幕幕喜剧搬上舞台，通过现场无厘头的表演带给观众欢乐。这档节目纯粹就是想把好的故事讲给观众听；明星嘉宾们也是单纯地想把好的表演呈现给观众；节目组想要打造的就是一个将明星与百姓、艺术与生活相结合的舞台。《谢天谢地，你来啦》中，参加表演的明星嘉宾推开一扇门，进入一个完全陌生的场景，这不仅是对参演明星的考验，也引发观众对未知的探究和对突发情况的反应与思考，让观众在欢笑中感知事件的意义及人生的真谛。

二、传播源流与路径

一个成功的电视娱乐节目必有一个成熟的节目模式，节目模式的好坏直接决定了一个节目类型的成功与失败。节目模式，从理想化的角度来说，可以从原创做起；但就国内电视娱乐节目的现实情况来说，创作一个成功的本土节目是很难的。如今凡是在我国电视荧屏上收视率较高的节目大都能在欧美、日韩的电视荧屏上找到类似甚至一模一样的节目样式。例如，《开心辞典》的节目模式来自英国的《谁想成为百万富翁》，《超级女声》的创意和节目规则类似于《美国偶像》的模式。可以说，中国电视综艺娱乐节目的迅速发展与海外模式的本土化改造紧密相关。《谢天谢地，你来啦》也非中央电视台原创，它是中央电视台第一次将海外戏剧表演真人秀节目正式引入本土。

《谢天谢地，你来啦》的原版节目名叫《你是主的恩赐》，其版权属澳大利亚工作犬影视制作公司。《你是主的恩赐》自 2006 年 4 月起便在澳洲电视网(Network)第十频道播出，迄今为止已播出 10 多季，是该公司的王牌节目。在当地，平均每集吸引 170 万名观众。该节目在中央电视台综合频道播出前，节目版权也曾卖到欧洲和亚洲其他很多国家，还曾出售到美国，但由于收视率不理想，在美国播出时间并不长。不过，美国市场并不代表全球市场。事实证明，该节目在美国的播出情况仅是个例，在播出该节目的其他大部分国家，无论在收视率上，还是在口碑上，都是值得称赞的。

澳洲原版节目形式是嘉宾打开一扇门，在配戏演员说出“Thank god you’re here”(你是主的恩赐)后，嘉宾进入即兴表演状态。每集节目结束时宣布一个胜利者。美国全国广播公司(NBC)是从 2007 年 4 月 9 日开始播出电视系列剧版本的，大致形式是这样：由四个人组成一个小组，这些小组成员没有任何准备，没有任何方向，在一个特定环境中不断摸索，直到配戏演员说出“Thank god you’re here”为止，小组才算过关。

《谢天谢地，你来啦》大致沿用澳版节目样式，并努力将其朝着符合中国人品位的方向发展。每期节目邀请几名文艺界有较高知名度和影响力的明星作为表演嘉宾。他们分别在没有台词、没有剧本、不知道场景的情形下，推开一扇门，进入一个未知的主题环境中，不能说“不”，只能说“是”，顺着思路演下去，每次剧本都不会重复。与美版节目相反，表演以嘉宾推开门，配戏演员见到嘉宾后说出第一句台词“谢天谢地，你终于来啦!”作为开始；而当表演达到最高潮的时候，则由编剧代表王雪纯按响桌上的铃声按钮示意表演结束。

此外，在原版节目中，评委还有评定胜负优劣的作用，当所有嘉宾依次表演之后，会由评委和现场观众评选出最好的演员。但在《谢天谢地，你来啦》中去除了这一环节，让节目少了许多硝烟味和功利性，使得节目的性质发生了某些变化。相比之下，《谢天谢地，你来啦》从一开始就决定走“温和”路线，没有激烈的竞争，没有刻薄的评委，仅仅是请嘉宾即兴表演情景剧，无优胜劣汰的竞争，两位评委也只负责表演达到高潮时喊“停”或进行简单的点评和鼓励。

近年来，网络已经成为电视节目传播的重要渠道，利用新媒体平台进行节目宣传和推广是提升节目影响力的有效途径。中国网络电视台(CNTV)精心制作《谢天谢地，你来啦》栏目官网，集纳节目资讯、视频、图片等内容，全程同步直播首期节目，同时进行微博互动。中国网络电视台针对电脑、手机等不同终端分别制作节目客户端，使得用户可一键观看节目视频。同时，根据电脑、手机、网络电视(IP 电视)、户外大屏等终端的特点，制作不同时长的节目视频分发推送。2011 年 10 月 1 日《谢天谢地，你来啦》第一季隆重开播。2014 年 9 月 19 日《谢天谢地，你来啦》第二季播出，升级为剧场版，并且每期都有不同的主题。2015 年 1 月 12 日起，《谢天谢地，你来啦》改为中央电视台综合频道每周一 23：38 首播，重播时间仍为中央电视台财经频道每周日 12：30。

三、主要社会影响

形式和内容是有机的统一体，一档成功的综艺节目不仅要重视节目形式的创新，更不能忽视节目所表现的内容。在内容为王的电视节目竞争态势下，节目好不好看，归根结底还是取决于内容，取决于内容是否具有趣味性和思想性，能否持续更新。《谢天谢地，你来啦》实现了节目内容与形式上的双赢，一方面，创新节目模式，即兴表演是节目的最大亮点；另一方面，节目中的每一个情景剧都充满了冲突，充满了悬念，甚至有比较曲折的故事情节。这对于观众而言，都是富有吸引力的。这都取决于富有思想性的高质量的剧本。能引起观众发笑的必然是使他们内心产生共鸣的，这就要求剧本在内容上贴近生活、贴近社会热点问题。在《谢天谢地，你来啦》的首播节目中，有两个剧本就是根据社会热议事件改编的：一个是 2012 年在网络上轰动一时的“微博卖土豆”事件；一个是剩男剩女日渐增多而引发热议的“恋爱租赁”问题。从黄渤表演的《接头》、王志飞表演的《外租男友》、冯雷表演的《千年包子铺》等节目中可以发现，演员表演机智，节目幽默好看，处处令观众捧腹大笑。为了加强与观众的互动，集结全民的智慧，呈现更好的节目效果，节目组在官网上开辟一个版块专门为节目组征集剧本，全民寻“戏”。

“即兴表演”是《谢天谢地，你来啦》整个节目的灵魂，它使节目充满着不确定性。没有台本，不事先预告内容，嘉宾将通过一扇门进入特定的主题场景并扮演特定角色，而在此之前嘉宾对自己扮演的角色一无所知。这样的节目设置别开生面，吊足了观众的胃口。场景中的配戏演员会对嘉宾提出稀奇古怪的要求，而嘉宾对这些挑战不能说“不”，只能顺着演下去。嘉宾常常被要求对一些莫名其妙的现象或问题做出合理的解释。在短时间内比较灵活机智的嘉宾能够及时做出反应，很快找到自己的角色定位，应付自如，甚至反问配戏演员，考验配戏演员随机应变的能力。这种情景反转的变化使得观众为嘉宾的机智、多才多艺所折服，发出由衷的笑声。但是，这样的节目设置对于一些中规中矩的嘉宾来说是个不小的挑战，由于临场表演经验不足，他们常常被问的满头大汗，不知道怎么继续演下去。观众作为旁观者，把明星慌张焦急、不知所措的表现看在眼里，乐在心里，因为这与明星往常在荧幕上的形象有着明显落差。可以说，观众抱着看明星出丑的心态欣赏节目，而节目把握了受众的猎奇心理，满足了观众的窥视欲。

《谢天谢地，你来啦》之所以吸引人，是因为节目如人生，每个人只要活着，均需推开未知的明天之门。当我们面对种种考验时，应该如何选择呢？节目自开播以来，出演的各路明星嘉宾都相当投入，表现更是可圈可点。他们在剧本设置的有限或无限的空间里，发挥出了专业级的水准，无论是生动的台词、多变的表情，还是丰富的肢体语言，都让观众惊喜地看到了他们的实力所在。

《谢天谢地，你来啦》作为中央电视台推出的一档精品节目，不以噱头、绯闻俗套的戏码吸引人，而是以品质、品牌赢人心。这不仅是一个节目的成功，也是电视人为扭转电视节目低俗娱乐之风所树起的标杆。

四、阐述与评价

我们能看出来，《谢天谢地，你来啦》曾经是中央电视台花大力气进行宣传、包装、制作的节目之一；主持人组合、舞台美工等各方面，都体现了中央电视台打造一档名牌节目的决心。但是每看完一期《谢天谢地，你来啦》，在欢乐和赞叹之外，仍然要思考其存在的问题。

随着节目的不断播出，请来的嘉宾越来越多，将越来越不能保证所有嘉宾都能在表演时很好地发挥，也难保证剧本个个精彩。剧本是节目的核心，持续更新优质剧本是栏目组的难点。例如，有些情景剧对嘉宾所提的要求或挑战比较生硬，以故意为难嘉宾达到娱乐的效果，之所以如此，就是因为剧本不够出彩。目前，《谢大谢地，你来啦》的剧本创作由王雪纯和崔永元统领。节目实行周播以后的首要任务就是尽快把编剧团队组建起来，让有不同阅历的编剧把他们的生活经验写出来，把现实中正在发生的、老百姓喜闻乐见的东西融入编剧思路中，而且要让编剧尽快熟悉节目的套路。同时，在节目官网上向全社会征集剧本。这种做法既为实现节目长期稳定发展提供了源泉和保障，也调动了受众的积极性，增强了节目的参与性和互动性。

演员事先不知道剧情是保证节目效果的前提条件，观众通过微博互动对演员是否真的不知情提出质疑。对于这一大家普遍关注的问题，崔永元这样回答："我们过去遇过这样的情况，搭景时置景师把题目写在置景板上，演员临上场前会看见类似'约会'这样能泄露剧本梗概的字眼，现在我们都把景改成1号、2号、3号了。如果演员偷偷派助手来打探情况，我们团队的每一个人都会跟我一样——都是'骗子'，问什么告诉你什么，但，都是假的。剧本是在很小的范围内保密，而且很多都是到最后才确定。"

就目前来看，该节目需要尽快改良的是：表演当中出现了固定套路——助演和参演嘉宾之间的问答式。事实上，这档节目必须给嘉宾设置一些具有考验意义的障碍才有意思，而且为了让故事跌宕起伏，还要不停地提出新的要求。然而，这不可避免地会出现问答的套路，时间长了就会显得形式单一。在已播出的节目中，出彩的像郑昊、金玉婷、贾一平、黄渤、伶悦等，他们都是先准确定位自己的角色，然后再来回答提出的问题；而有的嘉宾就没能很好地进入角色，只是一个劲儿地想着怎么回答问题，于是就出现了助演问一次嘉宾答一次的场面，时间长了观众必然会失去新鲜感。今后该节目可以设置一些要求嘉宾用动作便可回答的问题，将语言与动作表演相结合，可能会获得更好的收视效果。

五、阅读延伸

[1]宋子超．本土化娱乐节目创新何去何从[J]. 当代电视，2011(5).

[2]陈胜华．从《谢天谢地，你来啦》看电视节目的创新[J]. 电视研究，2012(8).
[3]郑向荣．电视娱乐节目的娱乐本位与文化坚守——从央视《谢天谢地，你来啦》栏目创作特色谈起[J]. 中国电视，2012(9).
[4]朱慕华．央视《谢天谢地你来啦》节目特色及发展分析[J]. 海南广播电视大学学报，2012(3).
[5]杨嘉怡．谈《谢天谢地，你来啦》的“多重假定的真实”[J]. 新闻世界，2012(8).
[6]鲁旺．从叙事学角度看《谢天谢地你来啦》的价值取向[J]. 新闻世界，2012(12).
[7]穆佳帅，冯伟一．浅析《谢天谢地你来啦》节目的本土化改造[J]. 新闻传播，2014(2).
[8]胡辉．浅析央视《谢天谢地，你来啦》的创作特点[J]. 电视研究，2013(8).
[9]温海涤．从《谢天谢地，你来啦》看即兴节目的主持艺术[J]. 大舞台，2014(11).
[10]胡沈明．《谢天谢地，你来啦》：电视娱乐节目理念与模式的突破[J]. 中国广播电视学刊，2012(8).
[11]荆丽娜．电视戏剧真人秀的创新姿态——浅析《谢天谢地，你来啦》[J]. 今传媒，2012(11).

（苏敏，孙宜君）

“舶来”节目的本土化成功

——浙江卫视《中国好声音》读解

作为中国首档大型励志音乐评论节目，《中国好声音》开播伊始就吸引了大量受众的眼球。形式新颖、环节多样、主题向上，除此之外，知名导师、实力主持与优秀选手的相互配合撑起了整档节目，让不同层面的受众群体都能在《中国好声音》里找到兴趣点和认同感。

一、节目概述

中文名称：中国好声音
外文名称：The Voice of China
节目类型：大型励志专业音乐评论、音乐选秀
主持人：华少
节目导演：金磊
播出频道：浙江卫视
在线播放平台：搜狐、腾讯视频等
制作单位：灿星制作、浙江卫视
开播日期：2012年7月13日
播出时间：每周五21：10

作为中国首档大型励志音乐评论节目，《中国好声音》从2012年7月13日登陆浙江卫视后就吸引了大量受众的眼球。形式新颖、环节多样、主题向上，除此之外，知名导师、实力主持与优秀选手的相互配合撑起了整档节目，让不同层面的受众群体都能在《中国好声音》里找到兴趣点和认同感。正因如此，《中国好声音》第一季的第二期节目就以2.8%的收视率，拔得当晚收视头筹，重播又以1.3%的收视率超越了同年所有音乐类节目的首播收视。之后的十几期节目一直稳居收视榜首，一路走高，再无旁落，巅峰之夜的决赛更是创下了破六的纪录，堪称中国综艺节目史上的奇迹。

《中国好声音》的一夜爆红并非偶然，前期的辛苦筹备与悉心制作让受众感受到了节目组的决心与诚意。具体而言，我们认为可以将该节目的成功归因于以下四个方面。

1. 环节设定推陈出新

尽管海外版的《好声音》(The Voice)环节设定已然成熟，但将其成功引进并搬上中国电视荧幕实属不易。《中国好声音》秉承了以声音评判选手的宗旨，转椅子的"盲选"模式吸引了大批受众的追捧。网民发布的坐在自制转椅上观

看节目的视频层出不穷，也从另一层面印证了《中国好声音》创新环节的成功。

首季《中国好声音》的制作及播出历时近三个半月，总计十四期节目，大体分为“导师盲选”“导师抉择”“导师对决”“年度盛典”四大阶段。“导师盲选”即节目的第一阶段——海选阶段，历时最长，分六期播出。海选阶段的规则相当简单，明星导师背对学员，若听到喜欢的声音便可在学员演唱时按下选择按钮。当有多位导师同时选择同一学员时，选择权便落在了学员手中，此时导师间的“你争我夺”将是非常有趣的看点，而最终一对一的选择确认后标志着该学员被相应导师纳入旗下。这种仅以声音为选择依据而不受其他任何因素干扰的方式，在保证比赛客观公正的同时也增添了节目的刺激感和趣味性。当全部导师分别确定了14名晋级选手后，节目随即进入第二阶段即“导师抉择”。经过四位明星导师培训后的学员进行两两对决的音乐才艺展示，每组最后仅有四人晋级。这种残酷的淘汰机制，激发了选手的表演热情，也使他们的音乐潜力得到充分挖掘。第三阶段的“导师对战”是对四位明星导师教学能力的考验。比赛的残酷性在此阶段愈发彰显，谁去谁留亦牵动着每位受众的神经。而最终的“年度盛典”，更像是《中国好声音》节目组为所有导师和学员举办的一场大型演唱会。在这个人才云集的舞台上，冠军之名花落谁家已然不再重要，这样一场音乐盛典无疑是呈献给受众的完美答卷，为首季《中国好声音》画上了圆满句号。

2. 音乐导师尽职尽责

与以往的音乐选秀节目不同，《中国好声音》里没有评委，取而代之的是导师。他们根据声音选择自己的队员进行指导，同组间优胜劣汰后，再与其他导师的得意门生进行对决，最终决出冠军。没有“炒作”，拒绝“毒舌”，秉承着海外版《好声音》系列的一贯标准，所有学员听到的是真诚的建议和悉心的指导，唯一的判断标准就是自身的声音与演唱能力。刘欢、那英、杨坤、庾澄庆，四位家喻户晓的歌手构成了首季《中国好声音》的音乐导师团队。在三个多月的节目历程中，人们记住了“杨三十二郎”的演唱会；记住了那英为队员的摇旗呐喊；记住了庾澄庆独特的音乐品位；记住了刘欢语重心长的“I want you”(我想选你)；记住了导师们面临抉择时的纠结痛苦与潸然泪下。可以说，四位明星导师在对学员的培训指导上可谓尽职尽责，当之无愧地成为《中国好声音》高收视的功臣。

3. 参赛选手实力雄厚

《中国好声音》将自身定位为中国首档大型励志音乐评论节目，实则逃脱不了真人选秀节目的本质，而作为支撑选秀节目成型的关键，参赛选手至关重要。就这一层面而言，《中国好声音》节目组可谓煞费心力。避开对选手背景资料的争议不谈，选手的音乐实力还是可圈可点的。从摇滚到爵士，从美声到民俗，从个人到组合，每位选手的开嗓都使人眼前一亮，也让受众在《中国好声音》的舞台上看到了华语乐坛的未来。

4. 主持人风格独树一帜

《好声音》系列自诞生之初便在主持阵容上颇具考究，专业素养高、现场把控强的主持历来是节目组所追寻的。《中国好声音》落户浙江卫视，使其在选择主持一角时面临不小的压力。一来浙江卫视鲜有何炅、汪涵、孟非这样的综艺大腕，也缺乏董卿、朱军式的学院派主持人；二来选秀节目的看点主要是参赛选手，主持人的发挥空间较少，如何控制赛程节奏便显得至关重要。重压之下，浙江卫视冒险启用《我爱记歌词》的当家男主持华少，而华少亦不负众望，以快速口播广告的方式给了质疑者爆发式的回应。通常而言，普通人说话一般在每分钟 140 字以内，播音员的专业考核标准也仅为一分钟 200 字；而华少则保持着 47 秒说 350 字的纪录，不愧为"中国好舌头"，也为《中国好声音》节目带来了新的亮点。

二、传播源流与路径

风靡全球的《好声音》系列，起源于 2010 年的荷兰。《荷兰好声音》(The Voice of Holland)一经推出就在荷兰本土创下了收视奇迹，然而当初它的诞生却可谓波折不断。《好声音》之父荷兰传媒大亨约翰·德莫尔早在 2009 年秋就决定制作一档真正的音乐选秀节目，唯一的评判标准就是选手的声音，没有类别限制，不造假，也不要评委的冷嘲热讽，试图寻找真正有才能的歌手，故将节目命名为《荷兰好声音》。没有人相信这个节目能够凭借几把转动的椅子，从《荷兰达人秀》《荷兰偶像》等同类选秀节目中抢下收视，取得成功。不屈的德莫尔带领他的公司塔帕花费一年时间完成了《荷兰好声音》的创意、设计直至推上荧屏，使该节目成为一匹不折不扣的收视黑马征服全世界。自此以后，《好声音》先后被世界上46个国家购买了节目版权，最为声名鹊起的非《美国之声》莫属。《美国之声》是美国全国广播公司推出的《好声音》系列节目的美国版，于2011年4月26日首播，经过两个月的蓄势之后终于超越《美国达人》，夺取收视冠军。

《中国好声音》是浙江卫视联合星空传媒旗下的灿星制作，以约300万元的重金购买《美国之声》节目的中国版权后制作完成的。节目主旨和环节的设置与国外大体相同，依旧延续了《好声音》系列的最大创意——“盲眼听音”，这也是现在国内很多音乐节目标榜的“盲听”创意真正的来源。在“盲眼听音”阶段，四位音乐导师必须背对初次登台的演唱者，通过转动座椅的方式决定选手的去留。排除了长相、身高、穿着等外在因素的干扰，选拔变得纯粹，也让观众和亲友团看得揪心。每期节目里既能看到导师们为“好声音”不约而同激情挥掌转椅的瞬间，也能看到选手因自己的声音没能打动导师而最终黯然离场的遗憾，十分吸引受众眼球。

与国外版本不同的是，《中国好声音》从比赛的第三阶段即“导师对决”环节开始，增添了媒体评审团部分，导师不再是决定选手命运的唯一判官，媒体以专业局外人的角度审视选手的表演，左右选手的去留。在我们看来，媒体评审的参与为《中国好声音》节目本身带来了大量的宣传机会，也在一定程度上代表了广大受众的观点，具有一定的积极作用。然而，节目的宗旨尽管只聚焦于声音，但不专业的媒体评审团很可能会由于种种舆论因素而忽略对选手声音的评判，转而更倾向于主观印象的抉择。这就有违节目的初衷，好声音学员徐海星、丁丁的惨淡收场就是有力的证明。

除此之外，已经进入第三季的《美国之声》新增加了一个环节，即被原导师淘汰的学员若得到其他导师的青睐，便可进入其他导师的队伍进行再学习，有看点有噱头。相信《中国好声音》在今后会引进更多创新的环节，带来更多本土化的改革。

三、主要社会影响

《中国好声音》的迅速蹿红，不仅使许多音乐达人从幕后走到了台前，使许多耳熟能详的歌曲得到了重新诠释，而且引发了受众对当下电视节目模式创新的分析和思考，以及对媒体运作前景的构想和展望。

1. 亮点频发受追捧，制播分离有新意

与《超级女声》《中国达人秀》等传统选秀节目相比，《中国好声音》虽同是“舶来”的真人秀电视节目，但在节目制作的细节上却颇有亮点可循。转座椅、同唱一首歌对决、导师考核，这些受众耳熟能详的比赛环节都是《中国好声音》特色所在。除此之外，《中国好声音》开创了制播分离的综艺节目制作模式，这是中国电视史上真正意义的首次制播分离。这档由星空传媒打造的《中国好声音》节目，在制作初期与《荷兰好声音》一样，并非一帆风顺。星空传媒买断国外版权后试图与上星卫视合作，寻找播出平台，不料却多番遭遇国内一线卫视的拒绝，包括合作过《中国达人秀》的东方卫视。经过星空传媒不懈的努力，这档节目最终花落浙江卫视。浙江卫视的掌门人夏陈安毫不避讳地表示，当初台里对是否“接纳”这个高昂的节目存在着很大分歧，但是他还是以极大的魄力将之纳入旗下，因为《中国好声音》的理念与浙江卫视致力打造的“第一梦想频道”不谋而合，又与当家节目《中国梦想秀》在精神上血脉相连，秉持着“以精英实力打造大众文化”的宗旨，突破高额制作与推广费的障碍，最终收入麾下。事实证明，尽管最初的启动资金高达 8000 万元，但自 2012 年 7 月节目开播以来，仅用了两周时间便已收回成本，可见此次制播分离模式的成功。

2. 迎合受众需求，打造大众文化

《中国好声音》之所以获得成功，与受众的支持是密不可分的。歌声与梦想，情感与展示，受众在节目的主旨精髓中实现了情感的满足和自我的认知，产生了真正意义上的喜爱。具体而言，《中国好声音》在迎合受众需求，打造大众文化上，有以下三方面值得同类型节目学习和借鉴。

第一，找准节目定位。综艺节目创办的最重要目的就是休闲娱乐，即满

足受众休闲娱乐的需求。从弗洛伊德心理学角度来说就是“本我”，一种追求快乐的本能体现。与此同时，当今社会高压的生活节奏使得受众需要一档精彩休闲的节目舒缓压力释放心情，而《中国好声音》的适时出现满足了受众的心理诉求。《中国好声音》作为一档定位准确、制作精良的音乐节目，所蕴含的娱乐元素毋庸置疑。无论是成熟的节目形态还是本土的创新改良，都得到了受众的认可和喜爱。节目组精心挑选的导师和选手，既拥有精湛歌艺也具有综艺娱乐精神，是专业性、严肃性、综艺性与娱乐性的完美结合。除此之外，豪华的舞台现场、优秀的幕后团队都保证了节目的高品质，因此受众可以在《中国好声音》的熏陶下放松身心娱乐自我。

第二，实现自我认知。每位参赛选手带着自己的故事在《中国好声音》的舞台上追求梦想，即使不排除夸张和炒作的嫌疑，受众也能在其中找到自我人生经历的共同点。面对快节奏、高压力、自由开放的现代社会，思想和价值观的自由表达显得尤为重要。受众在收看《中国好声音》的同时本能地找寻自我认同的价值平台，找寻与自我思想相印证的声音。《中国好声音》秉承着坚持音乐梦想的原则，不论年龄不论外貌不论社会地位等，只要有好声音爱唱歌就可以在这里寻觅梦想的栖息地。这与当今社会人们现实压力过大，梦想常常受到否定的情形形成鲜明对照，让受众在选手们不放弃的表现中反观自身的倔强。可以说，《中国好声音》为有梦想、有故事的音乐爱好者提供了一个获得自我确认的参考平台，也为受众提供了一个自我评价的参考标准。这种有助于实现个体自我认知的出发点，既突出了重点对象，又吸引了广大受众，值得同类节目借鉴。

第三，增添热议话题。《中国好声音》作为一档热播的电视节目理所当然地成为大众关注焦点，从节目的收视数据和网络点击率不难看出，褒赞和质疑伴随着《中国好声音》从开播到收官，首季的关注度和讨论热情有增无减。这种本质上的关注，形成强大的化学反应给未关注的人带来落伍的危机感，滚雪球似的谈论促进了人际交往，也提高了节目的收视率。

3. 开创良性循环的品牌营销策略

《中国好声音》的品牌营销与传统节目不同的是开创了良性循环的品牌全产业链运营模式。一方面，针对节目中的明星音乐导师，采用了不同于以往选秀节目对明星嘉宾采取的按期付费方式。《中国好声音》节目组联合明星音乐导师共同打造长期共同投入的产业链模式，将明星效应更大程度地发挥出来。具体来说，传统综艺节目邀请嘉宾的方式较为简单，节目组打包报价或是按照场次计算嘉宾每做一期节目的报酬。然而，星空传媒旗下的灿星制作则把选手签约以及签约之后的商业演出等项目都收归己有，包括音乐学院、演唱会、音乐剧、线下演出等在内的全产业链。这其中，明星导师们也共同投入，利用自己的资源帮助全产业链的打造，并在其中获得相应的回报。此外，制作方也参与节目广告的分成。星空传媒在与浙江卫视合作之初便达成协议，如果节目收视率在一定的标准之上，则由双方共同参与广告的分成。这种不封顶、空间巨大的利润机会，无疑能够促使星空传媒不惜成本与投入制作出最好的产品。相关负责人介绍，传统的电视节目会控制投入成本，进而影响节目质量，直接导致收视率的下降，带来广告收益降低的恶性循环。这种参与电视台广告分成的新模式避免了过去的恶性循环，为了要赢取更多的利润，制作单位会竭尽全力制作出最好的节目来确保收视率，进而使良性机制得以形成。据官方数据显示，《中国好声音》自开播以来引发了各界人士的热议和追捧，浙江卫视周五黄金时段每条 15 秒广告的价格，早已从 13.6 万元涨到了 30 万元以上，《中国好声音》的冠名费在 8000 万元到 9000 万元之间，如此可观的广告收益足以证明《中国好声音》营销模式的成功。

四、阐述与评价

2012 年 9 月 30 日的决赛巅峰之夜，《中国好声音》以绝对的收视份额和天价的广告收入圆满完成了首季的收官之作。尽管如此，网络吐槽和媒体诟病却如洪水猛兽般袭来，让受众在不舍"好声音"结束的同时也遗憾《中国好声音》难逃"虎头蛇尾"的综艺节目桎梏。更甚者，有媒体用"神一样的开头，神经病一样的结尾"来形容《中国好声音》。诚然，任何媒体任何受众都无法否定浙江卫视《中国好声音》带来的"好声音"效应，无法抹杀它难以取代的成功。但是，随着比赛的深入，选手身份造假、评分淘汰不公、炒作成分过多等负面新闻层出不穷，公正、公平的节目宗旨和初衷难觅踪迹，让受众对《中国好声音》的未来乃至中国综艺节目的发展深感焦虑和忧患。

1. 从社会舆论到公正度的评判

若论《中国好声音》颇具争议的选手，首先让人想到的无疑是刘欢组的徐海星。首期节目中，徐海星以一首李玟的《自己》打动了各位导师，在之后的反选导师环节，她说自己的父亲在三个月前因病去世，此行来的目的就是为父亲唱歌，因此选择父亲钟爱的音乐导师刘欢。感人的告白赢得了全场热烈的掌声，也引发了姚晨、李玟、冯小刚等名人在微博上为其加油呐喊。然而，时隔不久就有网友爆料，选手徐海星参加过《快乐女声》《花儿朵朵》等多场选秀节目，并也曾用过类似的“爷爷病逝奶奶病危”等理由大打亲情牌。一时间舆论哗然，在第三轮淘汰赛中，科班出身的徐海星无可挑剔地完成了曲目的演唱，然而，令人咋舌的是，99 位大众媒体评审却给出了 28 票的低分，连其音乐导师刘欢都为其叫屈，为社会舆论影响选手成绩忽略节目宗旨的做法感到不满。可见，社会舆论左右节目公正度的现象值得拷问。

无独有偶，好声音学员北京美甲店老板黄勇被曝是专业歌手，曾签约齐秦名下公司；来自东北农村的邹宏宇被曝是家境殷实的富二代；自闭症女孩郑虹的病症造假等负面炒作不断被网络流传，社会舆论对节目选手造成的压力也愈发明显。在这个“娱乐至死”的时代，节目制作者常错误地认为八卦噱头会博取受众眼球，真人秀的参与者也错误地认为身世越悲惨越能得到受众的怜悯和感动，两者都忽略了真实带来的纯粹与感动，正如音乐导师那英说的那样——“有时候故事太美也不一定美”。

当然，受众在批评选手或者节目组造假的同时，不应该忽略选秀本身客观公正性的存在。社会舆论要从正面的方向引导造假行为的即时修正，但若就此否定选手本身的实力与努力，就适得其反了。针对这一问题，《中国好声音》节目组应该在未来的节目制作中，从节目的政策层面开始，反对选手造假，要求真实纯粹。与此同时，节目组也应对自身提出高标准、严要求，制作出精良、真实、多元、积极向上的电视节目。

2. 电视节目的正面价值观传播

任何电视节目都或多或少传播着价值观，从大众传播的视角来看，当下的消费文化有增无减，大众媒介泛娱乐化色彩愈发浓厚。由于大众媒介对受众的巨大影响力，媒介在价值观的传播上要以正面形象为主兼具娱乐化色彩，这就要求电视节目制作者充分了解受众需求，掌握主动权，再通过对受众心理的揣摩和社会调查，用更高层面的主题和内容引导受众选择和观看，引导受众正确价值观的树立。

浙江卫视《中国好声音》的适时出现，打破了当今社会"实用主义""金钱至上"的观念桎梏，填补了受众的精神空虚，一定程度上起到了承担社会责任，传达人生观、社会观的作用，传递了受众内心渴望的正能量。国家广电总局就曾公开点名表扬《中国好声音》的"观照现实和注重品质"，使日渐疲软的中国电视节目市场看到了新的、好的发展趋势。换言之，正面价值观的传播是《中国好声音》口碑收视俱佳的必然结果，也是中国电视节目制作和未来发展的重要参照。

五、阅读延伸

[1]周莉.《中国好声音》对受众的需求满足[J]. 新闻世界，2012(9).
[2]陈蓉，丁丽琼. 消费文化视野下大众传媒的娱乐化——以《中国好声音》为例[J]. 新闻世界，2012(9).
[3]孙崧. 浅析音乐综艺节目的价值观传播——《中国好声音》热播引发的几点思考[J]. 当代电视，2012(9).
[4]胡婷.《中国好声音》与新媒介运营策略浅析[J]. 新闻传播，2013(11).
[5]邓秋实.《中国好声音》的节目模式研究[J]. 传播与版权，2014(1).
[6]吴丹萍."盲选"为何如此吸引人？——《中国好声音》的成功要素分析[J]. 新闻世界，2013(5).
[7]党蔚，同海怡. 由《中国好声音》看中国电视音乐选秀类节目的末路突围[J]. 东南传播，2013(3).
[8]万美容，彭红艳. 青春镜像：《中国好声音》的文化意义解读[J]. 中国青年研究，2013(4).

[9]许继锋.《中国好声音》爆发性传播效应的模式要素[J]. 中国广播电视学刊，2012(10).

[10]张铁婷."泛真人秀"时代中国电视真人秀节目的内容与传播创新——以浙江卫视《中国好声音》为研究样本[D]. 上海：上海外国语大学，2014.

（韩飞，孙宜君）

用电视搭起情感鹊桥

——江苏卫视《缘来非诚勿扰》读解

江苏卫视《缘来非诚勿扰》是一档婚恋交友节目，或者说是大型生活服务类节目。在国内外有着较大的影响力，有广泛的受众市场。提倡“新派交友”的《缘来非诚勿扰》在借鉴英国版《非诚勿扰》(Take Me Out)的基础上，对传统婚恋节目的内容和形式进行了改造升级，从而更好地契合当今社会大众的心态与思想，同时也更好地适应当今社会环境下年轻人对待婚恋情感的态度和对待家庭生活、社会生活的价值观念。

一、节目概述

中文名称：缘来非诚勿扰
外文名称：Take Me Out 或 You Are the One
节目原名：非诚勿扰
节目类型：大型生活服务类节目、婚恋交友类节目
主持人：孟非
主要嘉宾：黄菡、乐嘉、黄磊、陆毅等
播出频道：江苏卫视
在线播放平台：PPTV、腾讯视频、爱奇艺等
开播日期：2010 年 1 月 15 日
现播出时间：每周六 21：10
节目时长：90 分钟
播出状态：播出中

《缘来非诚勿扰》原名为《非诚勿扰》，是 2010 年 1 月 15 日在江苏卫视开播的一档新派婚恋交友节目。因原节目名称牵涉商标侵权纠纷，江苏卫视于 2016 年 1 月 16 日发表声明：将《非诚勿扰》暂时更名为《缘来非诚勿扰》。该节目旨在为广大单身男女提供一个认识和交流的平台。

基于节目宗旨，《缘来非诚勿扰》大体每周录播一期。每期节目都会精选 24 位女嘉宾参加相亲。节目初期基本环节是：女嘉宾通过“爱之初体验”“爱之再判断”“爱之终决选”三关，来了解同一位男嘉宾。在节目过程中，女嘉宾亮灯表示对男嘉宾有意，愿意继续了解，灭灯则表示对男嘉宾不满意。若场上只有一位女嘉宾亮灯，主持人将询问男嘉宾的意见，如果男嘉宾也中意亮灯的女嘉宾，则速配成功；若场上所有女嘉宾都灭灯，则男嘉宾必须离场。三关之后，如果仍有多位女嘉宾亮灯，则男嘉宾获得选择权，可选择自己心仪的女嘉宾。

对于《缘来非诚勿扰》这样的环节规则，制片人王培杰认为：“对参加节目

的女嘉宾来说，《非诚勿扰》是部连续剧，这一期没能找到心仪的对象，下一次可继续上台寻觅意中人；对男嘉宾来说，《非诚勿扰》则是一部系列剧（这种电视剧每集都是一个独立完整的故事），因为每个人面临的挑选形式都一样，但只有一次机会。”①

《缘来非诚勿扰》不同于一般意义上的婚恋相亲节目，它重“交友”而非“相亲”，本质是真人秀。正如该节目的口号一样，“只提供邂逅，不包办婚姻”。《缘来非诚勿扰》的节目宗旨是为广大单身男女提供一个认识和交流的机会。嘉宾主要是通过节目提供的平台来展现自己的职业、生活、兴趣爱好、个人性格、婚恋观、价值观以及人生观等，而男女嘉宾在交流和讨论中也增进对彼此的了解。此外，节目中的朋友及同事采访环节也为全方位展现嘉宾的面貌提供了参考价值。而节目呈现的“1 男对 24 女”的派对形式则反映了当下人们快节奏的生活方式，也符合年轻人的欣赏习惯。年轻一代的婚恋焦虑和生活压力，使《缘来非诚勿扰》这一婚恋交友节目有了广阔的受众市场。同时，节目也恰好符合当今社会环境下年轻一代对待婚恋情感的态度和对待家庭生活与社会生活的价值观念。

《缘来非诚勿扰》自开播以来，作为一档播出超过 400 期的婚恋交友——大型生活服务类相亲节目，它的收视率增长期稳居省级卫视常态节目第一位，是中国电视史上少有的高收视率常态播出类节目。《缘来非诚勿扰》还举办过多次“海外专场”，节目走出国门，受到海外华人的热烈欢迎。国际知名节目制作人保罗·杰克逊认为《缘来非诚勿扰》是“全球最顶级的相亲节目”②。

当然，《非诚勿扰》能够在国内众多婚恋交友（相亲）节目中占据“领头羊”地位，不仅是顺应社会环境那么简单，更重要的是它在内容和形式上有所创新，有所突破。《缘来非诚勿扰》从节目属性上来说是婚恋交友类节目，但从节目构成上，又可视为综艺娱乐节目中“娱乐谈话”和“公共舞台”两种基本形式的融合。《缘来非诚勿扰》既不是一个单纯传统的相亲节目，也不局限于单纯的娱乐节目，而定位于“婚恋＋交友＋娱乐＋谈话＋真人秀”的复合节目。而它的内核——真人秀，则是节目的亮点所在。这样的创新，使得节目的内

① 高慧艳．相亲节目《非诚勿扰》的传播学解读[J]．新闻爱好者，2011(2)：46-47．

② 陈辰．执行制片人解析《缘来非诚勿扰》的成功策略[J]．中国记者，2013(2)：109-110．

容及形式更加丰富生动，节目的互动性更加强烈。场上男女嘉宾、主持人、点评专家、观众的互动，以及场外观众与电视、网络、微博的互动等，使得节目更显丰富与精彩，也更加具有可看性。

二、传播源流与路径

虽然《缘来非诚勿扰》在国内同类节目中，内容上与形式上都有亮点、新颖独特之处。但是，节目派对式的模式并不是原创，而是在借鉴英国版《非诚勿扰》(Take Me Out)的基础上，对传统婚恋节目的内容和形式进行了改造和升级。因此在一定程度上说，《缘来非诚勿扰》是引进和模仿的产物。英国版《非诚勿扰》的原型是澳大利亚版《非诚勿扰》(Take Out)，在中国热播的《缘来非诚勿扰》《我们约会吧》等节目皆起源于此。英国版《非诚勿扰》是一档由帕迪麦吉尼斯主持的约会节目，于 2009 年试播，并于 2010 年 1 月 2 日正式在英国的独立电视台一频道和爱尔兰的 TV3 电视台播出。2012 年，福克斯公司把《非诚勿扰》带到了美国，首播于 2012 年 6 月 7 日晚 8 点，并且在美国和加拿大的收视人数达到了 330 万。

有人常常将《缘来非诚勿扰》与湖南卫视的《我们约会吧》相提并论，甚至误以为《缘来非诚勿扰》模仿了《我们约会吧》，其实不然。江苏卫视总编室品牌推广部主任刘原在接受《时代周报》记者采访时说："我们基本上是从 2009 年下半年开始策划这个栏目，湖南台正式播出《我们约会吧》之前，我们的样片和前几期节目都已经录完了。"《缘来非诚勿扰》节目总制片人王刚说："这个节目的创作灵感来自'办公室里的剩男剩女太多'。"刘原还说："从一开始的时候，我们就不想把这个节目做成简单的'相亲交友'节目，我们把它定位为'新派交友'。为单身男女交朋友提供一个相互邂逅、交流的平台。年轻人在这个平台相互交流自己的婚恋观、价值观。"①从首播时间上看，《缘来非诚勿扰》略晚于 2009 年底开播的《我们约会吧》，虽然同是翻版自英国的经典电视交友节目，都是相亲类真人秀节目，有着相近的主题，但是两档节目呈现出了不同的风格和特色。

① 谢培.《非诚勿扰》的纷纷扰扰[N]. 时代周报，2010-06-17.

《缘来非诚勿扰》一方面吸收和借鉴了国外电视台同类节目的相关经验，另一方面则根据本土观众的实际情况，做了很多新的尝试。例如，“将谈话、辩论和娱乐相融合，设计了较之以往更为亮丽的舞台背景和更能调剂活跃现场气氛的音效，滚动播出女嘉宾个人推介的形象宣传短片等，这些变革都透露了该节目勇于创新的气息”①。

三、主要社会影响

《缘来非诚勿扰》自开播以来，受到了社会的广泛关注，收视率节节攀升，第 27 期节目曾以 4.23％的收视率刷新省级卫视的最高收视纪录。《非诚勿扰》的火爆甚至带动了全国卫视的相亲节目大潮。根据央视索福瑞收视率统计，相亲节目一度成为收视率仅次于央视新闻联播和天气预报的节目。

《缘来非诚勿扰》的火爆不是一个偶然的现象。节目的幕后团队深谙传媒之道，女嘉宾、男嘉宾的选取，现场程序、话题的设置，节目主持人及专家的把持，这一切使《缘来非诚勿扰》融合了各种电视节目形态，真人秀、谈话节目、综艺娱乐节目等都有所涉及。早期的节目在收获收视率和经济效益的同时，也因有些环节的不合理和个别嘉宾观念的偏激，产生一些负面影响。例如，节目中嘉宾身份造假，节目中炒作“拜金女”“炫富男”等低俗恶俗内容。2010 年 6 月，国家广电总局下发了《广电总局关于进一步规范婚恋交友类电视节目的管理通知》以及《广电总局办公厅关于加强情感故事类电视节目管理的通知》两份文件，明文规定“严禁伪造嘉宾身份，欺骗电视观众”“不得以婚恋的名义对参与者进行羞辱或人身攻击”“不得展示和炒作拜金主义等不健康、不正确的婚恋观”。同年 6 月 12 日，《人民日报》发表两篇评论文章，批评部分相亲节目低俗化，严重背离社会主义核心价值体系。之后，央视《新闻联播》发表评论表示媒体要切记社会担当。《焦点访谈》等栏目更是以专题的形式，批判“混淆是非善恶、宣扬不正当婚恋观”的相亲节目，并对《缘来非诚勿扰》进行点名批评。在强大的舆论压力下，《缘来非诚勿扰》亟待整改。2010 年

① 熊艳.《非诚勿扰》何以领跑收视冠军[J]. 视听，2013(6)：26-27.

6月26日，经过整改的《缘来非诚勿扰》重新登上了电视荧幕：节目在保留主持人孟非和点评专家乐嘉的同时，增加了党校女教授黄菡作为点评专家。在嘉宾的选取上，节目录制前要进行严格的身份审查以确保真实性，场上的男女嘉宾也更多来源于社会大众。在节目的话题设置上，坚持正确的价值取向，做到健康向上。其后的《缘来非诚勿扰》节目变得真实、真诚，更加规范，传播的内容和形式都更加贴近生活，贴近受众。

现实生活中大男大女、剩男剩女的存在，始终是婚恋交友节目《缘来非诚勿扰》存在的社会土壤。婚恋交友话题始终是社会生活的永恒主题。社会存在决定社会意识，因此《缘来非诚勿扰》的平稳运行离不开当下的社会背景。

此外，《缘来非诚勿扰》在前期的运行过程中，虽然存在不真实和价值引导上的失误，但是节目新颖的内容和形式顺应了社会的快节奏，也迎合了很多观众的心态。在与其他卫视节目的竞争中，《缘来非诚勿扰》形成了很高的人气和关注度，有了自身的受众群和广大的潜在受众群。特别是整改后，节目主持人的积极引导和党校教授的把关，也使得节目走上正轨，开始积极地宣扬正确的婚恋观和价值观。正确应对负面事件，踏实整改的态度，保证了节目能够重新崛起，平稳运行。

在改正问题的同时，《缘来非诚勿扰》也注重节目的创新。例如，节目增加爆灯和爱转角环节，设立农民工、教师专场，推出最遗憾离场男嘉宾专场，为优秀的男嘉宾提供返场机会，同时积极开拓海外市场，推出澳洲、美洲专场等，节目不再炒作，而是回归婚恋和交友的主题，鼓励各类人士找到属于自己的幸福。节目的人情味成为打动受众的关键。而这些举措也使《缘来非诚勿扰》与受众走得更近，使其打破惯性思维，平稳地运作下去。

四、阐述与评价

1. 节目特色与创新

《缘来非诚勿扰》节目在顺应社会环境和受众心理的基础上，收获了高收视率和经济效益，同时也进入了社会评价领域，成为媒介评论的客体，接受社会各方的检视。从整体上说，作为婚恋交友节目中的佼佼者，《缘来非诚勿扰》顺应了社会环境和受众心理，也从定位、内容和形式上做出了一些创新，具备了一定的特色。

(1)节目内容紧扣社会热点，更贴近观众。《缘来非诚勿扰》节目内容能够紧扣社会热点，使当今婚恋价值和社会问题得到广泛关注。节目改变了以节目主持人为主的模式，而以嘉宾为主，让嘉宾说话，让场外的普通观众说出真实想法，使许多与受众关联紧密的话题在节目中通过嘉宾对话呈现，从而拉近节目与受众的距离。许多由婚恋引发的社会热点问题和由此折射出的人们的各种心态在节目中得以真实表达，引起反响与争议，使节目俨然成为观众讨论社会问题的一个可行渠道，这也是节目收视率一路领先的重要原因。

(2)扩大嘉宾来源渠道，嘉宾既有故事也有一定的典型性。《缘来非诚勿扰》自创办以来，在选拔嘉宾上花了很大精力。节目不仅开通了官网报名、电话报名和短信报名等渠道；同时还打通了三大相亲网站——世纪佳缘、百合网、珍爱网，与它们携手，在亿万适龄的相亲人群中寻找合适的男女嘉宾；另外还与新浪、腾讯等网站合作，为适龄男女青年创造更方便的报名途径。为了能够与潜在的男女嘉宾第一时间接触，节目组还在北京、上海、广州、哈尔滨、成都、深圳等几大城市，长期设立报名点，每周派驻节目的一线编导前往这些地点，与前来报名的男女嘉宾进行一对一的面试聊天，最大限度地接近嘉宾群体，了解其情况，掌握他们对节目的看法。因此，自节目开播以来，编导们每周面试的男女嘉宾都在六七百人以上，在这么多次面试的基础上再进行进一步的组内研讨，最终确定最适合参加节目的男女嘉宾，从而保证每期节目的可看度和质量。

(3)节目功能力求多样化。《缘来非诚勿扰》与早前的电视婚恋交友节目不同，不再单纯追求服务性功能的实现，即力求促成嘉宾的配对成功，而是将婚恋交友节目的主要功能进行扩大、转换，使其节目功能变得更为多样化。也就是集服务性、展示性、娱乐性、参与性为一体，使得节目更具观赏性，也更加符合普通观众的口味。

(4)通过短片拍摄深化节目与社会环境的勾连。在《缘来非诚勿扰》中，男女嘉宾的短片展示是一个重要环节。首先，短片拍摄这一过程，是编导面试的后续，同时又是嘉宾登上舞台正式参加节目前的一个缓冲。每位嘉宾的短片都需要节目组安排专门外拍人员到嘉宾的实际所在地进行拍摄，这也是对嘉宾身份的二次审核。外拍导演们能够凭借自己的工作经验和观察力，对男女嘉宾进行客观考察和记录，掌握男女嘉宾的基本情况。其次，短片的录制也是对当下社会丰富性和多样性的真实记录。男嘉宾职业类型丰富多样，其中除工人、科研人员、个体老板、健身教练、公务员、工程师、外企高管、司机等社会常见职业类型外，还包括引航员、退役特种兵、国家级运动员等非常见的职业类型。这样既能让观众对各种行业加深了解，同时也让那些从事较为小众职业的男嘉宾有机会展现自己的工作和生活状态。最后，通过短片现场播放，男女嘉宾能够进行更多的信息交流和沟通，而观众也会受到启发，在网络上发表言论和看法，扩大节目的影响。

(5)主持人个人魅力为节目添彩。一般来说，优秀的节目主持人，会为节目增光添彩，增加人气。在《缘来非诚勿扰》中，主持人孟非赋予了节目理性沉稳的气质和幽默风趣的风格，广受观众欢迎。他在干练利落的主持中不忘适时地调侃和搞笑，对于《缘来非诚勿扰》这桌麻辣火锅，“孟非可以做到一边利索地给火锅加上料，一边又不紧不慢地调节着火候。他颇具特色的反讽，部分话题的升华，幽默风趣的语言都为节目增色不少，尤其是他对部分话题的煽风点火的同时又能回归主线，倡导出主流的价值文化，极强的随机应变能力和卓越的控场能力着实令人佩服。”可以说，《缘来非诚勿扰》能够取得优异的成绩，孟非功不可没。

(6)精心安排，巧妙地进行节目推广。《非诚勿扰》的高收视率不仅依赖于节目内容，还得益于精心安排，巧妙地进行节目推广。该节目原播出时间为每周六、周日21：10，每周播出两期节目，容易形成连续剧效应。节目中男女嘉宾配对牵手成功与否成为观众猜测的焦点，而验证猜测的过程则成为他们锁定节目的动力。节目还在首播后继续安排重播，这样既能满足受众的好奇心理，又能增加节目的曝光率。同时，节目在预告宣传片上不断设置悬念，让观众对节目的播出充满期待；节目还制作女嘉宾个人推介的形象宣传短片，滚动播出，引人注目。此外，节目组还利用网络电视、PPTV、腾讯视频、爱奇艺、微博、微信等平台对节目进行渗透式的推广，可见节目安排的精心与巧妙。

2. 节目改进建议

毫无疑问，《缘来非诚勿扰》在收视率与社会影响等方面都取得了骄人的成绩。但是，节目在运作与传播过程中也出现过问题和价值导向的偏差，这是值得反思与改进的。它告诫人们，应关注媒介的社会责任与社会价值。《缘来非诚勿扰》要想长久而更好地发展下去，要做的努力还有很多。我们认为，可以从以下几个途径进行改进。

(1)准确把握栏目定位，增强节目的服务性。虽然《非诚勿扰》的内核是真人秀，但是其属性依然是婚恋交友类节目。节目创办的目的还是为广大单身男女提供一个认识和交流的平台。虽然《非诚勿扰》融合了真人秀、谈话节目、综艺娱乐节目等多种节目形式，但是其主题依然是婚恋和交友。如果一味地把节目当成男女嘉宾的大秀场，任由嘉宾展示自己的言语有多么犀利、思想有多么激进、举止有多么非主流；如果一味地为提高节目的收视率去炒作、去媚俗，而不是给嘉宾提供一个诚心交友的平台，那么未免有点儿本末倒置。《缘来非诚勿扰》曾经面临的停播整改告诉人们：炒作和作秀只会毁了节目本身，来到《缘来非诚勿扰》是为了诚实交友，而不是选秀。

婚恋交友类节目应该完善自己的社会服务功能，为需要交友的观众提供平台，将服务性作为重要的制作理念。经过整改之后，《缘来非诚勿扰》设置的外来务工人员专场与教师节专场就是为提升节目的服务性所做的努力。同时节目组还开通了短信、邮箱、官方网站、微博等平台，为节目中交友失败的嘉宾提供更多交友机会。这是节目服务性的一个很好的体现。但是要明确，服务不是外化的、形式的，应该从内涵上增强节目婚恋交友的服务特性。

(2)保证内容真实性，维护节目公信力。《缘来非诚勿扰》的内核是真人秀，即真实是该节目能够生存下去的基础。受众观看该节目一个很大的原因就是，节目中的大多数嘉宾都是现实生活中的普通人，受众在观看节目时可以体会这些平凡嘉宾们的心态，体会他们在生活和情感方面的困惑与压力，与他们产生共鸣。而一旦受众发现这些嘉宾的身份存在造假的问题，发现这些嘉宾的职业都是伪造的时候，发现自己其实是在欣赏演员的表演的时候，不仅会有一种被欺骗的感觉，而且会质疑嘉宾参与节目的诚信度，甚而对整个节目的真实度产生怀疑。

《缘来非诚勿扰》最初靠一些出彩的嘉宾赢得了高收视率、高关注度，但是一旦受众发现节目不是真人秀，而是真人作秀，甚至是“假”人秀、“假”人作秀时，节目损失的就不仅仅是收视率了，更是公信力、信誉度。如此一来，节目再怎样出彩也难以获得受众的认可了。

媒体公信力是媒体本身所具有的一种被社会公众所信赖的内在力量。它是衡量媒体权威性、信誉度和社会影响力的标尺，也是媒体赢得受众信赖的能力。因此，《缘来非诚勿扰》要保持自身的生命力和影响力，创作人员必须真实而真诚地努力下去。

(3)牢记社会责任，坚持正确价值导向。20世纪20年代，美国新闻学家李普曼提出，大众传媒的报道活动是一种营造“拟态环境”的活动，它形成人们头脑中关于外部世界的图像，并以此影响人们的行为。

传播学者赖特在《大众传播：功能的探讨》一文中提出大众传媒的“四功能”，即环境监视、解释与规定、社会化和提供娱乐。媒体既要为受众服务，帮助人们了解、把握自己的生存环境，又要对所传达的信息进行解释，并提示人们应该采取什么样的行为反应，做正确积极的引导。在传播知识、文化、价值与行为规范时，媒体要坚持健康向上的主流文化和主流价值观。在为大众提供娱乐时，不能一味地为提高收视率而迎合受众的低级趣味和猎奇心理，而应坚持正确的价值导向。这些都是媒体应该牢记并遵守的社会责任。

在《缘来非诚勿扰》的火爆期，少数嘉宾的言语暴力和错误价值观念没有受到节目的及时制止和正确引导，反而成了节目炒作的工具。“拜金女”“炫富男”等低俗内容在栏目中不仅没有受到批判，反而有愈演愈烈之势。最终《缘来非诚勿扰》的停播整改，与其说是节目受到了巨大的舆论压力，不如说是节目为自己没有履行正确的社会责任而付出的代价。

因此，今后的《缘来非诚勿扰》要想长远地发展，应该继续坚持主流文化和主流价值观，真诚地为大众提供一个交友的平台，正确引导受众的婚恋观和价值观，抵制拜金主义、享乐主义等错误观念对受众思想的侵蚀。同时，在节目的传播过程中，制片人、编辑、主持人、点评专家都应该把好关，确保节目的健康向上。在节目后期制作及剪辑时，对节目中出现的不恰当言语以及会产生消极传播效果的内容及时予以删除。

(4)加强节目创新，提高自身竞争力。婚恋交友节目的火爆有其深刻的社会原因，而在全国卫视婚恋交友节目的大潮中胜出的《缘来非诚勿扰》，不仅在内容上而且在形式上都很新颖独特。但是，节目派对式的模式并不是原创，而是在借鉴英国版《非诚勿扰》的基础上，对传统婚恋节目的内容和形式进行了改造和升级。在一定程度上说，《缘来非诚勿扰》是引进和模仿的产物。所以，该节目的自主创新能力需要进一步挖掘和增强。

同时，《缘来非诚勿扰》的派对式交友模式确实给人耳目一新的感觉，但是长期都采取这种模式会引起审美疲劳；婚恋话题确实是人们永恒关注的话题，但是长期泛滥的婚恋话题又会引起受众的厌倦，这些都是阻碍节目长期生存下去的瓶颈。要使《缘来非诚勿扰》有充满生机和活力的形式，不再为“婚恋”所限，则必须挖掘大男大女、剩男剩女更深层的情感故事。一方面，《缘来非诚勿扰》可以加入嘉宾访谈环节，不仅对男嘉宾，而且对24位女嘉宾都进行采访，探寻他们真实的内心世界；另一方面，可以细化节目主题，按照嘉宾的职业状况、生活背景举办专场节目。节目实行过的农民工、教师、最遗憾返场男嘉宾专场等就是很好的尝试。《缘来非诚勿扰》可以做主题节目，探讨“婚恋观”“友谊观”“家庭观”“价值观”“人生观”等深刻的问题，以“关注单身男女的情感和生活”为宗旨提高栏目的品质和深度。节目自2012年10月起改版升级，增加爆灯环节、更新音乐音效、优化舞美灯光、改换视觉包装等，这些都是节目创新的重要举措，带给观众新的观看体验，收到了很好的传播效果。这一切也表明，《缘来非诚勿扰》有着惊人的创新力。

(5)拓展传播手段，积极与受众互动。《缘来非诚勿扰》采取的是录播的方式，受众可以通过发送短信获取入场券参与节目录制，也可以在电视上观看录播节目，还可以在《缘来非诚勿扰》的官方网站上点播各期节目，有条件的还可以通过手机电视观看节目。此外，节目还开通了短信平台、热线电话、网络平台、新浪微博等，方便受众了解嘉宾情况，参与节目讨论，让社会大众都能够积极参与到节目中来。

2011年3月31日，《缘来非诚勿扰》再次出新招，推出“网络抢先看”模式，即在3月31日的14：00到15：30这一时段在网络平台提前播出4月2日晚上《缘来非诚勿扰》的节目内容，这开创了电视节目网络提前播出的先例。江苏卫视品牌推广部刘宇哲表示：“这次可以说是一次实验，目的是为了对节目进行更好的推广，对收视率的影响要从正反两方面看，网络播出后，网友们会对当期节目展开讨论，那会引导观众观看电视，从这个角度看，希望对电视播出产生有利的影响，而且我们会准备和电视播出不一样的内容，看电视还可以看到新内容。"这些都可以看出，《缘来非诚勿扰》节目组的确在努力地创造各种传播方式，大力推广节目。电视、网络、手机乃至新媒体的运用令人赞赏。不过，节目还应注重其他媒体的运用。像报纸、杂志、广播等较为传统的媒体也可以利用起来，拓展节目的宣传力度，也扩大节目的受众群体，积极与各类受众展开互动。同时，节目也要注重表现形式的扩展。再完美的舞台，再优美的音乐，时间久了都难免会陷入审美疲劳。因此，节目组要积极与受众进行交流互动，了解他们对节目而不仅仅是对嘉宾的看法和建议，让节目能够更加长远持久地发展下去。

五、阅读延伸

[1]方思源，汪少明．从节目形式的角度看《非诚勿扰》[J]．学习月刊，2010(12)．

[2]张伟．中国婚恋节目新探析——以《非诚勿扰》为例[J]．传奇·传记文学选刊，2010(6)．

[3]蒋佶成．电视娱乐节目的价值定位与社会责任[J]．青年记者，2010(20)．

[4]谢佳沥．对江苏卫视《非诚勿扰》栏目的探讨[J]．新闻世界，2010(10)．

[5]沈忱．由《非诚勿扰》看电视传播中"蝴蝶效应"[J]．现代传播，2011(4)．

[6]王凤仙．关于《非诚勿扰》热播的冷思考——兼论媒体社会责任[J]．今传媒，2010(11)．

[7]李小吉．浅析《非诚勿扰》收视热潮背后的成功之道[J]．视听，2013(6)．

[8]熊艳．《非诚勿扰》何以领跑收视冠军[J]．视听，2013(6)．

[9]黄艳琴．《非诚勿扰》节目热播原因的分析[J]．小说评论，2013(S1)．

[10]门大泉．电视婚恋交友节目的发展策略[J]．声屏世界，2009(4)．

[11]蒋英艳．对电视婚恋交友节目的冷思考——以《非诚勿扰》为例[J]．西部广播电视，2015(9)．

（吴竞韡，孙宜君）

天生我材必有用
——东方卫视《中国达人秀》读解

“平凡人也可以成就大梦想，相信梦想，相信奇迹！敢于挑战才能实现大梦想，中国达人，达人中国。”《中国达人秀》是中国购买海外模式制作的电视真人秀中最成功的节目之一，曾连续三季打破中国电视综艺节目收视纪录。节目通过给予普通人表演的机会，体现对每一个平凡梦想的尊重和鼓励。

一、节目概述

中文名称：中国达人秀
外文名称：China's Got Talent
节目类型：综艺节目、选秀节目
节目口号：相信梦想，相信奇迹！
主持人：程雷、曹可凡
播出频道：东方卫视
开播日期：2010 年 7 月 25 日
播出时间：每周日 21：05
播出状态：播出中(目前已播出 5 季)

2010 年 5 月 13 日，上海世博事务协调局、东方卫视及宝洁公司在上海召开联合发布会，共同宣布《中国达人秀》落户中国东方卫视。这是世界上最知名的选秀节目首次进驻中国。

《中国达人秀》准确地说是一档才艺竞技类真人秀节目，节目内容完全由选手表演、评委选拔构成，强强对决，最终产生冠军。在中国，它是同类节目中较早引进国外电视制作模式的综艺选秀节目。其他电视真人秀节目，如《缘来非诚勿扰》《快乐女声》《中国好声音》等节目的内容通常限制在一定范围内，或相亲，或歌唱。从该节目播出情况来看，参赛者展示的才艺五花八门，歌曲、舞蹈、杂技、脱口秀等应有尽有，选手亦来自社会不同领域，包容性很强。

《中国达人秀》的制作模式源于《英国达人》，在借鉴的基础上进行了一定的本土化改造，具有自己的风格特色。节目宣传语为“平凡人也可以成就大梦想，相信梦想，相信奇迹！敢于挑战才能实现大梦想，中国达人，达人中国”。通过给予普通人表演机会，体现对每一个平凡梦想的尊重和鼓励。

节目在多个城市举行海选，通过的选手才能进入初赛，部分海选花絮会在电视上播放。复赛在上海音乐厅举行，在复赛中首先播放一段介绍选手的视频，然后选手进行才艺表演。评委通过按钮点亮舞台上方的红叉示意选手停止表演，最后由评委裁决选手是否通过。如果三位评委中的多数给予“Yes”(是)的回答，则该选手晋级成功。

二、传播源流与路径

于1990年播出的《美国家庭滑稽录像》是最早的真人秀节目，而后出现的电视真人秀节目《老大哥》和《幸存者》为此类节目赢得了高额的广告收入和广泛的收视认可。此后，真人秀节目在盛行消费主义文化的西方应运而生。1998年，由好莱坞谐星金·凯瑞主演的影片《楚门的世界》，便讲述了主人公的生活被摄像机记录并直播的故事，犹如一出活生生的真人秀。这部电影透露出导演对大众生存的虚拟的媒介环境的担忧，然而电影的情节正逐渐成为现实，即随着真人秀浪潮席卷全球，人们的私生活正被呈现在大荧幕前供大众消费娱乐。这已经成为一种不可忽视的文化现象，这正是《中国达人秀》产生的现实背景。

《中国达人秀》并非原创节目，而是一档“舶来”节目，其制作模式仿照《英国达人》的标准流程，但是也根据我国国情进行了本土化改造与创造。《中国达人秀》在情感价值取向、呈现形式及表现内容等方面表现出了独特的本土风格。具体而言，《中国达人秀》与《英国达人》之间存在如下不同之处。

首先，《英国达人》比较注重“达人”二字，他们旨在发现英国业余表演人才，对选手的才艺技能要求比较严格，参赛者也多是为了展现自我，获得“在女王面前表演的机会”等。中国引进真人秀节目时，必然面临文化差异的考验，在道德标准、人性表达方面必然受到中国传统文化观念、价值取向的制约。《中国达人秀》的制作团队在规划伊始便把握到了这一本质区别，以“情”字为出发点进行价值观改造，弘扬中国民众和政府认可的主旋律。第一，讴歌普通百姓的情感，展现真情魅力，用真实、诚挚的情感打动人心。例如，毫无才艺的姜人瑞，他用自己携带的机械装置表演“孔雀开屏”，引来观众的哄笑和评委的红灯，但当他说这是为了取悦瘫痪在床的妻子时，所有人为之动容，评委破例让他晋级，并在之后颁给他“绚烂的绽放”奖项。之所以如此，就是因为他身上闪现出的重情守义、患难与共的夫妻道德品质。第二，尊重边缘社会群体，肯定自强不息的精神品质。“断臂钢琴家”刘伟10岁时因车祸失去双臂，他没有自暴自弃，而是学习用脚写字、吃饭、弹琴，最终获得了大家的肯定，赢得了第一季《中国达人秀》的冠军。再如残疾舞蹈组合马丽、翟孝伟，袖珍女孩朱洁等展现的都是坚强不屈、积极向上的可贵品德。

其次，《英国达人》惯用情境设计的呈现方式，每集都有不同的主题和剧情，由不同的故事、演员组成。《中国达人秀》采用传统讲故事的方法，挖掘节目的故事性和教化性，传达其中的现实意义；将才艺和选手背后的故事结合在一起，赞美平凡和草根文化，实现主流价值观的引导。

最后，在表现内容上，《中国达人秀》在大众娱乐的基础上，添加中华传统技艺的精华，展示了一批具有中国传统特色的才艺。这就契合了传承中华传统文化的主流精神，不仅观众喜闻乐见，而且相关主管部门也会大力支持。而英国则规定达人中必须有歌手、舞者、胖子、小孩、厨师等，重视演员戏剧性的表演和奇人绝技的显露。

三、主要社会影响

《中国达人秀》节目播出以来，从收视数据上看，它的前两季收视效果非同凡响。第一季从第二期开始在上海的收视率就超过了10%，第二季第一期收视率逼近15%，这说明此节目在上海已经家喻户晓。随着节目的进行，第一季总决赛上海地区收视率为34.88%，全国收视率为5.7%，排名全国第一，而第二季在同时段的收视率甚至更高。除上海外，该节目在天津、成都、杭州、南京、郑州、长春、北京、济南、昆明等地也较受欢迎。

国家广电总局有关领导人认为：“这档节目传递了真情、自信、尊重等价值观，为普通的百姓打造了一个实现梦想的平台。”国家广电总局甚至为《中国达人秀》颁发“特许令”。国家广电总局规定，自2007年10月1日开始，各省级以及副省级电视台上星频道制作的群众参与性的选拔类活动，需要设立科学的评选标准和赛事规则。2009年，国家广电总局在给湖南卫视《快乐女声》的批文中明确规定：“不得采用手机投票（包括以发送短信的方式给选手打分)、网络投票、电话投票等任何场外投票方式。"2010 年，就在《快乐男声》收视低迷、惨淡收场时，同年 9 月 27 日国家广电总局特批《中国达人秀》全国总决赛全程直播，允许节目恢复手机短信投票，这是近几年来国家广电总局首次允许卫视选秀节目采用短信投票方式决出冠军归属。《光明日报》在评论文章中写道："《中国达人秀》的意义在于：它在主流媒体上为普通人提供了一个展示自己的舞台，它希望人们展现的是梦想，是表演背后的故事，是最深刻、最真切的情感，是发自心底的力量……《中国达人秀》赋予了舞台新的使命，让表演者展现自己。不需要在意观众的目光，不需要在乎舆论的评价，舞台不再只属于挑剔的欣赏者，它同样属于平凡的演员。"①

受众则给予《中国达人秀》更为客观全面的评价。在第一季《中国达人秀》中，节目为人称道，但也有过度煽情的嫌疑，"似乎偏离了达人的定义，取而代之的是励志、情感"。很多选手才艺表现一般，但由于其故事感人而被特殊关照，甚至取得名次或奖项，网友惊呼"这不是《中国达人秀》，而是上海版的《感动中国》"。在第二季中，节目一改昔日风格，加大了比赛的才艺因素，减少了煽情内容，涌现了很多具有才艺特质的选手，总体上更为健康。而且知名人士的助阵是《中国达人秀》第二季的另一大亮点，无论是巡演还是决赛盛典，节目主办方都邀请了很多知名人士助阵，如英国达人苏珊大妈，国内演艺界人士李宇春、韩庚等，为节目增添了趣味性和娱乐性。此外，第二季因为各种因素，使得评委更迭频繁，这成为节目的热点话题，提高了节目的关注度和曝光率。但是，从第三季开始，《中国达人秀》的热度开始减退，"无论是评委本身还是选手质量都不再吸引更多关注度"。而有的评委的煽情方式也令网友大呼雷人做作，甚至有的评委还被观众贬称为"毒舌妇"。

2013 年 12 月 8 日，《中国达人秀》第五季经过调整与改进，以新的面貌重磅登陆东方卫视。为了增强视听吸引力，节目组引进了全新的"大红钮"装置，在视觉和听觉上都极大地丰富了节目效果。在基调和内容上，第五季节目在尊重、鼓励每一个平凡梦想的同时，还着力突出欢乐元素，热点聚焦在唱歌、技艺类节目上。此外，苏有朋、赵薇、刘烨和王伟忠等担任节目评委(梦想观

① 王希子．评《中国达人秀》：应有传播主流价值观的使命[N]．光明日报，2012-01-16.

察员)，有力地提升了受众的关注度。

《中国达人秀》还通过在国内外巡回演出，招募外国达人参加节目，来扩大影响范围。此节目已经成为中国省级卫视中最具国际影响力的综艺节目之一。

四、阐述与评价

从社会影响来看，人们对《中国达人秀》的评价褒贬不一，说明节目本身有成功之处也有弊端所在。在《中国达人秀》逐渐陷入颓势时，对节目的成败得失进行深入分析，有助于使之焕发新的生命力。

1. 节目的成功因素

第一，零门槛准入，不限任何才艺。相较于之前的选秀节目，《中国达人秀》最基准的目的是塑造舞台，为来自全国各地的具有才艺的人提供一个展现自己的机会。在“小人物，大梦想”的宣传理念上，《中国达人秀》做到了选秀节目有史以来真正的零门槛，对年龄、长相、表现的内容都没有要求，从而真正地在最广大的群体里选出那些富有才华、拥有梦想的普通人，让他们从秀场走上世界舞台。

第二，有情感浓度和人道主义关怀。如少年宫文所述，《中国达人秀》并非仅仅是花拳绣腿般的才艺展示，而是饱含着情感的慰藉与人性的深度关怀，这是一档优秀的综艺节目应该具备的艺术品质和审美价值。节目的参赛者有的是社会中的弱势群体，诸如农民工街舞队、“时尚七太”“断臂钢琴家”等。他们弘扬乐观向上、自强不息、积极进取的人生态度。节目评委嘉宾与观众，在节目中表达了对他们的关心和肯定，鼓励人们用正确的态度面对平凡而伟大的人生，为社会转型期的中国释放正能量。“艺术作品的极大震撼源于文化的自觉与精神的力量，这些小人物的现实苦难与精神磨难不仅具有历史的厚重性与时代的宽广性，而且他们身上所蕴含的巨大精神力量铿锵有力地回答了一代人的共有精神诉求，足以让躁动者冷静、让彷徨者梦醒、让困顿者奋起。”[①]除此之外，民间的精彩绝技令人大开眼界，这也是《中国达人秀》特有的成功因素。

2. 节目的不足之处

第一，节目温情有余，才艺不足，过度煽情导致评判价值标准的异化。《中国达人秀》的核心价值在于大众风格和草根精神，如上文所述，这是其成功的着力点之一。但是，节目中有些选手过分的煽情也使得节目的才艺成分缩水。观众少见令人惊叹的才华展示，而是接二连三地听故事，似乎每一位选手都要有一段辛酸感人的故事才能获得大家的认可。《中国达人秀》俨然成为一出《中国感人秀》，变得四不像，这就是评判价值的异化导致的。

第二，炮制达人，设计节目，引来社会质疑和批评。在第一季的决赛中，节目在直播中插播录像，引来大家的不满；而来自观众的短信投票数目没有公布，大家认为短信投票是表面文章，评选结果存在黑幕。这表明节目运作不够透明公开，无法取信观众。

第三，评委的专业性水平使选拔和晋级没有公信力。例如，第一季，三位评委只有高晓松负责专业上的考察，周立波和伊能静则负责全局感情、氛围的调控，这就使评选权威大大丧失，使观众对选手的能力产生怀疑。

3. 节目得失分析的启示

第一，应平衡把握节目的感性和理性因素。节目制作方与评委在发掘节目中的情感价值和思想深度的同时，要兼顾并看重选手的才能。不少中国的达人都是有故事做背景才撑起才艺的；而英美达人却大多是纯粹的技艺达人，表演水平可算世界顶级的。因此，有些观众认为，节目总决赛中选手的表现甚至不如海选的出彩。同《英国达人》相比，《中国达人秀》显得才艺和创意不足。同时，节目也要增加评委中专业人员的比重。

第二，节目的相关信息应力保真实、透明。该节目在今后运行与传播过程中，要更为公开透明，内容要真实，杜绝炒作和炮制的现象。只有如此，才能取信于广大观众，赢得广大观众的好评。

---

① 薛晋文．文艺点评：中国综艺节目 耳目一新“达人秀”[N]．人民日报，2010-11-02.

第三，要大胆地进行节目创新。创新是节目的生命线。虽然《中国达人秀》靠着引进与改造外国成功的节目模式，而获得了很好的收视率与大多数观众的好感；但随着时间推移，达人出现与发现的概率将慢慢降低。达人资源与新鲜度将直接影响到节目的质量水准，也将影响到节目究竟能开办多久。所以，该节目制作单位一定要未雨绸缪，不断求新求变。节目制作单位既要借鉴国外同类节目的相关经验与模式，又要从节目内容、节目形式、选拔环节、评价标准以及音乐配置等各个环节进行本土化创新，增加符合中国特色的元素。只有不断创新，才能保持节目的长久生命力。

五、阅读延伸

[1]李红艳.《中国达人秀》被指过度煽情炮制感动观众反感[N]. 北京日报，2010-08-31.

[2]薛晋文. 耳目一新"达人秀"[N]. 人民日报，2010-11-02.

[3]马佳明. 对《中国达人秀》栏目走红的冷思考[J]. 今传媒，2010(11).

[4]陈鸿秀. 电视选秀节目的文化思考[J]. 四川戏剧，2009(2).

[5]蒋良. 从《中国达人秀》看中国选秀节目的现状[J]. 中国传媒科技，2012(20).

[6]许琳琳.《中国达人秀》的营销之道[J]. 新闻传播，2011(10).

[7]普莉. 从收视数据看《中国达人秀》影响力[J]. 当代电视，2010(12).

[8]吴宇. 从《中国达人秀》探求中国当代审美理想[J]. 现代企业教育，2012(12).

[9]王媛. 基于中国达人秀试谈引进类节目的策划[J]. 科技资讯，2012(29).

[10]严英.《中国达人秀》的成功之道[J]. 新闻爱好者，2012(7).

[11]逄格炜，何志钧.《中国达人秀》的消费主义批判[J]. 现代视听，2012(1).

（王自创，孙宜君）

K歌类节目的本土化与创新
——浙江卫视《我爱记歌词》读解

《我爱记歌词》是浙江卫视借鉴美国全国广播公司《合唱小蜜蜂》节目模式，并进行本土化改造与创新的K歌类节目。它曾经赢得了业界人士以及广大观众的关注和称赞。但K歌类节目正面临着激烈的同质化竞争，如何实现不断创新与可持续发展是值得深入研究的。

一、节目概述

中文名称：我爱记歌词
外文名称：Do You Remember
节目类型：K歌类节目、音乐选秀、游戏类节目
主持人：华少、朱丹、伊一
播出频道：浙江卫视
在线播放平台：优酷、爱奇艺等
开播日期：2007年9月30日
播出时间：每周日22：00
每集长度：60分钟
播出状态：已停播

作为第一批上星的省级电视台，浙江卫视拥有得天独厚的区域优势。2008年8月，浙江卫视蓄势已久的"中国蓝"战略正式启动，在不到一个月时间的改版改制过程中创造出了一个省级卫视快速崛起的奇迹。在此过程中，浙江卫视策划的一系列节目赢得了业界人士以及广大观众的关注和赞誉。其中，《我爱记歌词》节目就是名声响亮的典型个案。

《我爱记歌词》节目开播后，迅速在全国刮起了一阵全民电视卡拉OK的风潮，并让此类电视节目形态风靡2008年中国电视荧屏。当年《我爱记歌词》的收视率已达到1.1%，这说明全国100个电视观众中就有1个人在看这档节目。《我爱记歌词》成功地开创了一个全民电视卡拉OK的时代。2012年，浙江卫视依托《中国好声音》的成功，乘势对《我爱记歌词》改版，力图让这档已经活跃在电视荧屏四年的节目再现活力。

二、传播源流与路径

1. 传播缘起

2006年，湖南卫视风靡一时的《超级女声》节目，将中国的娱乐节目带入

了选秀时代，为此曾有学者称 2006 年是中国电视的娱乐元年。之后，在中国的电视荧屏上海选、PK(对决)层出不穷，就连一些儿童、老年、体育类节目，也加入了这一行列。面对激烈的同质化竞争，娱乐节目的发展遇到了瓶颈。一方面大多数电视观众出现了集体性的审美疲劳；另一方面选秀类节目因“媚俗”“缺乏正确的导向性”等原因在播出时间、播出方式等方面受到有关管理部门的一些限制。在不到两年的时间里，选秀类节目江河日下，风光不再。面对这样的境况，浙江卫视《我爱记歌词》策划团队意识到，选秀类节目形态不可再用，要想在激烈的同质化竞争中异军突起就必须敢于突破，在继承基础上有所创新，领先一步。为了寻求新的发展机遇，策划团队成员想了很多点子，但集体表决时都被否定了。于是，节目策划团队开始从欧美的电视节目中寻找创意灵感，而这一做法在中国的电视界经常被用到。就在当时，一档美国全国广播公司推出的《合唱小蜜蜂》吸引了大家的目光。这档节目是一档测试参赛者记忆歌词能力的娱乐竞技节目，只有 20 分钟，作为补时用的，但其在首播时就成为全美收视冠军。面对这一发现，《我爱记歌词》策划团队意识到翻版这一节目在国内荧屏有市场。《合唱小蜜蜂》整个节目的创意形式接近于电视卡拉 OK。要说卡拉 OK，中国比美国更有群众基础。

2. 传播路径：本土化改造

确定节目创意形式后，《我爱记歌词》栏目组对《合唱小蜜蜂》进行了本土化改造，可归结为以下几点。

(1)奖励制度。在《合唱小蜜蜂》节目中，参赛的获胜者可以获得丰厚的奖金。这一奖励制度极大地激发了美国人的参与热情，但奖金、成名等激励机制在实践中表现出了它的弱点。例如，在电视选秀节目《英国达人》决赛中，冠军梦破碎的苏珊大妈赛后情绪崩溃，身心俱疲，入院治疗。事实证明，利用奖金、造星等制度来刺激参赛者所达到的传播效果并不理想，对于选手的身心都造成了极大的影响，并且容易陷入媚俗的社会舆论之中。因此，要使节目形式从根本上发生变化，节目的奖励机制需要发生改变。思考再三，《我爱记歌词》策划团队将奖金改为慈善款。选手在闯关后不但自身能够获得奖励，也为需要帮助的人献上了爱心。这无疑是节目的社会责任感和使命感的体现，淡化了功利色彩，提升了公益色彩。如此，《我爱记歌词》节目成功地实现了本土化运作。

(2)歌曲选择。美国人的音乐很多都是摇滚、布鲁斯等风格，没有中国音乐的门类复杂。为了使歌曲的选择更贴近生活，深入观众内心，最大程度激发观众参与热情，突出全民参与的本质，《我爱记歌词》节目组在歌曲的选择上是有所侧重的。通常选取一些广为传唱、耳熟能详的经典曲目。此外，节目组还特意邀请专业的音乐编导、资深的业界人士参与节目的个案策划，为歌曲的选择把关、指导以提升品质，从而为节目的“本土化”运作提供可靠保证。

(3)娱乐互动。《合唱小蜜蜂》由于是补时节目，20 分钟的节目时长相对较短。因此，节目更多地强调选手们在节目中的轮番比拼，其他的娱乐元素相应较少。而《我爱记歌词》作为一档拥有一小时左右固定时长，每周固定时段播出的娱乐节目，在选手竞技比拼的同时，很好地融入了一些传统娱乐节目的经典元素。例如，在比拼的过程中加入了主持人、选手、观众以及明星的娱乐互动，实现了更大范围地娱乐大众。

(4)与时俱进。不可否认，《我爱记歌词》凭借对《合唱小蜜蜂》模式的重新打磨，使浙江卫视取得了前所未有的成功。但是，在 2012 年，作为炙手可热的《中国好声音》的接档栏目，《我爱记歌词》依托其原本的节目模式和运作方式已经很难保持原有吸引力，节目的改版刻不容缓。因此，2012 年 9 月浙江卫视宣布，浙江卫视王牌节目《我爱记歌词》将于同年 10 月全新改版为《对战最强音》，颠覆策划全新改版，声音的角斗士，声音的单挑舞台，百人巨型评审团，凭借声音决定去留，更有《中国好声音》的人气学员实力助阵。后来，《我爱记歌词》节目形式又从“对战最强音”变成“碟战季”。《中国好声音》学员倾力加盟、“我爱家族”超级领唱强势回归，黄舒骏、叶云甫和魏雪漫三大资深实力音乐人坐镇指导，选手为“流行金曲百变大碟”展开角逐。

三、主要社会影响

从 2008 年 8 月开始，国内的省级卫视排名发生了变化。2009 年 1 月，浙江卫视已由半年前的全国省级卫视的第八九位跃居第二位，网络用户关注度排名也位列全国第二。唱歌类节目是这一时期浙江卫视前进的制胜法宝。调查显示，2008 年后，《我爱记歌词》全国网平均收视率达到 0.7%。高收视率使得该节目的广告时段成了浙江卫视所有时段中最贵的，这无疑为浙江卫视带来了可观的经济效益。《我爱记歌词》在观众心目中留下了良好的印象，也引起了业界同行的关注。湖南、江苏、河南、山西、山东、四川、重庆、上海、黑龙江等地，也相继在卫视或省市级电视台推出了类似的节目，形成了一股中国电视荧屏的"歌唱热"。同时，不少海外电视台也看到了该节目的市场，如马来西亚 WATV(华频道)就主动联系浙江广电集团节目购销中心，以单集 1000 美元的高价一次性购买了《我爱记歌词》26 期节目版权，创下了该频道以最高价格收购国外娱乐节目的纪录。《合唱小蜜蜂》美国版权方也和《我爱记歌词》节目组洽谈合作事宜。美国版权方认为《我爱记歌词》节目在形式上很中国化，并希望能同该节目组一起合作开发《我爱记歌词》升级版并行销至全球。

现如今，随着《中国好声音》的流行，浙江卫视"中国蓝"战略体系日益完善。凭借《中国好声音》的超高人气，《我爱记歌词》节目大胆采用了明星领唱环节。一方面，保证了"好声音"学员的出镜；另一方面，更是保证了改版后《我爱记歌词》节目对观众的吸引力。

四、阐述与评价

1. 节目的成功因素

面对观众挑剔的目光、业内人士对其类似"选秀"节目的质疑、激烈的行业同质化竞争以及管理层的规范，《我爱记歌词》节目以准确的栏目定位勇往直前。它的成功因素主要体现为以下几点。

(1)节目形态易于传播。卡拉 OK 自 20 世纪 60 年代被日本人井上大佑发明后，它作为休闲活动被人们自发或猎奇推广到世界各地。20 世纪 90 年代初在中国盛行，将近 20 年长盛不衰。在中国以卡拉 OK 为基本元素的节目类型，很容易赢得观众的亲近感。因此，2008 年在中国电视荧屏上频繁出现的 K 歌类节目，拥有了良好的群众基础。

(2)零门槛的选拔制度。《我爱记歌词》创新地将“赛歌喉、比唱功”变为“赛脑力、比记忆”，极大地细化了娱乐市场，拓宽了K歌类娱乐节目的空间；极大地模糊了所谓的“专业”与“非专业”的区别，使得节目的门槛大大降低，让更多爱好唱歌的电视观众能够参与进来。

(3)比赛曲目的传唱性。《我爱记歌词》节目的宣传语是：“当熟悉的旋律响起，你是否会应声歌唱?”除了有专业人士助阵外，节目组还通过卡拉OK网站民意调查选择点唱率高的歌曲。因此在选歌上，节目组更为注重歌曲的传唱性。实践证明，《我爱记歌词》节目收到了很好的传播效果。

2. 节目改进建议

如今的中国电视荧屏不乏“舶来品”。任何电视节目都有从火红到降温的生态过程。同样是“舶来品”，面临激烈的同质化竞争，K歌类节目如何实现可持续发展是一个值得研究的课题。我们认为要搞好节目、保证质量，应当努力做到以下几点。

(1)稳定是前提。延续观众的收视习惯，不要做观众没有准备的改变，不要轻易变换观众已习惯的节目元素，否则必然导致收视下降。

(2)创新是关键。在稳定的基础上创新，是K歌类节目保持持久活力的关键。节目无疑以其新鲜感吸引观众，新鲜里面有传承，传承里面有创新，这样才可持续。

(3)观众是核心。观众是节目的上帝。因此，节目组首先要在固定收视群，培养忠实“粉丝”上下功夫；其次要在降低互动门槛，推广全民概念上下功夫；最后则要在精心包装偶像，留住观众记忆上下功夫。

(4)品牌是生命。要牢固树立品牌意识。一要在创立品牌上不遗余力；二要在维护品牌上不遗余力；三要在推广品牌上不遗余力。通过品牌效应吸引赞助商的介入，完成节目创新的资金保障。同时，通过品牌化的运作形成一系列的品牌产业链，发展附属产品，以增强节目的生命力。我们相信，只要紧紧抓好以上几个方面，K歌类节目定能改变“舶来品”的宿命，而具有长久的生命力与影响力。

五、阅读延伸

[1]陈伟．靠创新占领新高点——《我爱记歌词》全国网收视冲破一个点的实践[J]．新闻实践，2008(4)．

[2]吕游．巧用“四两”拨“千斤”——《我爱记歌词》如何铺开浙江卫视成功之路[J]．湖南大众传媒职业技术学院学报，2009(6)．

[3]夏亦冰．吸收创新推动娱乐节目可持续发展——浙江卫视《我爱记歌词》策划评析[J]．新闻天地(下半月刊)，2010(10)．

[4]陈昊冰．浅谈真人秀的电视画面创作——以《我爱记歌词》和《莫忘歌词》为例[J]．传播与版权，2014(5)．

[5]景平康．从受众心理看综艺节目创新——以《我爱记歌词》为例[J]．大众文艺，2013(15)．

[6]刘小溪．电视娱乐节目的人本主义思想呈现——以《我爱记歌词》为例[J]．新闻世界，2011(11)．

[7]王晓敏，罗文超．从《我爱记歌词》看电视娱乐节目本土化与创新[J]．电影评介，2010(14)．

[8]郑言今，崔京京．靠创新占领新高点——《我爱记歌词》的成功秘笈[J]．黑河学刊，2011(5)．

[9]张昆．《我爱记歌词》之《麦霸英雄汇》叙事特征研究——以《表霸英雄江》第八季为例[J]．大众文艺，2012(21)．

[10]瞿丹．从《我爱记歌词》来看娱乐节目的运作[J]．作家，2009(18)．

（季于峻男，孙宜君）

那些年的“平民”偶像秀
——湖南卫视《超级女声》读解

《超级女声》是湖南电视台和上海天娱传媒有限公司联合推出的一档电视音乐选秀节目，也是近年来我国参与者甚众且收视率极高的一档电视节目。从 2004 年到 2006 年，《超级女声》连续三年的收视率累创新高，看“超女”、谈“超女”已经变为一种流行，“超女”已经渗透到很多人的日常生活中。可以说，“超级女声”是这三年中最为引人瞩目的一种文化现象，也是中国社会大众文化崛起的一个表征。

一、节目概述

中文名称：超级女声
外文名称：Super Girls
节目类型：选秀娱乐节目
主持人：汪涵、何炅
播出频道：湖南卫视
制作单位：湖南电视台、上海天娱传媒有限公司
开播日期：2004 年
播出状态：已播出三届

从 2000 年开始，湖南电视台的几个王牌栏目“都在走下坡路”，负责节目审批与规划的夏青也整日忧心忡忡，偶然间她在报纸上看到了《美国偶像》。夏青认为这是一个操作性很强的节目，“基本上直接拿过来就是很好的节目了”，于是她向台里申请筹备。但是，由于当时只知道模仿，湖南电视台于 2003 年草率推出的《超级男声》，并没有达到预期效果。经过反思总结以及精心的准备策划，湖南电视台决定与上海天娱传媒有限公司联合推出全新版的《超级女声》。

《超级女声》一开始就定位为大众歌手选秀赛。此项赛事接受任何喜欢唱歌的女性个人或组合的报名。它颠覆了某些传统的规则，受到了许多观众的喜爱，是我国颇受欢迎的娱乐节目之一。《超级女声》产生了不少颇有明星特质的选手。它以超高的人气在中国电视节目界产生了极大的影响，引起其他媒体的仿效或责难，已然成为一种社会现象。

从直观上说，《超级女声》最容易被人感受到的是它的娱乐消遣特征。它遵循了大众文化创作的一个基本原则，即快乐原则。搞笑、逗乐、感官刺激贯穿于整个活动特别是赛事的前期过程。出位的当众点评客观上制造了看点，给受众以感官上的超强刺激，让无数人在评委施虐的过程中或享受到了一种特殊的氛围，或看到了一个奇特的故事，达到了某种心理平衡。出奇、出新

是大众文化创作必然遵循的规则，是大众文化的生产方式。就此意义而言，《超级女声》是按规则出牌的好学生。

但是，按规则出牌也未必一定要被全民颂扬。围绕着《超级女声》展开的激烈争论证明了这一点。褒扬者说它是一场娱乐革命，是“庶民”的胜利，是小女生的大课堂；贬斥之者说它是典型的垃圾，是商家谋设的一个贼吸眼球、狂赚钞票的诡诈平台，助长了社会浮躁风气，诱导了畸形心态。类似的争论不仅仅发生在《超级女声》身上，也发生在芙蓉姐姐、流行歌曲、武侠小说等身上。可以这样说，自 20 世纪 80 年代中国大众文化逐步繁荣以来，这种争论就不曾止息。随着国人眼界的开阔，大众文化研究的深入，今天我们可以平静地指出，这种争论是必然的，是合乎规律的。

二、传播源流与路径

1. 特定的文化传播背景

作为一种社会文化现象，《超级女声》的迅速“走红”有其特定的社会背景。《超级女声》是大众媒介商业化生产的文化产品，它之所以成功，首先得益于它产生和存在的文化环境。20 世纪 80 年代以来，伴随着工业化和城市化的开展，中国逐渐步入市场经济时代，社会文化的构成也随之发生了很大的变化，以媒介文化为主要代表的大众文化迅速勃兴，成为与主流文化、精英文化并存的文化形态。电视作为当今社会的一种最重要的大众传播媒介，是大众文化传播的最佳载体之一。《超级女声》的火爆便是中国社会大众文化崛起的一个表征。

2. 商业化与大众化的结合

要弄清《超级女声》蹿红荧屏的原因，需要对其进行一番文化上的分析。其实，《超级女声》就是一个商业化生产与大众化狂欢相互缠绕的产物。正是商业化和大众化的完美结合导致了《超级女声》的成功。它的成功，离不开湖南卫视成功的商业化运作。大众文化作为文化工业的产品，既是一种文化，也是一种商品。在商品生产主导的社会里，获取利润始终是大众文化的投资者和生产者的基本动力。因此，投资者和生产者要对作为文化商品的大众文化，像普通商品一样进行生产、包装、推广和销售。

《超级女声》作为一个成功的大众化节目，主办者的内在动力仍然是赚钱。为此，主办者进行了成功的商业运作。美国后现代主义大师詹明信认为：“今天，‘拼凑’作创作方法，几乎是无所不在的，雄踞了一切的艺术实践。”[①]《超级女声》基本上是对西方真人秀节目和中国的歌手大奖赛、选秀节目的“拼凑”它的前半部分赛程是无门槛的真人秀：不分唱法、不论外形、不问地域的女选手，在30秒时间内展现真实的自我，并马上由评委来决定她的命运，即是否可以继续参赛。它的后半部分赛程是歌手大奖赛式的残酷投票淘汰，海选产生的50名选手经过一段时间培训后，进入淘汰赛。在淘汰赛中，实行现场公布结果、现场淘汰的PK。这种“拼凑”而成的文化产品，果不其然地成为主办者获取巨额利润的卖点。

选择好要生产的文化产品之后，《超级女声》的主办者对节目进行了极其有效的商业化包装、营销。《超级女声》原来只在湖南电视台娱乐频道播出，只是一个具有区域影响的娱乐性节目。为了扩大影响力，改为在上星的湖南卫视播出，使《超级女声》的影响力从地方扩展到全国。与此同时，湖南卫视选取相应的地方电视频道进行合作，在全国开设了多个唱区。唱区比赛结束后，在湖南省长沙市进行总决赛。总决赛之后，又在全国各地巡回演出。这种连环套式的播出形式，极大地提高了《超级女声》的影响力。

《超级女声》除利用电视台强力推广外，还积极借助平面媒体和网络的力量，与各唱区的强势平面媒体和网站联合造势。各种类型的媒体长时间、高密度的推介，使得《超级女声》能够持续地保持很强的关注度与影响力。另外，《超级女声》的赞助商——擅长事件营销的蒙牛乳业，投入巨额资金制作相关的灯箱、车身和媒体广告，为《超级女声》进行宣传，也大大提高了《超级女声》在全国的影响力。

《超级女声》的销售主要采取的是电视节目获取利润方式——“二次售卖”。所谓二次售卖，就是指媒介用内容吸引和获得受众，然后把受众作为广告主的

---

① 詹明信.晚期资本主义的文化逻辑[M].北京：生活·读书·新知三联书店，1997：450.

潜在消费者，吸引广告主，使广告主愿意为节目提供赞助。为了吸引广告主，电视节目必须具有收视率。《超级女声》极度大众化、娱乐化的形式和内容赢得了极高的收视率。据悉，2004 年，《超级女声》平均收视率位列全国所有卫星频道同时段全国第二，仅次于中央电视台综合频道，并带动湖南卫视同时段全国排名提升了四位。对电视节目而言，收视率即意味着经济回报，收视率越高，利润就越丰厚。

三、主要社会影响

2004 年的《超级女声》本身是对在欧美掀起收视热潮的《美国偶像》等选秀节目的模仿。经历了第一年的初见成效后，《超级女声》在 2005 年异军突起，总决赛期间整体收视率为 6.22%，收视份额为 17.89%。该节目也从一个省级电视台的娱乐节目迅速升温为一种众说纷纭的社会现象和文化事件。从 2004 年《超级女声》开始，关于选秀节目“低俗化”的争议就没有停止过。

《超级女声》成为一种流行文化现象，原因是复杂的，但它的发展与其他流行风潮一样，也有其可以探究的内在规律。任何一种风行一时的社会行为，首先都起始于个体的行为，然而再逐步发展成为一种集体性的群体行为，进而成为社会的时尚。实际上，《超级女声》首先是在部分青少年中传播，然后经过媒体的渲染性报道，越来越多的青少年开始关注此事，接下来是他们的家长加入，最后是向社会普通人群扩散。当参赛者的参赛行为得到社会的肯定和赞赏并且部分人获得切实的回报之后，更多的人开始关注甚至参加《超级女声》，这时候就出现了一种集体性的从众行为。当然，我们也可以预见，和任何流行时尚的发展命运一样，《超级女声》终究也会走向没落。

1.“克隆”之祸

电视大众文化本身具有“易克隆”的特征，在已获得成功的电视节目基础上进行批量复制成为中国电视文化的潮流。最突出的例子就是湖南卫视的《玫瑰之约》，它掀起了盛况空前的中国电视“红娘风”，国内其他电视台随之在同一时期先后共开办过三十多档婚恋节目。盲目“克隆”葬送了《玫瑰之约》，选秀节目也未能侥幸逃脱。2005 年《超级女声》的火爆带动了中国内地选秀节目的泛滥。2006年以来，全国选秀节目遍地开花，包括中央电视台的《梦想中国》、东方卫视的《我型我秀》《加油！好男儿》、北京卫视的《红楼梦中人》、江苏卫视的《绝对唱响》、浙江卫视的《梦想奥运真男孩》、山东卫视的《联盟歌会》、江西卫视的《中国红歌会》以及重庆卫视已停播的《第一次心动》等各种选秀节目两百多个。

事实上，由于国内节目创意开发投入不足，创新所依赖的知识产权保护不力，近年来，很多以“新”面目出现的节目都可以在海外找到“克隆”的原型。最近这几年，国内某些经济条件较好的电视机构索性派人常驻或轮流前往欧美国家，学习观摩其最新的节目形态。与之相比，《美国偶像》虽然在全球多个国家被复制，但在美国本土，该节目仍然是福克斯电视网的重头节目，不久之前播出的第六季收视率不降反升。同时，由于有版权保护，很多老牌的美国真人秀节目依然活跃在电视荧屏上。

2. 恶意炒作

当选秀节目占据多个电视频道的周末荧屏并成为各电视台的收视率“杀手锏”时，如何抢夺观众注意力从而使节目在众多同类节目中脱颖而出，就成了节目创作人员最费心思的事情。于是，“炒作”成了一些选秀节目吸引大众关注的重要手段。“炒”嘉宾、“炒”评委、“炒”选手、“炒”主持人，制造绯闻、制造事端，甚至不惜无中生有、无事生非，竭泽而渔的恶性炒作严重破坏了娱乐节目的生态平衡。

3. 分切“利益”蛋糕

先来看一组数据：2005年，《超级女声》的冠名赞助广告收入是2800万元左右，短信收入大约有500万元。插播广告收入比冠名广告要多，整个2005年《超级女声》的广告收入在7000万～8000万元左右。2006年和2007年《超级女声》的冠名赞助不到3000万元，但由于湖南卫视自己做短信经营，短信收入有1000万元左右，整体广告收入突破了1亿元。“超女”效应使湖南卫视2005年整体广告收入增长了3亿元，达到将近7亿元，2006年广告收入增加到10亿元。而根据国家广电总局规划院在2006年末推出的《上海真人秀产业价值链报告》，上海文广新闻传媒集团(SMG)的《加油！好男儿》《我型我秀》《创智赢家》《舞林大会》这四档选秀节目品牌的商业价值评估为36.6亿元，其中，节目产业价值链中各环节的直接参与者所获得的直接经济回报预期累计超过14亿元，仅《加油！好男儿》一档选秀节目的品牌商业价值就超过了21.59亿元。

在巨额利润的诱惑与驱使下，选秀节目为了“圈钱”可谓是“机关算尽”。首先是广告的无孔不入；其次是短信收入，由短信投票和短信增值服务两部分收入构成。在获取短信收入动机的驱使下，活动规则变成了主办方手中的娱乐道具——PK、待定、从“海选”到“十强”、从“八强”到“六强”、再由“六强”决出“五强”……节目环节不断翻新，凡是能够设置短信投票环节的地方无一漏过。这种通过观众短信获取利润的做法在很大程度上阻碍了中国电视选秀节目的良性发展。

4.“选秀”背后的深层原因

1958年中国电视刚刚起步时，电视的首要属性是政治属性，其承担的功能也以教育功能为主。改革开放以后，中国电视业经历了从起步到腾飞的艰难转变。随着社会主义市场经济体制的确立和媒介市场化的发展，电视的属性由政治属性转变为双重属性，即政治属性与经济属性；电视的功能也从以教育功能为主导逐渐转变为认知功能、教育功能、审美功能和娱乐功能四大功能并存。

在电视功能逐步转变的过程中，电视必须通过获取利益来求生存，而其主要盈利模式又被局限在商业广告上。因为目前电视广告的投放标准是基于收视率这个“万恶之源”的，因此从行为动机的角度来解读，不仅电视台需要尽其所能提高收视率，获取经济利益保障生存，节目主创人员在收视率指标的压力之下，无形之中也会产生急功近利的心态。于是，节目主办方纷纷通过提高资费、增加节目环节等方式来尽可能榨取利润。而当“克隆”能够解决节目更新换代和收视率的问题时，“复制”自然就为节目方所争相效仿。

四、阐述与评价

《超级女声》为我们提供了一个全面认识大众文化的样本，它形象而生动地诠释了大众文化的大众性、世俗性、商业性和娱乐消遣性等特征。《超级女声》的胜利，向我们昭示了大众文化的生机与活力。它对大众文化的诠释，正如《超级女声》本身一样，是耐人寻味的。从文化传播角度看，《超级女声》文化运作有以下几个特点。

1. 走大众化和互动式娱乐路线

《超级女声》本质上是现代大众传媒一手炒作起来的“快餐式”大众娱乐节目。大众化的路线是《超级女声》的一大亮点，“只要你是女性，只要你敢站到台上，这里就有你表现的空间”。只要你关注这几年火爆的娱乐现象，无一走的不是贴近大众的路线。从《东北人都是活雷锋》到《老鼠爱大米》再到《两只蝴蝶》，它们吸引人的地方恰恰在于其歌词的大众化。长期以来，中国传统电视综艺类节目，如《综艺大观》《春节联欢晚会》等都是经过策划、编辑等人员精心策划安排后产生的。而《超级女声》却给大家带来了惊喜，它放下过去电视“尊贵”的身份以及引导、规范普通观众的精英文化的角色，加入大众化元素。在海选中，评委和选手都以未经包装的原始状态被放大到台前；未经剪辑处理的镜头，带给观众强烈的戏剧冲突感和真实感；节目不仅真实而且笑料迭出，令人耳目一新，因此也就带来了较高的收视率。

节目内容上的另一个创新之处是让观众来决定谁将留下。实际上，这是让渡给观众一种选择权，让观众有决定自己所看节目的权利。而遵循等价交换原则，观众必须以支付短信费用作为条件，这就构成了节目组 3000 万元左右庞大的短信收入。这显然是一举两得的事情，观众既因参与其中而娱乐了自己，《超级女声》也实现了利润的增加。《超级女声》关于“互动”的思路值得赞赏。

2. 广泛的大众性和参与性

和以往的青年歌手大奖赛之类的赛事相比，《超级女声》的最大特点就是它具有广泛的大众性和参与性。这一节目之所以能够迅速走红，很重要的一个原因就是不设门槛，“不限制身高、相貌、年龄”。没有门槛意味着《超级女声》是面向所有女性开放的。它不像其他的比赛节目，有太多烦琐的评选程序，有太多的标准和技术条件要求，总是让普通的人们感觉到“成星”的梦想是如此遥远，如此高不可攀。而恰恰是在这点上，《超级女声》是没有任何限制的，它的亲和力在无形中胜过其他选秀赛事。只要你愿意，只要你有胆量，就可以来到《超级女声》的舞台上一展你的歌喉和形象。而《超级女声》的评委，也不都是非常专业的人士。节目的策划者很精明地抓住了普通受众的心理，因为“专业”会产生距离，非专业的更能贴近大众的心理。

3. 对大众传媒的成功运作和现代化通信手段的充分利用

对大众传媒的成功运作和现代化通信手段的充分利用，使《超级女声》具有了迅速走红的关键平台。现代大众传媒及现代通信技术的发展为《超级女声》的走红提供了技术支持。众所周知，大众传媒具有跨地域、跨时空、信息传递迅速等特征，特别是电视和互联网等大众传媒具有图像化、直观性的特点。《超级女声》作为一档大众娱乐节目，其成功的一大秘诀就在于它把商家精明的炒作、现代大众传媒的力量、青少年群体的心理、“KTV”通俗文化因素以及手机短信的普及性等糅合在一起，直接面对少男少女，并通过他们来影响他们的父母，进而打造一场前所未有的“大众歌会”。

总体来看，《超级女声》文化运作的价值和影响都是非常巨大的，它已经由一个单一的娱乐节目演变为一种社会现象。作为市场经济和大众传媒双重力量下催生出来的大众文化的一个典范，它的火爆及在大众中的影响力也说明了其在大众文化中不可或缺的地位。当今，随着经济全球化和信息网络化的发展，大众文化愈来愈趋向于娱乐型、休闲型文化的形式，表现出文化的参与性、民主性和大众性的特点，呈现出文化的商品化和全球化的时代特征，这无疑是一种历史的进步。发展中国的大众文化，我们必须认识到大众文化的发展趋势，以求中国大众文化沿着正确的轨道健康发展。未来的发展还有许多新情况、新问题需要认真加以研究。只要我们坚持正确的理论导向，不断总结经验，努力探索规律，就一定能创造出既符合中国国情，又不落后于世界潮流；既继承优秀的民族文化传统，又富有时代精神并为广大群众所喜闻乐见的大众文化。

五、阅读延伸

[1]李岭涛，李德刚，梁君健．TOP 10 中国最具网络影响力的省级卫视栏目[M].

北京：社会科学文献出版社，2008.
[2]张小争．娱乐财富密码——引爆传媒心经济[M]．上海：复旦大学出版社，2006.
[3]李健美．由“超级女声”所引发的思考[J]．安徽文学(下半月)，2011(5).
[4]汪平．“超级女声”现象的大众文化特质及其成因探析[J]．湖南医科大学学报(社会科学版)，2007(4).
[5]王欣．“超级女声”的短信营销[J]．当代经理人(中旬刊)，2006(4).
[6]刘扬．审视“超级女声”飚红的传播学意义[J]．云梦学刊，2006(2).
[7]郭建民，刘靖华．从《超级女声》到《中国好声音》——中国电视声乐选秀个案剖析[J]．音乐传播，2013(1).
[8]段乐川．“超级女声”的传播学思考[J]．今传媒，2005(9).
[9]陈德婷．从《超级女声》到《中国好声音》看电视选秀节目的嬗变[J]．新闻世界，2013(4).
[10]符云霞．《超级女声》与《中国好声音》节目形态比较研究[D]．南昌：南昌大学，2014.

（张博庚，吴竞韡）

后娱乐时代的综艺博弈

——湖南卫视《谁与争锋》读解

《谁与争锋》以不可预测的两方对抗和具有探索性的话题揭秘，备受观众特别是高知群体的喜爱，成为国内第一档技艺探索对决类节目。它开创了在中国电视荧屏上将矛与盾的冲突，最全面展现的电视节目先河。

一、节目概述

中文名称：谁与争锋

节目类型：技艺对决秀

主持人：无（只有画外音和记者）

播出频道：湖南卫视

播出时间：每周一 22：00

开播日期：2012 年 9 月 3 日

播出状态：已停播

2011 年 10 月，国家广电总局“限娱令”颁布后，各卫星频道的娱乐节目纷纷调整内容及形式，加大符合“限娱令”要求的旧节目改版及新节目研发的力度。此后，我国电视台正式步入对过度娱乐化倾向进行矫正的“后娱乐时代”。

中国观众经历了选秀、K 歌、相亲的三波综艺潮流之后，对综艺节目早已不是最初的来者不拒，全民狂欢。任何综艺节目都红红火火的时代已经过去，观众的口味已经开始变得挑剔并且出现分化。即便是当红的综艺节目《中国好声音》也难以企及当初《超级女声》全民狂欢的盛况。因此，我们认为所谓“后娱乐时代的综艺”，重要的特点就是：不温不火，追求精品。而湖南卫视一直被认为是省级卫视的“老大哥”，尤其凭借自制剧和综艺节目在激烈的省级卫视争斗战中站稳了脚跟。湖南卫视力求创新，在 2012 年 9 月又推出了全新节目——《谁与争锋》。

《谁与争锋》不同于湖南卫视以往播出的谈话性、采访性和游戏性节目。此节目自我定位为“科学探索类节目”。它采取矛盾对决的方式，来营造节目的魅力。《谁与争锋》在每周一晚上 10 点播出。每一期节目邀请两组嘉宾进行对决。嘉宾身份各异，但都身怀绝技。节目中，有面包师傅和食品模型大师的对决，有最强大力士冠军和太极掌门人的对决，还有湘西傩术传人和现代催眠大师的对决……

《谁与争锋》第一季以不可预测的两方对抗和具有探索性的话题揭秘，备受观众特别是高知群体的喜爱，成为国内第一档技艺探索对决类节目，也开创了在中国电视荧屏上将矛与盾的冲突全面展现的电视节目先河。《谁与争锋》第二季于 2013 年 10 月 14 日开播亮相。第二季延续了第一季的紧张刺激和不可预知特色，将知识性、娱乐性与戏剧性巧妙融合在一起。每期节目会邀请两个在不同行业内绝对顶级的人物来进行对抗，这种顶级对抗是具有矛盾对立性质的，但在日常生活中是不可能发生的；对抗双方通过一系列方式展现各自的优势及能力；之后，设置一场面对面的最终对决，比赛中只有一方能够取得胜利。究竟是矛更锋利，还是盾更坚硬，直到节目的最后才得以揭晓。

二、传播源流与路径

一向凭借娱乐节目占据中国省级卫视霸主地位的湖南卫视在 2012 年遭遇“滑铁卢”，连续三个月跌下收视宝座。当时，它的王牌节目《快乐大本营》《天天向上》的收视率被《缘来非诚勿扰》《中国好声音》等后起之秀挤到了墙角。节目工作人员集体跳槽，给湖南卫视带来内伤。贵州卫视、云南卫视、山东卫视等二三线省级卫视崛起，进一步挤压湖南卫视的收视空间。湖南卫视从 2012 年第二季度开始，整整两个月的时间，黄金档和次黄金档的电视剧收视一直处于低迷状态。连续两个月未尝冠军滋味，湖南卫视就像触动了多米诺骨牌，被认为难保“老大”的位置。

据安徽卫视粉丝网消息，2012 年 5 月第一周省级卫视 CSM(索福瑞)32 城官方收视数据出炉，湖南卫视收视低迷的状态有所缓解，但在其强势的周末时段，依然无缘收视霸主的地位，周五至周日分别排名第四、第三和第六，而江苏卫视和浙江卫视则轮流坐庄。如此低迷的收视业绩让湖南卫视决定对一些节目进行全面的升级改版。2012 年 9 月 3 日晚 10 点，《谁与争锋》第一期播出，成为湖南卫视 9 月创新升级改版的第一炮。

《谁与争锋》在前期宣传上下了很大的功夫。一方面，在湖南卫视播放预告短片，用最具煽动性的话语来引起观众的收视欲。例如，2012 年 12 月 17

日晚上10点播出的《谁与争锋》中，“不仅有《法证先锋》中的神探，还有《赌神》中的飞牌手，不仅有《我是特种兵》中的顶级侦察兵，还有《神鞭》中的山东神鞭手，两组对抗嘉宾在本期节目中让观众对只能在电影中才能看到的各种特异功能一一展示。当神鞭碰上飞牌，神探遭遇侦察兵，谁才是行业顶尖高手?”这种近似夸张的描绘和充满悬念的反问是《谁与争锋》整个栏目的特色。另一方面，在金鹰网、芒果TV等湖南电视台的旗下媒体进行宣传和推广，通过各种宣传途径为《谁与争锋》造势。因为如果能将《谁与争锋》做好，带来的不仅是一个节目的效益，而且是对整个电视台的收视率的拉动。因此，对湖南卫视来说，力推《谁与争锋》，可以说是一件只赚不赔的买卖。

三、主要社会影响

《谁与争锋》在2012年9月3日播出的第一期节目就取得了很好的反响。在湖南卫视百度贴吧和《谁与争锋》官方微博中，观众踊跃留言发帖。不少网友表示：“全程都不想离开，生怕错过了精彩的对决过程，猜错结果。期待下一期的节目，希望更具有悬念性和对决冲击力。”还有网友留言说：“这个节目特别适合全家收看，我和孩子都有自己支持的对象，在收看的过程中还针对两个行业状元的表现进行讨论分析，非常有意思。”《谁与争锋》的制片人李隽宇，曾带领团队打造过收视口碑和社会影响力双赢的节目《百科全说》，他在接受记者采访时用“故事精彩”“情感动人”“过程戏剧”和“结局悬念”来评价《谁与争锋》。

首先，《谁与争锋》不同于湖南卫视以往的综艺节目，在节目内容上更偏重知识性。节目中会展示两个在不同行业绝对顶级的事物或者绝技间的对抗。比如说世界上最坚硬的盾和世界上最坚硬的矛，在一个公平的规则下，进行面对面对决，最终只有一方能赢。对决的过程和结果常常具有戏剧性。两个顶级事物“对抗”的过程，不到最后一刻，悬念都无法揭晓。节目的这一特点对于观众来讲是有足够的吸引力的。正如《谁与争锋》的片头中引用的“自相矛盾”的成语故事所揭示的，矛盾是这个节目的灵魂。观众之所以不会换台就是想知道矛盾对抗的结果。

其次，《谁与争锋》这一对抗性真人秀节目保持了湖南卫视擅长煽情的特点。例如，在卡斯罗犬与中国第一训狗师对抗的一期节目中，就渲染了狗和狗主人之间相互信任的感情。又如，在中国辣土和世界最辣的辣椒的对抗中，又凸显了辣椒栽培者的伉俪情深以及当地人民的热情好客。可以说，在中国，不论什么情态的综艺节目，选秀也好，相亲也罢，如果能有情感丰富的故事，甚至所谓的“泪点”，就会给节目带来一定的噱头，而且更能引起观众情感上的共鸣。

再次，整个节目没有主持人，只有画外音和记者采访。为了避免节目流于平淡，整个节目组明显下足了功夫。在展示双方实力时进行“最强测试”。这些所谓的“最强测试”就是充分展示嘉宾实力的环节。在“最强测试”中，不得不赞叹节目组的创新性，如让飞牌高手将纸牌扔过高压水枪，将活人假扮的雕塑搬到美术课堂上供学生写生等。这些“最强展示”主要有两个方面的作用。一是充分展现嘉宾实力，表明这位嘉宾是他所在领域的顶尖人物。二是充分吊足观众的胃口。观众看到嘉宾越强大，技艺越精湛，就会越期待他与另一位嘉宾的对决。同时，制造起伏。在节目中，观众经常可以听到画外音，“难道这个……难住了他?”因为在介绍嘉宾时如果一味地强调这位嘉宾的过人之处，会让观众觉得乏味，适时的小起伏能够很好地调和观众的口味。

最后，用一切手段吊足观众的胃口。在第一期节目播出当天，两组亮相对决嘉宾，不管是顶级特效造型师对抗顶级整形师，还是最忠心护卫犬对抗最强训犬师，对决的过程始终紧紧地吸引着观众视线，让观众屏息期待悬念揭晓时刻。总之，节目组会用尽一切手段吊足观众的胃口，同时，又不让观众轻易知晓结局。对结局设置的悬念和一开始矛盾的选择一样，是这档节目异常吸引人的地方，可以说是这档节目的灵魂。

可是，2012 年 11 月，一片叫好声中的《谁与争锋》突然连续几期出现重播，没有新节目让观众颇为恼火。一些激动的观众甚至在论坛中发出“湖南卫视玩弄观众”等激烈的言论。而且，就我们对这档节目连续四个月的关注来看，不少观众已经出现审美疲劳。《谁与争锋》节目制作与播出坚持不到两年时间，终因收视低迷而停播，原播出时段被湖南卫视王牌剧场《钻石独播剧场》取代。

四、阐述与评价

从策划和创意来看，《谁与争锋》不同于湖南卫视以往的综艺节目，以科学探索和技艺探索的方式为定位，在节目内容上更偏重知识性。起初，《谁与争锋》以新颖的创意与形式，吸引了许多观众的眼球，一度获得较高的收视率。但毋庸置疑，该节目在创意策划、模式设计、制作方式、细节运用和节目营销推广等方面都存在不足与瑕疵。因此，也受到了观众的批评。其不足之处主要表现在以下几个方面。

第一，节目中交锋对象与技艺选择不妥，有些矛盾对抗设置不合理。我们知道世间的万事万物并非绝对化的相克相生，也并非一定能分出孰高孰低。这样，节目中交锋对象与技艺选择如有不妥，就会影响节目质量与节目表现的合理性。有些事物看似有矛盾有对抗，其实不然。这也就造成节目中有些矛盾对抗设置不合理的情况。例如，世界上最慢的艺术家和最警惕的警犬的对决。很明显，警犬是通过对物体是否在安全范围内的判断来进行工作的，而不是根据物体的移动速度。这个对决有点类似于跳高选手和短跑选手间的比赛，没有可比性。

第二，人为设置与编排的痕迹明显。矛盾的对决通常需要好几个回合，而几乎所有的对决都要到最后一个回合的最后一刻才能出结果。这种吸引观众的手法无可厚非。但是，在扑克牌千王与魔术师的对决中明显可以看出，为了维护湖南卫视自己的魔术师的面子，千王在最后的对决中故意示弱了。这期节目在网上引起很大争议，因为从整个节目来看，千王的技术是远超过魔术师的，而最后两人却打成了平手，由此引起了很多关于湖南卫视操纵节目的猜想。

第三，制作难度大，成本高。制作一期节目，首先需要找到合适的民间高手，同时还要设置对决。与在演播室录制不同，很多节目都是节目组远赴外地，在现场打造设施进行拍摄的，需要强大的人力、物力、财力，甚至运气。从《谁与争锋》连续出现的重播现象中，不难看出节目制作的难度较大。

五、阅读延伸

[1]陈颖．女保镖沙滩求职 后娱乐时代选秀节目上演变形记[N]．华西都市报，2012-03-06.

[2]湖南卫视．《谁与争锋》上演另类版变形金刚大战[EB/OL]．[2013-12-06]. http：//zixun. hunantv. com/hntv/20131206/0953457517. html.

[3]湖南卫视．《谁与争锋》收视飙升 荣登全国同时段收视榜首[EB/OL]．[2013-11-06]. http：//zixun. hunantv. com/hntv/20131106/0948034539. html.

[4]湖南卫视．《谁与争锋》再现徒手抓神箭 草原英雄迎战国外闪电手[EB/OL]．[2013-11-25]. http：//zixun. hunantv. com/hntv/20131125/0940097606. html.

[5]张瑞坤，侯天友．从“大众传播功能”浅析电视节目“娱乐化”[J]．美与时代(下半月)，2009(6).

[6]白小易．论电视“后娱乐时代”的开启[J]．中国电视，2010(5).

[7]张萍．“后娱乐时代”电视节目的创新模式[J]．声屏世界，2012(8).

[8]余婷，远方．卫视江湖，谁与争锋？[J]．媒体时代，2010(9).

[9]陈文敏，董天策．平视、赋权与身份加冕——竞争类真人秀《技行天下》的话语意义[J]．南方电视学刊，2012(6).

[10]郭坦．中国户外竞技闯关真人秀节目现状研究[D]．济南：山东师范大学，2013.

（沈涵洁，孙宜君）

百姓舞台，星光灿烂
——中央电视台《星光大道》读解

《星光大道》自2004年开播以来，在中国真人秀电视节目风云变幻的十余年间常青至今，其昂然的生命力与节目自身适时而变的形态特色密切相关。它以“没有门槛、没有距离、没有限制的大众栏目”为宣传口号，开播以来始终坚持“百姓舞台”的基本宗旨，坚持零门槛、零距离以及大众参与性、娱乐性的节目定位，力求为全国各地各行各业的普通劳动者提供一个放声歌唱、展现自我的舞台。它的魅力与生命力，主要来自节目对社会文化风向与大众心理的敏锐觉察与精确把握。

一、节目概述

中文名称：星光大道
节目类型：综艺、选秀、真人秀
现任主持人：朱军、尼格买提
主要嘉宾：师胜杰、梁宏达、于文华等
节目导演：葛延枰
制作单位：中国中央电视台
播出频道：中央电视台综合频道 CCTV-1、
中央电视台综艺频道 CCTV-3
在线播放平台：央视网
首播时间：周六 20：02
重播时间：次周五 19：30
节目时长：97 分钟
播出状态：播出中

《星光大道》是由中央电视台于 2004 年 10 月 9 日推出的一档大型综艺节目，时长 97 分钟。节目以层层递进的形式分为周赛、月赛、年赛三个晋级阶段。周赛共分为四个版块，依次为“闪亮登场”“才艺大比拼”“家乡美”“超越梦想”。周赛每次由五名(组)选手参赛，每一个版块淘汰一名(组)选手，最终决选出一名(组)周冠军。在月赛中，三名(组)周冠军与两名(组)挑战者(在周赛中落选的选手)进行角逐，最终产生一名(组)月冠军。年赛共分为七场，十名(组)月冠军和十五名(组)挑战者通过角逐，最后诞生一名年度总冠军。《星光大道》以“没有门槛、没有距离、没有限制的大众栏目”为宣传口号，自开播以来始终坚持“百姓舞台”的基本宗旨，坚持零门槛、零距离以及大众参与性、娱乐性的节目定位，力求为全国各地各行各业的普通劳动者提供一个放声歌唱，展现自我的舞台。

大众化、生活化的文化指向是《星光大道》的魅力所在。大众化同时也代表了当代电视节目形态发展的总体倾向。我们认为，《星光大道》的节目魅力与生命力主要来自于节目之于社会文化风向与大众心理的敏锐觉察与精确把握。

相比传统综艺类节目，《星光大道》的最大突破即在于将传统的以明星为主体的综艺"秀"转换成了以普通百姓为表演主体的"大众真人秀"，顺应了自2000年以来的社会文化大众化转型趋向。"不分年龄、不分唱法、不分职业，只要你热爱音乐，擅长表演，就可以登上《星光大道》为您铺就的舞台。""踏上星光大道，平凡的你也能星光四射！"《星光大道》作为一档以普通百姓为主体的综艺节目，自我解构了观众视野下央视始终作为精英文化的代言人与艺术权威者的形象，重塑了与民同乐、平近亲和的形象。无论是下岗女工、军人、学生、农民工，抑或古稀老人、四岁孩童，《星光大道》都曾成为他们短暂圆梦的舞台。值得一提的是，除了节目表现主体的大众化，《星光大道》的大众化倾向同时体现在节目的具体形式上。例如，以"家乡美"环节为代表的节目环节的设置，体现了节目之于普通百姓选手表演内容的"原生态"的强调与保护。从明星秀到百姓秀，《星光大道》不仅领衔了中国电视节目形态的大众化转型趋向，以普通百姓为表现主体的相对陌生化的节目形态，同时也唤起了民众之于节目的关注与参与热度，赢得了普通观众心理上的认同。

二、传播源流与路径

央视制片人汪文斌在谈到克隆国外节目的方式问题时曾说："克隆国外节目形态时有两种方式，第一种是把国外的模式和中国的内容结合起来，这是第一层次的，这样的克隆或模仿的嫌疑会比较重一点。第二种还是国外的东西，但我一定要把它的外形给去掉，拿它这个模式里面的精髓的东西，跟我的内容进行多重组合，这才是真正的高超！"①《星光大道》的克隆或模仿的方式则属于后者。相比于西方真人秀节目，《星光大道》的不同之处或说改造主要集中于两个方面。

① 胡智锋，汪文斌，郑世明．2004：中国电视关键词[J]．现代传播，2005(1)：3-9.

一是强调封闭的游戏规则，弱化了西方真人秀电视节目的纪实性，祛除了节目中较为敏感的窥探、猎奇性内容。以美国全国广播公司于 2004 年 1 月出品的真人秀节目《学徒》(The Apprentice)为例，节目多采用外景拍摄，节目规则较为简单，强调纪实性，除选手之间除节目游戏规则内的对抗之外，他们私生活中的互斗角力也是节目喜于捕捉、渲染的重要内容。西方真人秀节目之于观众“窥视欲”的刻意迎合与满足，与西方社会的大众文化心理相辅相成。而在受“礼教”传统熏染的中国，“发乎情而止于礼”“非礼勿视”等礼义信条构筑了国民的深层集体心理。《星光大道》之于真人秀节目模式的这一改造，在某种程度上也体现了节目之于国民心理的正确把握与引导。

二是将西方真人秀节目的基本要素——以物质奖励的诱惑为行为动机，在电视媒体可以制造的非常态情境中，完成指定的对抗性游戏，[①] 改造为以“梦想”为行为动机的追逐“梦想”的历程。中国真人选秀节目大多具有这一特征，“舞台”作为节目的具象符号往往被渲染成为“梦想”的应许之地。典型如《非常 6+1》中，选手在登上舞台之前必须经历为期六天的专业培训环节之于“舞台”所隐含的“梦想”意义的放大与强化；选手为获得胜利、获得物质奖励而从事的表演则被包装为追逐“梦想”的奋斗与努力，并被进一步加工制造成更易于向中国观众出售的“情感消费品”。

三、主要社会影响

自 2004 年开播以来，《星光大道》在中国真人秀电视节目风云变幻的十余年之间常青至今，其昂然的生命力与节目自身适时而变的形态特色密切相关。从明星秀到百姓秀，《星光大道》对社会文化风向的敏锐觉察力与把控力是其能够始终占据国内主流真人秀节目一席之地的关键因素。与此同时，《星光大道》之于西方真人秀节目更为贴近我国受众文化心理与道德传统的本土化改造。它也开启了近年来愈演愈烈的“全民造梦”时代。

回首往昔，《星光大道》首播即创下了频道收视第一的佳绩。节目开播之

① 尹鸿．尹鸿自选集——媒介图景·中国影像[M]．上海：复旦大学出版社，2004：353.

后，社会各界反响热烈，余温仍延宕至今。据央视索福瑞收视调查数据显示，《星光大道》2011年度总决赛的首播，全国收视达到3.61%，创2004年开播以来的收视新高，位列央视综艺频道栏目收视之首。近年来，中国电视节目类型层出不穷，节目形态日异月更。作为中国较早的较具代表性的真人秀节目之一，《星光大道》能够长存至今，个中经验值得总结与探究。而今面对《中国梦想秀》《中国好声音》等同类型节目"新秀"的强势挑战，《星光大道》将何去何从，同样需要直面与深思。

囿于我国独特的媒介体制环境，《星光大道》典型地诠释了中国娱乐节目介于商业体制与政治体制之间左右为难的尴尬状态。相较于省级卫视更为开放的节目制作环境，央视所担负的社会教化与舆论导向的媒体责任则更为沉重。这也构成了《星光大道》自开播以来的十多年间始终处于不温不火状态的主要原因。

不过，《星光大道》在这十多年里也取得了很大的成绩，是国内外有着重大影响的综艺、选秀品牌节目。《星光大道》不仅在收视率上处在领先地位，而且为社会培养输送了一大批优秀的老百姓歌手，如阿宝、陆海涛、王二妮、朱之文、旭日阳刚、凤凰传奇、玖月奇迹、杨光、刘赛、刘大成以及李玉刚等。《星光大道》2005年度总冠军阿宝由一个普通农民成长为原生态歌手的典范，推动了原生态音乐的发展。2013年中央电视台发布的电视节目满意度报告显示，《星光大道》与《新闻联播》《焦点访谈》一起位居2013年一至三季度全国观众对央视的满意度的前三名。同时，在入选的前十名节目中，《星光大道》是唯一的综艺选秀节目。

四、阐述与评价

2000年6月，广东电视台《生存大挑战》节目的开播拉开了真人秀电视节目在中国发展的序幕。2000年之后，真人秀作为当前世界范围内最具眼球效应的电视节目类型之一，相继在我国各卫视及地方频道"落地生根"，毋庸置疑地成为21世纪头十年闪耀在中国电视荧屏上最为光辉夺目的明星。我们认为，真人秀电视节目在中国的发展大致经历了两个阶段。第一阶段，即早期以歌唱、舞蹈等综艺表演为主的真人秀阶段。较具代表性的节目有：湖南卫视开播于2004年并在全国真人秀节目领域独领风骚的《超级女声》，央视综艺频道于2004年推出的《星光大道》；上海东方卫视开播于2006年并一度与《超级女声》呈分庭抗礼之势的《加油！好男儿》《舞林大会》等。第二阶段即展示内容相对全面的真人秀阶段。较具代表性的节目有：江苏卫视开播于2010年的婚恋类真人秀节目《缘来非诚勿扰》，中国教育频道与江苏卫视联合打造的职场类真人秀节目《职来职往》以及益智答题类真人秀节目《一站到底》等。综观而论，相较于国外经典的真人秀节目，如美国哥伦比亚广播公司(CBS)于2000年出品的室内真人秀节目《老大哥》(Big Brother)、《幸存者》(Survivor)，美国全国广播公司出品于2004年的《学徒》等；中国真人秀节目具有一个普遍性特征——重“秀”而轻“真人”，即注重展示被表现者的才艺技能，而弱化或祛除了真人秀节目最为重要的表现内容——对被表现者的私生活或私人信息(无论是正面的还是负面的)的深度挖掘。之所以如此，一方面如前文所述，受我国民族文化心理与伦理道德传统的影响所致；另一方面，在我国媒体管制权尚未完全放开的条件下，国家意识形态之于节目形态、内容的审查与监管也是上述特征形成的重要因素。相较于省级卫视与地方电视台，身为国家主流意识形态传播媒介与社会主流文化标杆的中央电视台，承担着更多的社会教化与舆论引导的媒体职能。因此，相较于国外真人秀节目，以及国内的《超级女声》《中国好声音》等省级卫视真人秀节目，《星光大道》在内容的表现上受到更大的束缚。

我们认为，媒介的束缚是造成《星光大道》在全国娱乐节目中始终处于不温不火状态并愈渐呈现颓靡之势的根本原因。具体表征主要体现在三个方面：其一，节目过多地侧重于中国传统艺术形式，如具有地方与民族特色的民歌的复原与重现，从而丧失了主流的年轻受众群体。其二，由《超级女声》开辟的以“话题制造”为主的真人秀节目的商业化运作模式逐渐成为中国真人秀节目主流的运作模式，而受前文所提到的政策、央视媒体的特殊性质等因素的限制，这一模式无法适用于《星光大道》的节目运作。这就直接导致了《星光大道》具有真人秀节目的形式却无真人秀节目内容的“名不副其实”的尴尬。此节目进而落入以才艺表演为主要表现内容的传统综艺节目的窠臼之中无法自拔。

其三，节目的商业化运作不够充分。如前文所述，《星光大道》以“一个梦开始的地方”为招牌将节目自身打造成为帮普通百姓实现梦想的舞台。然而，相对于《超级女声》《中国好声音》等同类型节目轰轰烈烈的“造星运动”，《星光大道》的“造星”势能远远不足，“圆梦”逐渐成为一张无法兑现的空头支票。丧失了物质或精神利益的诱惑，《星光大道》无法调动受众的参与和关注热情，目标观众群体的丧失自然也属意料之中。

五、阅读延伸

[1]许行明．打造“真人秀”语境下的新型电视综艺节目——央视《星光大道》节目创新分析[J]．中国电视，2011(12).

[2]章伊倩．欢乐芸集 星光远播——星光大道节目形态探析[J]．中国电视，2005(7).

[3]别松梅．《星光大道》成功的奥秘[J]．新闻爱好者(下半月)，2010(7).

[4]毕哯．浅析《星光大道》开播八年以来的得与失[J]．今传媒，2014(2).

[5]张陆园．百姓舞台 星光灿烂——CCTV 传播论坛：中央电视台《星光大道》开播十周年研讨会综述[J]．现代传播，2014(10).

[6]魏南江．百姓舞台 放飞梦想——中央电视台《星光大道》解析[J]．中国电视，2013(7).

[7]刘茜，李南．娱乐有道——解析《星光大道》的成功之路[J]．湖南大众传媒职业技术学院学报，2010(2).

[8]李南．央视《星光大道》节目持续热播说明了什么[J]．传媒观察，2010(12).

[9]胡恩．打造百姓舞台 服务人民大众是《星光大道》的源泉[J]．电视研究，2014(11).

[10]谢晶莹．《星光大道》成功的因素[J]．当代电视，2013(12).

（毕哯，孙宜君）

新生态纪录影像
——湖南卫视《变形计》读解

《变形计》是湖南卫视重点研发的一档生活类角色互换节目。这档节目结合当下社会热点，寻找热点中的当局人物，安排他们进行互换人生体验。参与节目的双方将在七天之中互换角色，体验对方的生活。同时，节目组全程每天 24 小时跟拍，略加剪辑后原生态播出。

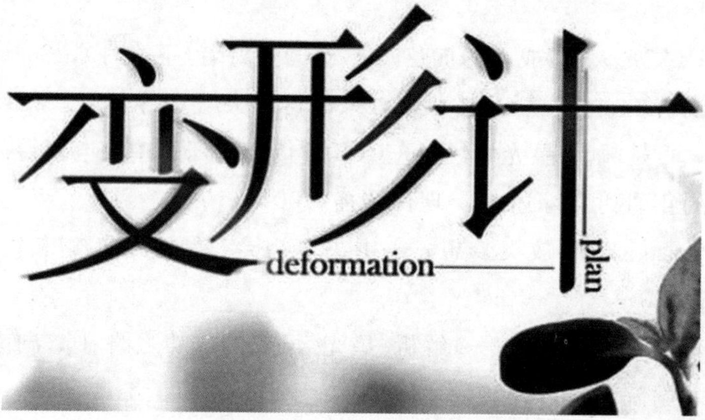

一、节目概述

中文名称：变形计

外文名称：X-change

节目类型：纪录片、纪实真人秀

主持人：王姬、魏哲浩、陆立

主要嘉宾：易虎臣、胡耿、艾尔兰、杨桐等

心理专家嘉宾：张怡筠等

节目导演：梁书源

制作单位：湖南卫视

播出频道：湖南卫视

在线播放平台：芒果 TV、腾讯视频等

开播日期：2006 年 9 月 4 日

节目时长：约 24 分钟

播出状态：播出中

在泛真人秀时代，各种形态的新型真人秀节目纷纷出炉，其创意之惊人，着实夺人眼球。一直在求新求变的《美国偶像》是这样，以职业竞赛为主题的《学徒》是这样，湖南电视台纪实真人秀节目《变形计》也是一样。

2006 年 6 月，湖南卫视“快乐中国 730”黄金时段推出一档电视节目——《变形计》。此节目是由被称为湖南电视台“三驾马车”之一的梁瑞平为首的创新团队制作的。湖南卫视对这档节目的定位是：一档生活类角色互换节目，一档纪录片＋真人秀模式的创新节目，一种“新生态纪录片”。

“这档节目结合当下社会热点，寻找热点中的当局人物，安排他们进行互换人生体验，参与节目的双方就在七天之中互换角色，体验对方的生活。节目同时全程每天 24 小时跟拍，粗加剪辑后原生态播出。”[①]作为一档在社会热

① 百度百科．变形计[EB/OL]. http：//baike. baidu. com/link? url＝A4LPvK1sRgsqfKQIl2JBelrJBaO5dsAsRr _ zss5XCN6ItZ2IGGOIvT04.

点中寻找题材的创新节目，《变形计》的社会意义不言而喻。节目关注时下热点新闻，挖掘新闻中带有社会普遍意义的内涵，通过精心设计的节目形式放大这些内涵，并谋求某些热点问题的解决之道。另外，从心理学的角度来讲，体验是人们达到相互理解的最佳途径。

《变形计》秉承“换位思考”这一思维理念，将之推至极致。在节目中，“变形”主人公不仅要站在对方立场上去设想和理解对方，还要去过对方的生活，真正体验对方世界的大小风云，品察对方思想最微妙的情绪触动。“变形”主人公就在与相关对象的互换中，体验不同人生，达到改善关系、解决矛盾、收获教益的目的。

二、传播源流与路径

《变形计》于 2006 年 9 月在湖南卫视开播。

时隔六年，2012 年 1 月 4 日起，第五季《变形计》开启，定位于大型青春励志生活类角色互换纪实节目，结合当下青少年最典型最突出的问题，聚焦都市子女的“现代病”，如网瘾、厌学、脆弱、暴力、物质以及冷漠等，让节目影响更多电视机前的青少年，凸显节目教育意义。

从 2012 年 6 月 18 日起，《变形计》正式登陆中央电视台财经频道，进行转播。

到了 2014 年 1 月 6 日，《变形计》第七季已经回归湖南卫视晚间档，改为晚上 10 点播出。同时，腾讯视频也与湖南卫视同步，全网独播《变形计》。《变形计》的社会影响范围越来越大。

《变形计》的出现，突破了真人秀节目娱乐功能与社会责任不可兼顾的悖论，开创了一种新的思维模式。在它之前的真人秀节目，大都因为过度追求娱乐体验而忽略了电视传媒所应担负的社会责任。《变形计》作为一档真人秀节目，在传统的真人秀节目往娱乐的路上越走越远之时，敢于在电视制作经验之外另辟蹊径，一方面表现出湖南卫视以梁瑞平为首的相关制作人的魄力和勇气，另一方面也说明了中国国情之下给予真人秀节目的娱乐容忍度的大小。

三、主要社会影响

电视节目能潜移默化地改变人们的文化生活方式，乃至人们传统的感知方式和文化心理。现代社会中，电视节目极大地影响了大众文化的形成与发展。优秀的电视作品正是凭借对社会的正确认识、先进的理念及超前的思维，而成为社会进步的重要推动力量。

《变形计》播出后社会反响强烈，中共中央宣传部、公安部以及湖南省委宣传部、湖南省团委在第一期节目播完后，就通过电话对《变形计》给予了高度的评价。湖南卫视也广泛听取意见，确保各期节目的播出质量。《变形计》于 2006 年获得《新周刊》年度节目创意奖。在 2007 年新加坡亚洲电视节上，《变形计》获得最佳真实电视节目奖。在亚洲电视节上，《变形计》打动了众多评委，他们纷纷称赞节目形态新颖、情感动人；许多国外电视台也纷纷对《变形计》表示出浓厚的兴趣，希望通过购买版权或者合作拍摄国内外少年互换，扩大《变形计》的平台。2007 年暑期，中央电视台新闻频道引进《变形计》的前两季剪辑版并进行编排播出。对于这样的安排，中央电视台新闻频道的解释是：放在这一阶段播放主要是考虑到暑期中小学生有大量休息时间，更有实际的教育指导意义。

《变形计》带来的后续社会效应是连锁的。最直接的变化就是参加节目的贫困少年得到了社会的关注。2007 年 6 月，《变形计》节目组和中国青少年发展基金会(简称“青基会”)成立了“希望工程 · 湖南卫视快乐成长基金会”，青基会将全权受理捐赠，并负责将捐款送到《变形计》中贫困主人公的手上。目前，青基会针对“快乐成长基金”的“爱心通道”已经开启，《变形计》中生活困窘的孩子陆续获得了资助。《变形计》最大的成就便是沟通了沉默的人群。社会环境、个人经历所造成的隔阂与陌生正扭曲着人与人之间的关系，这种扭曲将亲密变为疏远，将热情变为冷酷，将理解变为猜疑。诚如《变形计》特邀心理专家张怡筠所说，情绪上的触动远比认知上的触动来得更有效。

《变形计》播出后，节目组收到大量信件，其中尤以青少年及其父母的反馈居多。对于参与《变形计》的众多主人公来说，变形是一次终生难忘的经历，曾是《他乡有爱》主角之一的叛逆少年张寓涵在参加完《变形计》后写下了这样的日记："刚开始的体验我并没有太大的触动，只是把它当作是一种任务吧，所以不觉得有太大的困难。可是当我回到家以后才发现，我以前真的很无知，很幼稚。在这次旅行当中我也认识到，自己认为值得交的几个好朋友，他们也都是真心地对我好。我觉得这次心灵的旅行不但让我改了坏毛病，还使我有了重新上学的冲动。"

四、阐述与评价

《变形计》在获得成功的同时也遭受了不小的异议。如何从这些质疑中汲取有益的意见和建议，使《变形计》走得更远，这是值得思考的问题。

首先，导演意识与纪实是对立的，即使在真人秀节目中也是如此。虽然真人秀节目是具有"秀"的成分的电视节目，但同样也要遵守真实原则，否则，真人秀节目就会沦为电视肥皂剧的变体。

其次，中国国情研究会的一项"中国新中间阶层生活调查"是这样描述与国外中产阶级有着类似地位的中国中产阶层的：具有较高学历，受过专业化培训；主要从事脑力劳动工作；以工资薪金谋生；对社会公共事务有一定的发言权及影响力；强调自我成就、自我实现，对社会意识形态有相当的影响力；拥有体面生活必需的体面财富、闲暇时间。从《变形计》早期的节目名称、内容和用语中，都可以看出这种中间阶层的城市视角。

最后，互动形式的多元，原本是真人秀节目的特色之一，但《变形计》却因为其定位而不得不舍弃。没有冠名权使得节目运作束手缚脚，节目创作失去了个体的活力。节目的拍摄经费也必须完全听从电视台的调配安排，使节目缺少一定的自主性与灵活性。

五、阅读延伸

[1]尹鸿，陆虹，冉儒学．电视真人秀的节目元素分析[J]．现代传播，2005(5).
[2]张收鹏．"变形计"节目背后的变形解读[J]．今传媒，2008(2).
[3]谢耕耘，陈虹．中国真人秀节目发展报告[J]．新闻界，2006(2).

[4]王永利．电视纪录片一抹亮色：真人秀[J]. 电视研究，2003(10).
[5]陈明．《变形计》之辩[J]. 视听界，2006(6).
[6]宋维才．2004 中国“真实电视”发展述评[J]. 电影艺术，2005(3).
[7]庞玮．电视叙事中的悬念意识[J]. 传媒，2007(2).
[8]彭锴．《变形计》中计——关于《变形计的思考》[J]. 商界，2012(15).
[9]周也君．浅析湖南卫视《变形计》的创新与争议[J]. 华中人文论丛，2012(1).
[10]郭俊．从引导中实现蜕变——《变形计》的教育意义探析[J]. 电影评介，2014(3).
[11]丁晓旭．浅析城乡少年间的跨文化传播——以《变形计》为例[J]. 新世界，2013(4).

（吴竞韡，孙宜君）

明星舞蹈竞技场

——东方卫视《舞林大会》读解

《舞林大会》是一档以明星舞蹈竞技为主题的综艺节目。作为东方卫视的强档季播王牌节目之一，《舞林大会》自播出以来，收视稳步上升，观众吸附力日渐强劲，收视时长有效增加，观众人群结构优化，全国影响力日隆。同时，该节目“让心灵起舞，让梦想高飞”的向上精神，也成为东方卫视“梦想的力量”价值观的一种重要诠释。

一、节目概述

中文名称：舞林大会
外文名称：Let's Shake It
节目类型：明星舞蹈竞技、真人秀
节目口号：让心灵起舞，让梦想高飞
主持人：曹可凡、王冠、李晨等
播出频道：东方卫视
开播日期：2006年2月12日
播出状态：已播出5季

《舞林大会》是上海文广新闻传媒集团制作的一档以明星舞蹈竞技为主题的真人秀节目。该节目第一期于2006年2月12日在上海新娱乐频道播出，最初以"主持人舞蹈大赛"为主题，参赛选手为上海本地主持人。该节目一经播出即在上海地区取得收视佳绩，当地最高收视率高达15.9%，不仅创造了上海综艺类节目收视之最，甚至和当年中央电视台《春节联欢晚会》在上海的收视率相差无几。故上海文广新闻传媒集团在2006年10月继续举办了全国版《舞林大会》，并移师东方卫视。参赛的选手也从上海本地的主持人发展到我国各地以及日韩两国的影视演员、话剧演员、体育明星、歌手、模特甚至相声演员等。作为东方卫视的强档季播王牌节目之一，《舞林大会》收视稳步上升，观众吸附力日渐增强，收视时长有效增加，观众人群结构优化，全国影响力日隆。同时，节目"让心灵起舞，让梦想高飞"的向上精神，也成为东方卫视"梦想的力量"价值观的一种重要诠释。2006年及2008年，台湾东森电视曾买下该节目的版权并在台湾地区播出。2009年7月5日起，台湾华视开始每晚8点在综艺节目《POWER星期天》内插播《舞林大会》节目内容，取得了较高的收视率。可以说，《舞林大会》在2005年到2010年间获得了不俗的成绩，其社会影响可与《超级女声》媲美。后来，即使在国家广电总局限娱令颁发、选秀风骤减的2012年，第五季《舞林大会》总决赛的全国收视率仍高达1.66%，强势夺得同时段全国收视冠军。

二、传播源流与路径

《舞林大会》是由东方卫视和上海文广新闻传媒集团主办的，并由社会各界明星参与的大型娱乐节目。若要细细探究，应当归属于真人秀节目。真人秀节目，是介于纪录片、娱乐节目、游戏节目之间的一种特殊节目形态。从特征上说，真人秀是通过电视镜头将参与者真实地展现给受众，满足受众的猎奇和偷窥心理。真人秀的最大魅力在于其真实性，这种真实性与普通受众的生活十分贴近，更容易引起受众的共鸣。真人秀节目最早起源于1973年美国公艺广播公司电视台拍摄的《一个美国家庭》，此后在《美国达人秀》《英国达人秀》的推波助澜下迅速风靡全球。

2006年以来，随着"超女"旋风的席卷，中国的真人秀节目强势崛起。尽管大多模仿国外选秀节目，但无论是央视还是地方卫视，各个频道几乎都举办了规模不等的各类真人秀娱乐节目，可谓风起云涌，各显神通，一派繁荣景象。《超级女声》《梦想中国》《我型我秀》《星光大道》《青年歌手大赛》《非常6+1》等选秀节目风生水起。这些知名真人秀节目基本是以大众选秀为主，并且参与性互动性很强，这对于习惯传统单向传播方式的中国人，无疑是新奇有趣并具有超强吸引力的。《超级女声》曾经创下近20%的全国收视率奇迹，也就是说在中国，每5个人里就有1个人收看此节目。

与大型无门槛音乐选秀活动《超级女声》不同，《舞林大会》是一档以明星为参与主体的舞蹈竞技类节目。从《超级女声》《非常6+1》《梦想中国》等大众选秀节目的火爆程度可以看出，在这个强调民众意识，强调互动性参与性的大众传播时代，不以民众为参与主体，以国标舞竞技这样的高姿态、少共鸣的节目内容为主题的娱乐节目是一种"违背民意"的行为。事实上，随着大众选秀节目的普及与成熟，节目形式和内容的同质化越发严重。经过大量大众选秀节目对受众连续几年的狂轰滥炸，受众渐渐审美疲劳。而《舞林大会》尽管同是一档真人秀节目，但与大众选秀节目截然不同，力求有所创新。

《舞林大会》的传播推广，延续了《超级女声》等已经成熟的大众选秀节目的传播形式，采用了以电视媒体为主，其他传播媒介为辅的传播路径。每期节目一经播出，即刻受到平面媒体，如《南方都市报》《重庆晚报》《武汉晨报》《新民晚报》《南京晨报》等的报道和评论；各大门户网站，如新浪、雅虎、搜狐、腾讯等都在开设的《舞林大会》讨论专区中发布讯息并上传图片热炒。这一现象表明在新媒体不断崛起的时代，传统媒体既要与之竞争又可以与之互动合作、整合资源，横向扩张传播路径，纵向加深传播效果。《舞林大会》的多元化传播路径一方面扩大了该节目的知名度、认知度，另一方面也使电视收视率、报纸阅读率、网络点击率提高并为这些媒体带来广告收益，从而呈现出"主办方—广告商—推广媒介—明星—受众"五赢的局面。在我们看来，《舞林大会》在宣传推广上的成功主要归结于两点：一是传播路径更多元，与网络游戏平台强强联合；二是新媒介技术的进步使得传播路径更有效。

传播推广是节目成功的关键一环，而《舞林大会》主办方视野更为开阔，注重传播路径组合的运用。此节目在东方卫视播出之前，主办方就在传播推广方面做了充足的准备。与往常的选秀节目只是与综合类门户网站合作不同，《舞林大会》主办方在采用已成熟的传播路径经验的基础上，增加了一项传播路径创新：与拥有过亿网络用户的久游网这一经营网络游戏的门户网站强强联合，合作的方式更是别出心裁。冠名赞助商久游网获得了主办方授予的以《久游网—舞林大会》为名的网络游戏，在全球独家开发、推广和运营的权利。在传播层面更有力的合作则是，久游网旗下的《劲舞团》《超级舞者》和《劲爆足球》三大顶尖的休闲网络游戏，也通过各种形式参与到《久游网—舞林大会》中，充分发挥互动传播的整合优势，实现电视节目传播与网络传播的有效结合。如此一来，节目传播渠道更多元，可到达的受众层面更广泛。这就不难理解，为何 2006 年《舞林大会》一经播出，便迅速获得较高收视率与较大受众群体。

再者，随着新媒体技术的发展，电视选秀节目与门户网站的合作已经不再是简单的直播、转播、炒作与广告关系。电视选秀节目通过门户网站，与受众随时互动、深入互动。受众通过门户网站，直接参与到节目中去。门户网站这一桥梁通过技术的逐渐更新，将"节目"与"社交"完美结合。

媒体报道，2011 年第四季《舞林大会》赛间，腾讯视频同《舞林大会》节目独家合作，最终取得总播放量 1.6 亿的成绩。这一数据不仅告诉人们腾讯视频在娱乐内容方面处于领先地位，更进一步体现出《舞林大会》在“门户网站传播”这一传播路径上取得的巨大成功。门户网站技术上的进步，是《舞林大会》在这一传播路径上勇往直前、畅通无阻的前提。

数据显示，第四季《舞林大会》每期赛事在腾讯视频播放量超过 1000 万次，而总决赛当天视频直播流量为 121 万兆，完整视频点击达 364 万次，专题首页流量达到 425 万兆。除庞大的流量外，综艺节目背后的社交因素，使大赛进行时有 2 亿多用户在腾讯微博上互动，参赛明星在腾讯微博及时发布相关内容，“＃舞林大会＃”话题热议不断。可见，该节目成功实践了多平台互联、互动、互通的“综艺、社交并行”理念和模式。

腾讯网将视频、微博、QQ 炫舞三大平台资源联动应用，对整个《舞林大会》赛事的预热、直播以及台前幕后的内容挖掘起到了至关重要的作用。

综艺节目是视频网站的重要内容。腾讯视频在不断提供优质节目的同时，改变了用户在视频网站只能进行观看行为的传统模式。通过腾讯微博、腾讯娱乐频道、QQ 空间、QQ 秀、QQ 音乐等多种产品同腾讯视频进行联动，使网民看节目的同时将“综艺”与“社交”融为一体，产生“娱乐社交看综艺”的全新体验。

早在《舞林大会》播出前，腾讯网已在 QQ 首页、视频客户端、综艺版块等上面展示节目海报图片，进行推荐。在邻近比赛的倒计时预热阶段，海报图片更是起到了引发广大网民观看热情的作用，而腾讯综艺发起的竞猜冠军投票活动也引发千名网友的参与。

在直播过程中，腾讯视频第一时间将视频片段投放到娱乐频道进行推荐，并发送 QQ 弹窗向全国网友推送节目信息。以腾讯微博为主要社交阵地，联合 QQ 空间发布视频日志，一天就有数百万网友对其进行浏览。而获得 QQ 炫舞网络选拔的前两名玩家还能到《舞林大会》决赛现场与明星 PK、共舞。

同时，腾讯视频对大赛进行点播式直播，腾讯微博引发网友互动。例如，在比赛结束的第一时间，安排了“＃提问张一山＃”微访谈，张一山在 7 分钟的时间里，高质量地回答了微博网友提出的 14 个问题。良好的互动促进了网友之间的交流，拉近了网友与明星间的距离。

所以说，新媒介技术的更新与进步，不仅促进了新兴媒介的发展，更成就了与新兴媒介紧密联系的传统媒介节目在传播路径上的优化。

三、主要社会影响

1. 节目张扬时尚，顺应都市受众娱乐需求

该节目以国际化时尚标榜自己顺应受众娱乐与休闲的需求，使受众聚焦在光怪陆离的水晶灯下，沉浸在或热情奔放或轻柔舒心的音乐中，陶醉在明星选手华丽优雅的翩翩舞姿中，放松了在生活工作中紧绷的身心。另外，上海是时尚之都，于近现代沦为各国租界的历史以及处于经济发展前沿的现实状况，使得上海拥有歌舞升平的传统印象。旗袍、妙龄女子、交际舞都是上海引以为豪的经典元素。因此，《舞林大会》这档节目能够大大符合上海观众的口味。

2. 有别于大众选秀，多重环节增强看点

《舞林大会》作为明星舞蹈选秀节目，以高雅时尚的国标舞竞技为内容，不同于以唱歌为主的大众选秀节目，给受众留下了新鲜的印象。再则，与大众选秀不同，受众通过观看《舞林大会》，发现通常高高在上充满“神秘感”的明星为了在比赛中晋级也有让人意想不到的一面。节目借助了明星的晕轮效应，将明星场外训练、台下等待、同伴点评等内容完整的播放。该节目的参赛明星都不是舞蹈专家，光鲜亮丽的明星在赛前也会付出辛苦和汗水，在被淘汰时也会留下伤心的眼泪黯然离场，为了晋级跟“毒舌”评委明枪暗箭，甚至撕破脸退赛。这些都是受众在往常的节目中所接触不到的内容。在节目中，观众的短信投票能够决定明星是否有机会参加复活赛。节目的这些安排不仅满足了受众对明星的“偷窥欲”；让受众通过比赛发现明星其实与普通人一样，会为了比赛费尽心机，一定程度上拉近了明星与受众的距离；更让明星的参赛命运一定程度上为受众所掌控，进一步增强了受众的满足感。此外，在节目的评委点评环节，犀利的评点语言，虽有争议但也吸引观众的兴趣。该节

目中，明星选手在比赛中被“毒舌”评委骂哭骂跑的例子不在少数。“毒舌”评委的犀利点评也正是《舞林大会》的一大亮点之一。

正是这些特点与创新，给予了受众有趣、新鲜和满足偷窥欲的多重惊喜。《舞林大会》节目一经播出，迅速蹿红，在娱乐节目中独占鳌头，成了电视娱乐界的一枝独秀。《舞林大会》对受众需求的精准掌握，也显示了节目编导的独具匠心。

四、阐述与评价

尽管在传播路径上，《舞林大会》独领风骚，顺应了目前大环境下大众传播的“电视—报刊—网络”三位一体的传播路径，更另辟蹊径与久游网这一游戏平台强强联合，实现受众资源优化整合，但在内容与形式方面仍有不可避免的局限性。

从内容上，平面与网站双平台的宣传推广，虽然吸引了更多受众关注节目，但很多人是出于追星的目的或者看到网上的猎“艳”新闻而观看《舞林大会》的。虽然该节目在当时吸引了数千万的观众，但通常被认为高雅的国标舞却因各类媒体的“特色”炒作而格调大跌。这使人不禁思考现代社会的种种症状，即明星取代了模范，绯闻顶替了事实，低俗代替了庄重。这也要求媒体在进行多渠道传播的同时，注重传播内容的社会影响，尽力做到“绿色”传播。

从形式上，明星 PK 所造成的社会效应本就不如大众选秀来得高涨。受众不会体验到跟随一个明星通过参加节目走向光辉大道的戏剧性与满足感。基于此，《舞林大会》节目组在比赛过程中增加了“表演嘉宾”这一环节，以增强节目的趣味性和观赏性。在参赛明星表演的过程中，节目组另邀请各类明星“暖场助阵”。尽管这样的举动满足了受众对明星的观赏欲，但同时使节目的竞技效果产生了一定偏差。整体看来，《舞林大会》这一舞蹈竞技节目，逐渐变成了一场规模愈来愈盛大的明星大联欢。尽管观众大饱眼福，但其间所应有的紧张、激烈和胶着的竞技氛围逐渐淡化。这对节目保持固定受众以及有效收看时长产生了一定的负面影响，影响了节目可延续的生命力，不利于节目的可持续性发展。

五、阅读延伸

[1]付松聚．真人秀节目《舞林大会》成功的个案研究[EB/OL].[2007-03-24]. http：//news. xinhuanet. com/blog/2007-03/24/content _ 5890256. htm.

[2]丛众，刘叶琳，焦宝．明星 PK 下的受众心理分析——以《舞林大会》和《名声大震》为例[J]. 青年记者，2007(12).

[3]付松聚．真人秀节目《舞林大会》的成功启示[J]. 声屏世界，2007(4).

[4]李阳．从《舞林大会》看差异化传播[J]. 新闻实践，2007(4).

[5]路云亭．海派市民文化的复兴——《中国达人秀》、《舞林大会》及海派清口所体现的新娱乐动向[J]. 太原师范学院学报(社会科学版)，2013(1).

[6]陈静.《舞林大会》，视觉时代的明星秀[J]. 电影文学，2009(10).

[7]陈哲．浅析真人秀节目的本土化运营模式——以《舞林大会》为例[J]. 新闻世界，2013(10).

[8]何璇.《舞林大会》的模仿"愚乐"秀[J]. 青年记者，2007(4).

[9]万晓霞.《舞林大会》内容创新的执行力[J]. 声屏世界，2007(7).

[10]苏月．明星真人秀节目品牌价值的开发与维护——以《舞林大会》为例[J]. 青年记者，2014(21).

(孙暘)

三屏合一的新型新闻专题节目
——东方卫视《东方直播室》读解

《东方直播室》是一档将电视手段、网络媒体、短信直播有机结合的新闻专题节目。节目口号是“直播转型中的中国”及“梦想离不开现实的关注”。节目主要亮点：电视、网络、手机“三屏合一”；最具思维跨度的谈话节目，观众可通过电视、网络和手机与节目现场互动，实现节目和观众的对话；新闻双方当事人在现场，构成节目故事主体，强化新闻热点和真实性。

一、节目概述

中文名称：东方直播室
节目类型：时事、评论、辩论
主持人：骆新
主要嘉宾：不定
播出频道：东方卫视
在线播放平台：东方卫视官网
制作单位：东方卫视节目制作中心
开播日期：2010 年
播出时间：每周一 21：00
播出状态：已停播

《东方直播室》是上海东方卫视一档将电视手段、网络媒体、短信直播有机结合的新闻专题直播节目，关注当下热点新闻事件以及引起广泛关注、值得讨论的社会现象，直播转型中的中国。邀请新闻事件当事人到现场，正反方意见嘉宾深入探讨核心问题，给予各方平等、公开表达观点的机会，在观点的激荡中提供有价值的新闻信息和建设性意见，体现社会关怀。

节目有四大亮点：首先，电视、网络、手机三个终端有机结合，共同参与直播。其次，观众可通过电视、网络和手机与节目现场互动，实现节目和观众的对话。再次，新闻双方当事人在现场，构成节目故事主体，强化新闻热点和真实性。最后，选取的事件具有关联性、多角度性和冲击性。

这些亮点其实在栏目形象标识(logo)上已经展示得非常清晰。栏目形象标识为立体的三角形，意味着电视、网络、手机“三屏合一”，同时也体现新闻当事人、正反方嘉宾三方的共同参与。立体三角形棱角分明，体现了节目观点的鲜明性；深浅不一的蓝色系冷色调，体现了节目理性而富有质感的新闻节目气质。

二、传播源流与路径

上海东方电视台于1993年便开播了一档名为《东方直播室》的新闻直播类节目。《东方直播室》是当时全国第一个完全采取直播方式的新闻节目。当时只是观众打电话进来，向演播室主持人反映各种社会问题并提出意见。作为全国第一档观众参与类的直播节目，该节目当时在上海的影响还是很大的。2010年3月重新开播的《东方直播室》，延用了1993年《东方直播室》品牌的名字。时隔近20年，栏目组接过老一辈电视人手中的品牌，也接过老一辈电视人对《东方直播室》的寄托和期望。

2010年3月，《东方直播室》于东方卫视周末黄金档开播。主持人是做过多年记者的骆新。节目第一期《父母放弃救治闭肛女婴，该不该?》获得极大反响，节目因此加大播出量，每周一到周四播出。进入2011年后，《东方直播室》时长从46分钟扩版到80分钟，每周一晚九点播出。2012年，节目每周播出两次，节目时长90分钟。节目自开播以来屡次获奖，收视率在同时段省级卫视节目中也名列前茅。

作为一档创新型的新闻专题节目，《东方直播室》也可称为辩论型电视新闻谈话节目。它一方面影响着传统的电视节目形态；另一方面也在影响着大众的现实生活，促进了社会多元观点的交流，逐渐改变着公众的思维方式，调节着社会氛围。

三、主要社会影响

《东方直播室》收视表现优秀，社会反响强烈。节目首播当天互动短信就达到2500条，两天之内，网上点击率迅速到达13万次。节目改为日播后，将该时段的东方卫视整体收视率提高了22个百分点。

收视数据显示，《东方直播室》在25～44岁、大学以上学历、月收入在5000元以上的人群中，全国平均收视率达到0.88%，排名进入同时段省级卫视前三名。此观众群具有追求生活品质、乐于发表个人意见、积极参与社会事务的群体特质，是正在为梦想而打拼奋斗的社会中坚。而这一收视数据也再一次验证了东方卫视“梦想的力量”这一核心价值观念对目标人群的吸附力和感召力。

此外，节目引起同行关注，不仅集团内部多个频道、栏目前来学习和讨论，江苏、河南、山东等7个省市的同行也纷纷前来学习。《媒介》《传播研究》等全国8家杂志专门对《东方直播室》进行专版分析。

2011年，《东方直播室》被《新周刊》“2010年中国电视榜”评为年度最佳脱口秀节目。评语里这样写道：“它是最具海派气质的脱口秀，唇枪舌剑中蕴含着温文尔雅；它是最具思维跨度的脱口秀，娱乐话题中表达着社会关怀。它既是圆桌会议，也是表演舞台；既是辩论赛，也是疗伤室；既是个人故事，也是普适指南。它用‘我视角’兼容‘他视角’，用主持人和嘉宾的互动带出观点的激荡。”

2010年，《东方直播室》获国家广电总局颁发的“2010年创新创优栏目”奖。2011年3月，中共上海市委宣传部新闻阅评督查组对《东方直播室》进行了专题表扬，认为《东方直播室》的热点节目弘扬了我国社会的主流价值观。

四、阐述与评价

1. 节目成功因素

《东方直播室》自登陆东方卫视以来，迅速以其“独特性”获得了众多网友、观众的关注。此节目之所以会获得观众的认可，主要在于以下几个方面。

(1)选题新鲜而有社会热度。《东方直播室》的选题定位是：关注当下热点新闻事件以及引起广泛关注、值得讨论的社会现象，直播转型中的中国。在遵循以上定位的同时，节目注重话题选择的关注度、冲突性和民生性。例如，《东方直播室》部分选题：“网络反腐，孰是孰非”“看到老人摔倒在地，你会搀扶吗”“医患信任危机，谁之责”“看病贵，究竟谁之责”等，从中可以看出，节目选题大都是炙热的具有冲突性的社会话题。这类选题，一是具有广泛的关注度，能够有效激发众多嘉宾、广大观众参与话题讨论的热情；二是具有贴近大众的民生性，与社会发展和人民生活密切相关，从节目中观众很容易产生共鸣。

(2)建构多元开放的话语空间。《东方直播室》理念之一是建构一个"社会观念的自由市场"。在节目中，主持人、正反方嘉宾、当事人、现场观众、通过网络媒体参与节目的网民以及通过短信参与节目的场外观众等，共同组成了一个开放、多元、互动的谈话场，最大限度地做到了给予各方平等、公开的表达观点的机会，这在某种程度上契合了社会话语能量释放的需要。在《东方直播室》构建的公共话语空间中，坚持平等观，没有高人一等的说教者；坚持开放性，没有家长作风的一言堂。节目充满了思想交锋，真正做到了"让人民说话"。有网友说，可把《东方直播室》归入电视荧屏流行的"吵架类"节目，如今的节目是"吵"得越厉害，收视也越高。如何看待这种现象，《东方直播室》主持人骆新坚持认为，就算是"吵"，也一定要把话题当事人全部请到现场。"因为只有他们的出现，哪怕是'吵'，是'针锋相对'，也能够在节目中真正还原事件的原貌。让我们真切体会到各方当事人的苦衷与难言之痛。那么，我们的关注、我们的辩论才能真正地发自肺腑，无论是反对方还是支持方，都是一种真诚的流露，我们的辩论才会尽可能地对当事人产生效果，才会感动当事人。"①"吵架"的目的，是为了让观众更全面地看待问题本身，做出自己正确的判断。

(3)节目表现形式富有张力。《东方直播室》坚守的一条原则就是一定要让事件当事人出现在节目现场。每期节目邀请4～5名当事人或者话题相关人员，根据节目安排依次登场。当事人的出现，让嘉宾和观众能直击事件，使节目呈现出扑面而来的现场感，成为引爆节目情节的关键，极大地满足"感觉人"的互动需求，从而逐步把辩论或话题引向深入，引起观众持续的收视兴趣。

(4)主持人善于掌控局面。对于《东方直播室》这类节目来说，主持人在节目中的作用至关重要。主持人既是组织者又是引导者，需要灵活地掌控现场及谈话的局面。该节目的主持人骆新有着长期新闻工作经验，曾当过记者、评论员，既具备冷静、理性的特点，又兼备对现实的关怀，有着难得的悲悯

---

① 腾讯娱乐.《东方直播室》引关注 还原真实被批"残忍"[EB/OL].[2010-04-09].http://ent.qq.com/a/20100409/000414_1.htm.

情怀和自省精神；既强调交锋，又强调宽容。骆新善于抓住节目中的兴奋点，并进行放大，引导各方向纵深辩论；善于掌控节目现场，在嘉宾们争论得面红耳赤的时候能够控制住局面，使现场的气氛保持高点，同时防止话题偏移，引导辩题回到节目正轨；善于总结提炼，使节目更有思辨性，也使节目主题进一步深化、升华，从而获到较好的传播效果。

(5)注重叙事节奏的把握，传播节奏流畅。《东方直播室》非常善于讲故事，注重叙事节奏的把握。一波三折的故事、意料之外的神秘人物、戏剧般的情节转折等近乎娱乐性的元素都在刺激观众神经，引起观众兴趣。例如，在2011年1月28日播出的《你能包容艾滋病毒携带者吗?》这期节目中，节目话题设置了三个层次。第一个层次——抛出问题，即母亲是否应该隐瞒孩子艾滋病毒携带者的身份。第二个层次——由中国疾控中心艾滋病专家普及艾滋病知识，解答公众对有关艾滋病的疑问。第三个层次——呼吁社会对艾滋病患者的关爱。通过这三个层次的逐步展开，将话题从公众认知层面向法律、制度层面和人性层面步步推进，形成了层层深入、渐进有力的节奏感。

2. 节目不足之处

当然，作为创新型节目的《东方直播室》也存在着不足与有待改进之处，主要表现为以下几个方面。

(1)选题盲目跟风，主题价值不高。社会新闻每天都有，引人眼球的热点事件也时常出现，但不是所有可能被热议的话题，都应该进入电视辩论专题节目的选题范畴。《东方直播室》在话题选择上，也存在盲目跟风的问题，把一些属于街谈巷议、缺乏真正启示意义的辩论话题拿到节目中来。例如，《该不该吃猫肉?》《卖肾整容，我错了吗?》《父母放弃救治闭肛女婴，该不该?》等几期节目中虽然辩论得很热闹，但是话题本身明显缺乏辩论的价值，引发思考的现实意义也不大。好的节目应深入挖掘主题的价值，选择真正有社会现实意义的话题。

(2)辩论规则有失合理，嘉宾发言成秀场。由于辩论节目时常会出现观点的激烈交锋，倘若没有一个合理的辩论规则，往往容易演变成吵架。在《东方直播室》节目中，主持人有时为了强化对抗的激烈程度，在嘉宾做无关紧要争吵的时候，往往不作为，甚至“煽风点火”，极力突出辩论嘉宾之间的不同之处，甚至采用煽动情绪的做法，诱使双方做出一些非理性的举动，导致现场成为骂场。此外，《东方直播室》刻意营造开放式的辩论环境，不仅有新闻事件的当事人到场，节目过程中还会邀请有类似经历的人阐述自己的观点，同时还有现场观众发言，特别是四名现场主要嘉宾。然而，这样的辩论环境并没有打造出真正多元化的谈话场。场上真正拥有话语权的是四名主要嘉宾。这些嘉宾包括大学教授、记者和资深媒体人等。他们往往拥有丰富的知识和阅历、清晰的头脑以及超强的语言组织和表达能力。与这些嘉宾相比较，其他普通参与者只具备“打酱油”的水平，在辩论中一旦受挫就很容易陷入沉默，现场就此沦为嘉宾们互相攻讦的“口水秀”。节目的辩论规制有失合理，观众和网友并不能随时直接参与到辩论中，只能在中间环节针对个别问题做“一次性”发言，缺少多回合辩驳的机会。

(3)揭示伤疤“太过残忍”，节目有过度综艺化之嫌。《东方直播室》与其他新闻辩论类节目的一个很大不同就是，节目有规定，现场必须找到事件当事人。这样做确实能澄清事实，有时也能引发冲突，吸引观众。但是，让新闻事件当事人来到节目现场，再次直面曾经受过的创伤，并接受正反方嘉宾的“质疑”，当事人承受的心理压力可想而知。有网友就认为，节目太过“残忍”，节目到底是想要还原事情本身，还是想要以“残忍”出位博得高收视，有时界限不清。另外，节目中有时出现的火爆的氛围、激烈的争论和出格的言辞，也受到部分观众的质疑。因此，有观众认为节目是“吵架真人秀”。《东方直播室》从定位上来说依然是一档新闻专题节目，通过融入综艺节目的元素解决了节目可视性的问题，但也应该警惕走“娱乐至上”的路子，避免过度综艺化，避免为了节目好看而制造冲突，避免形式大于内容。《东方直播室》应坚持节目定位，通过话题的选择、内容的贴近和思想的碰撞来吸引观众，引领主流价值观和人生观，真正起到一个负责任的媒体应有的作用。

五、阅读延伸

[1]徐帆．直播转型中的中国 建构观念自由市场——东方卫视《东方直播室》研讨会综述[J]. 现代传播，2011(9).

[2]卫霞．浅析《东方直播室》成功之处及发展方向[J]．声屏世界，2012(5)．
[3]王晓辉．《东方直播室》：打造独具特色的观点市场[J]．声屏世界，2013(7)．
[4]刘俐俐，李心妍．浅析电视节目制作中新媒体技术的运用——以《东方直播室》为例[J]．新闻世界，2011(6)．
[5]常惠惠，李晓，李振国．"梦想照进现实的地方"——《东方直播室》节目研讨会综述[J]．新闻大学，2011(3)．
[6]姜红．中国的时评脱口秀怎么做？——媒体专家聚焦《东方直播室》改版[J]．中国广告，2011(9)．
[7]王晴川，谢超，刘嘉怡．做有力量的电视新闻节目——对话东方卫视《东方直播室》总制片人任静[J]．南方电视学刊，2012(4)．
[8]李光辉．从《东方直播室》看辩论型电视谈话节目的问题及对策[J]．华北水利水电学院学报(社会科学版)，2013(4)．
[9]李凌晶．《东方直播室》的选题研究[J]．现代交际，2013(1)．
[10]李凌晶．上海东方卫视《东方直播室》节目形态及发展策略研究[D]．开封：河南大学，2013．

（孙宜君，吴竞韡）

创新：群体脱口秀式新闻评论

——江苏城市频道《新闻夜宴》读解

《新闻夜宴》是由江苏广电总台新闻中心自办的一档针砭时弊、还原事实真相的新闻评论节目。它最突出的特点是对最新发生的新闻事件、社会争议的热点话题展开群口点评，对新闻本身进行多层次、多角度的剖析。节目定位：来的都是客，说的全在理。

一、节目概述

中文名称：新闻夜宴
节目类型：新闻评论
主持人：赵丹军、杜荧、荣继敏等
首席记者：赵琳等
嘉宾：张纯、杨俊等
播出频道：江苏广电总台城市频道
制作单位：江苏广电总台新闻中心、江苏城市频道
播出时间：每日22：30
播出状态：播出中

近年来，随着三网融合技术的发展以及人民生活水平的提高，我国网民人数不断增加。并且，我国网民的参政议政、时事评论、社会现象评论等意识也随着社会进程和文化建设的发展而提高，在博客、微博等自媒体上表现尤为突出。因此，新闻评论类节目也引起了广大观众的兴趣。

《新闻夜宴》是江苏广电总台开办的日播类新闻评论节目，也是一档对社会重大新闻事件进行深度解析、发表意见或评述的节目。在江苏城市频道播出，有人称其为“新新闻评论类节目”。这个“新”不仅代表新媒体技术，更凸显出此栏目在新媒体技术迅速发展的媒体背景下所蕴含的创新意识。

《夜宴微波炉》是《新闻夜宴》的周末版，它由江苏广电总台新闻中心联手搜狐微博共同研发。《夜宴微波炉》延续了《新闻夜宴》“提供公共平台、展示多维视角、主张多元争鸣”的特色，更加突出了“电视媒体和互联网的无缝对接”“微博达人与评论专家的平等对话”，是国内首档跨媒体融合的电视—微博新闻节目。节目定位是“人微言不轻，微言不耸听”。

二、传播源流与路径

《新闻夜宴》是江苏广电总台新闻中心自办的一档针对最新发生的、有影

响、有争议性的新闻事件展开群口点评的“新新闻评论”节目。节目定位：来的都是客，说的全在理。节目于2009年1月1日开播，每日22：30播出。该节目改变了以往“新闻评论”的传统做法，每期至少邀请两位嘉宾到演播室，通过他们与主持人、首席记者之间的观点交锋，对新闻本身进行多层次、多角度的剖析。该节目最突出的特点就是对最新发生的新闻事件、社会争议的热点话题展开群口点评。该节目每期大概有3个话题，主要通过三种形式引出话题讨论：一是采访市民，听过市民的意见之后进行讨论；二是由首席记者通过网络搜索找到相关事件信息，然后再进行讨论；三是通过一些影像、图片资料引出话题，进行讨论。

《新闻夜宴》节目的演播室布置得现代、时尚，比较吻合节目名称中“夜宴”二字所蕴含的奢华感，给观众带来视觉震撼。位于播音台后方的电视墙，可以在节目播出过程中不停变幻出各种画面。它还有一个作用，即现场的主持人及嘉宾可以通过大屏幕与新闻采写现场的人员进行对话，在同一画面里几方进行互动，大大增强了新闻的现场感。此外，该栏目为主持人设置了“全景式旋转”播音台。播音台旋转时，主持人的播出背景会由电视墙背景切换到旁侧新闻直播台忙碌的场景。背景的快速变化，让端庄而相对单调的新闻节目产生了多变的视觉效果，除了更具时代感、速度感外，还更符合新闻灵动性的要求。这些外在包装上的精心策划，有利于为节目争取“眼球”。播出环境的创新，不仅可以加强新闻内容的表现力，还可以增加新闻内容的接近性，使内容融化在声画艺术中，带给观众生动、形象、强烈的视听感受。

新媒体技术的发展为节目的跨地域传播提供了技术保障，节目在选择新闻事件时呈现出不受地域限制的“大新闻观”。选题中既有发生在江苏省的较有代表性的新闻，也有从全国范围内精选出的典型新闻事件。选对新闻，观众更容易参与到典型新闻事件的评论中去，对相关方针政策把握得更全面科学；也有助于栏目发挥社会舆论导向作用，获得观众对节目的肯定，提高收视率。

《新闻夜宴》节目与网络的高密度互动充分体现了网络特色。例如，请网友对焦点事件进行评论，实现场内场外的交流与互动。在官方网站上运用首页、搜索、视频及留言板等形式来实现节目的网络化表达。观众通过网上视频点播收看了一期节目后，如果想参与讨论，表达自己的观点与看法，除了拨打演播室热线以外，还可以编辑手机短信、撰写博客日志、发起网络群聊以及在节目官方网站留言等，既经济又便捷，不受时间限制，这就打破了传统主流媒体的话语权壁垒，使得人际传播的性质得到凸显与强化。

节目还与全国各大门户网站建立了合作关系。节目播出时，前10分钟讨论的话题都以网络新闻为主，并且是网民点击量最多、关注度最高的网站上的新闻。总体而言，节目在新闻选题方面并未陷入“瓶颈”，话题设置更具“对立性”，更易引发主持人、嘉宾以及首席记者之间的争论，也引出许多观众的不同观点。这种选题方式往往能够达到最佳的传播效果。

三、主要社会影响

《新闻夜宴》节目先播放精心挑选的新闻事件，再通过主持人、嘉宾、记者或其他媒体观点引入等环节，对新闻进行群体评述，于是便有了“群体脱口秀交锋”的一幕。各方观点各具特色，有时会呈现出类似辩论的氛围，这就使节目极具看点。各方观点虽有差异，但并不完全对立，这就使节目脱离了单一观点的新闻解读，带给受众新的视野和观点。栏目全新的思维方式和解读模式，能够给受众留下更多的空间来思考。

主持人、嘉宾以及首席记者对社会热点、难点问题展开讨论时，多用生活化的语言来表述观点。如此一来，实现了新闻评论语言的生活化、口语化，有利于为受众创造一个良性的收看氛围，改变了以往评论类栏目中学者们正襟危坐、纯理论说教般的点评方式。这种多元化的语言评论特色，强化了节目的公信力和影响力。

此外，一些嘉宾的评论不仅精辟独到，更可贵的是，他们站在广大受众立场上所进行的新闻评论充满了大众意识。他们对栏目中所讨论的问题提出了操作性较强的解决措施，使节目显现出对受众的尊重以及对人际传播的重视。

总之，《新闻夜宴》节目贴近群众的日常生活，把正面宣传和对丑恶现象的批判相结合。由此使得受众与节目观点产生共鸣，并产生对节目的信任感和依赖感，帮助节目培养固定的受众群体，得到受众的好评。

四、阐述与评价

1. 节目创新之处

《新闻夜宴》是一档具有创新意义的节目。其创新点体现在如下三个方面。

(1)播出环境的创新。节目设置了大型电视墙和"全景式旋转"播音台，采用了快速变化背景的方式。播出环境的创新不仅加强了新闻内容的表现力，而且给观众以强烈的视听感受。

(2)新闻选题的创新。节目利用网络与新媒体信息传播的广泛性与及时性的特点，在选择新闻事件时表现为不受地域限制的"大新闻观"。选题中既有发生在江苏省的较有代表性的新闻，如《南京，是要景观路还是畅通路?》等；也有发生在全国范围内的典型新闻事件，如《新医改政策全面解读》等，这在一定程度上扩大了江苏城市频道及江苏广电集团的节目影响力。

(3)评论形态的创新。《新闻夜宴》改变了过去新闻评论节目由主持人或评论员单一解说新闻事件的模式，改由主持人、嘉宾、首席记者三方"群体脱口秀"的评论形态。同时，节目还利用网络新媒体激励观众通过拨打演播室热线、点击观看视频、发送 QQ 消息、编辑发送手机短信等形式，实现互动交流与参与评论。

2. 节目不足之处

作为创新节目的《新闻夜宴》也有美中不足及需要改进之处，主要表现在以下三个方面。

(1)选题及评论的深度有待加强。《新闻夜宴》节目在选题方面总体上是好的，能够反映社会现实与民生问题，坚持正面宣传与批评报道相结合。但节目的有些选题回避社会尖锐矛盾，对丑恶现象揭露与抨击的力度不够，评论泛泛而谈，抓不住要害。

(2)节目中有时呈现娱乐化倾向，削弱了评论的力度。节目中娱乐性因素的加入，虽然改变了新闻评论严肃、古板的风格，带给了观众一种轻松的感觉。但也因没能很好地把握节目娱乐化的分寸，而流于肤浅。并且，节目的宣传性和商业性有时表露得很明显，这就大大弱化了新闻评论的批评性与权威性。

(3)在评论特色与见解方面，还需挖掘潜力。此节目还应进一步挖掘自身潜力，加强评论特色与见解的深度。我们建议，其一，缩短节目中新闻事件的回放时长，只播出新闻中最具评论价值的部分，把宝贵的时间用于新闻评论的深度与特色。其二，坚持评论视角多维化、立体化，尽可能突出独家观点。

五、阅读延伸

[1]夏青．对辩论性节目主持人现场驾驭能力的思考[J]．中国广播电视学刊，2011(6)．

[2]赵玉明．江苏电视台《新闻夜宴》栏目(新闻资讯类)[J]．中国广播电视年鉴，2010(1)．

[3]张宁．电视新闻评论的转型[J]．视听界，2014(2)．

[4]杜荧．新闻谈话类节目四要素分析[J]．视听界，2011(2)．

[5]陈雨叶．媒介融合背景下新闻谈话节目的突围之策——以江苏广电总台《新闻夜宴》为例[J]．淮阴师范学院教育科学论坛，2013(Z2)．

[6]张瑞，印睿．《新闻夜宴》：新锐的"群体脱口秀"[J]．视听界，2010(3)．

[7]刘洁．微博在电视新闻节目中的运用[J]．视听界，2011(3)．

[8]杜荧．平衡报道视角下民生新闻的升级路径[J]．视听界，2010(3)．

[9]卢亚．电视新闻生产场域中的理想与现实[D]．南京：南京大学，2013．

(毕哯，孙宜君)

脱颖而出的电视职场真人秀

——中国教育电视台《职来职往》读解

《职来职往》是帮助求职者正确对待自己与职场，并为求职者提供就业机会的全国首档大型职场真人秀节目。此节目将服务性放在其定位的核心位置，并力求产生借鉴以及教育意义。节目口号是：职来职往，前途宽广。

一、节目概述

中文名称：职来职往
节目类型：全国首档大型职场真人秀
节目口号：职来职往，前途宽广
主持人：喻恩泰(第一、三期)、李响
主要嘉宾：雷明、潘力等
播出频道：中国教育电视台、江苏卫视
在线播放平台：爱奇艺、搜狐、乐视、腾讯、华数 TV
开播日期：2010 年 12 月 10 日
首播时间：中国教育电视台一频道每周日 21：38
重播时间：江苏卫视每周五 23：40
节目时长：70 分钟
播出状态：播出中

《职来职往》是中国教育电视台一频道和江苏卫视联合打造的帮助求职者正确对待自己与职场，为多样的职场精英提供就业机会的国内首档求职类真人秀节目。节目播出后引起社会各界的广泛关注。有人将《职来职往》称之为“职场版的《非诚勿扰》”。

《职来职往》中的基本规则是：一个求职者面对 18 位来自不同行业的职场达人，经过三关考验定胜负。第一关——第一印象，包括求职者出场的自我介绍，一段视频求职简历以及部分嘉宾的提问；第二关——职场亮剑；第三关——职场诱惑。在整个过程中，职场达人若对求职者的表现满意，认为其有资格进入自己所在企业或 100 家优秀企业，则亮灯，反之灭灯。在经过第二关以后，若还有 9 名及以上的职场达人为求职者亮灯，那么求职者就可以挑选参与节目的 100 家优秀企业中的任意一家，获得进入该企业两个月的试用机会，并可能直接入职；若只有 1～8 名职场达人为求职者亮灯，并能够为求职者提供相应岗位，那么求职者就只能从为其亮灯的企业中选择职位，双方达成协议，求职成功。若在“职场诱惑”环节，已经没有职场达人为求职者亮灯，或者有亮灯的但不能为求职者提供相应岗位，则宣告求职失败。

《职来职往》迎合市场需求，融教育体验、服务生活、娱乐大众为一体，从自身发展平台出发，获得了很好的市场效益、经济效益，可谓精准地融合了多方优势。

《职来职往》主持人李响，阳光帅气，是年轻一代拼搏向上的代表。《职来职往》所邀请的嘉宾评委大多是各行业的精英。他们是各自领域的职场达人，工作经历和经验非常丰富，是行业里的意见领袖。作为节目嘉宾，他们在现场给出求职者意见或评价，起到适当的指导作用。

二、传播源流与路径

经济社会的转型发展，所带来的是就业形势的日趋严峻。并且，企业与求职者之间出现信息不对称问题。一方面，企业进行结构调整和产业升级对劳动力提出新要求，招不到合适人才；另一方面，部分求职者择业观滞后、信息渠道不畅，找不到合适工作。为了适应新形势下企业对人才的需求，中国教育电视台一频道和江苏卫视联合打造了《职来职往》这一节目。节目于2010年12月10日开始在中国教育电视台一频道开播。每周日晚上9点38分中国教育电视台一频道播出，每周五晚上在江苏卫视重播。可以说，《职来职往》这样的节目无疑迎合了市场需求，满足了受众心理，在求职者和企业间搭起了一座“电视求职”的桥梁。从品牌学视角来看，定位是品牌之母，它关乎方向，决定成败。节目的定位需要的是区别性，需要成为一个特立独行的标志，要找出一个与众不同的价值主张，而这一主张对目标观众必须具有强烈的吸引力。

从节目运行模式与形式来看，很明显，《职来职往》借鉴了江苏卫视《缘来非诚勿扰》的节目运作模式。首先是一对多的亮灯、灭灯；其次是过关的形式，现场问答加短片介绍；最后是音乐设置，客观评论人的设置。《缘来非诚勿扰》中有嘉宾顾问的情感建议，而《职来职往》中则安排了职场专家作为嘉宾（雷鸣、李强、潘力等），现场给出求职者意见或评价。“借助《非诚勿扰》的影响力，《职来职往》让求职类节目得到新生。‘剩男剩女’现象让相亲火爆，是因为抓住了现在观众的心理，具有一定的话题性。‘职来职往’的需要，同样具有话题性。让受众未在《非诚勿扰》过足的瘾转移到《职来职往》上，是《职来职往》借势借鉴的权宜之计。”①

三、主要社会影响

据克顿顾问咨询公司的统计，《职来职往》2011 年 3 月的收视率甚至超过黄金时段电视剧的收视率。从网络上看，《职来职往》的网络视频播放平均每期高达 76 万次以上，最高一期已经超过了 110 万次，一股电视职场真人秀的热浪扑面而来。

《职来职往》热播的原因有很多，不可忽视的一个现实背景就是中国目前就业形势的严峻。一方面是求职者的供过于求，另一方面是求职者就业能力的弱化。《职来职往》节目组制片人马浚益曾表示：“有数据统计，2011 年应届毕业生将达历史新高 650 万，就业压力也将达到史无前例的程度，求职成为全社会集中关注的话题。而《职来职往》就在这样的社会背景上应运而生，将给予参与者一个新的寻求就业的平台，同时节目中职场老师和评审官们给出的建议也将对社会上各层次人的就业产生指导作用。”

《职来职往》环环相扣、步步推进的形式，在相当大程度上调动了观众们的“注意力”。每期节目都有 5 名求职者来接受不同行业的 18 位企业高管的面试，每位求职者都首先做简单的自我介绍，交代自身情况、求职意向和目标薪金。职场达人则通过“职业测评”“求职故事”“职场问答”来了解求职者。通过“亮灯”支持、“灭灯”不支持的形式，职场达人表达自己的态度。经过第三关后，如所剩灯数超过 9 盏，求职者将有权选择百家知名企业获得试用机会；如不足 9 盏将进入“职业诱惑”环节，亮灯达人可为求职者提供工作机会，如果双方达成协议则求职成功，否则失败。当然即使失败，这样一场严苛专业

① 《职来职往》电视节目解读分析[EB/OL].[2014-12-21].http://bbs.pinggu.org/thread-3501447-1-1.html.

的“面试”也能让众多的求职者收获职场经验。短短10多分钟的面试，求职者和职场达人平等地站在一起，自然地打破了面试官高高在上绝对权威的传统印象，真实还原了职场面试，为观众呈现了既具游戏性又不失专业理念的新鲜体验。

四、阐述与评价

1. 节目成功要素

《职来职往》是一档颇具特点的大型职场真人秀节目，也是经济效益与社会效益兼顾的优秀节目。概括其成功要素，主要有以下三点。

(1)节目与受众定位准确。对于电视求职节目而言，节目定位与受众定位是非常关键的要素。《职来职往》将其节目性质定位为职场类真人秀，并将其受众明确定位为在校大学生和社会求职者。节目的目的是为即将毕业的学生与社会求职者提供展示自己才能的机会，让就业者清晰地认识自己、明确职场方向，并让观众从节目中获得更多的职场经验和人生经验。“清晰的定位作为《职来职往》成功的基础使得《职来职往》在角色挑选和宣传推广等环节水到渠成。”①

(2)有效地借势借鉴相关节目模式。如前所述，《职来职往》借鉴了婚恋交友真人秀节目《缘来非诚勿扰》成功的运行模式，每期邀请18位来自各行各业的“职场达人”，以亮灯和灭灯的方式对参与节目的求职者进行评判，决定他们能否前往100家知名企业工作，能否与自己心仪的工作岗位牵手；同时现场针对每一位求职者的情况提出来自职业和职场的宝贵意见。主持人、求职者、职场达人以及嘉宾评委等参与节目的重要人员都是经过精挑细选的。成功的模式助力《职来职往》，使之获得较好的效果。难怪有的观众认为，《职来职往》打造了职场版的《缘来非诚勿扰》。

(3)注重内涵，塑造职场达人，实用与娱乐并重。《职来职往》的服务性定位是重要的，但作为电视节目，娱乐性也是不可缺少的元素。《职来职往》在

① 赖春.《职来职往》热播的原因探析[J]. 考试周刊，2011(66)：28-29.

注重服务性的同时，也注重娱乐性，做到娱乐有度，从而让观众在轻松的氛围中接受信息。随着《职来职往》的热播，节目中多位职场达人也迅速蹿红网络，成为网络名人。他们的视频被点击，他们的微博被关注，他们的话语被传播，他们的意见更是被一些即将走上职场的大学生朋友们奉为宝典。同时，节目也结合这些职场达人各自的特点设置一些情节，对他们进行突出表现和包装宣传，使他们变身职场明星。他们在生活、工作中的事件也受到关注，反过来又扩大了节目的影响力与知名度。

2. 节目改进建议

《职来职往》节目具有一定的影响力，也达到了一定的质量高度。但从节目的长远发展来看，要想持续地吸引受众的注意力，提升自身的影响力，仍有许多需要改进与提高的地方。

(1)要不断变革与创新，突出节目原创性与特色。我国真人秀电视节目原先就是学习模仿国外同类节目，进行本土化改造而产生的，如《缘来非诚勿扰》《中国好声音》等。《职来职往》类节目又是借鉴借势《非诚勿扰》的节目模式。借势借鉴只是权宜之计，突破借势借鉴的藩篱进行改造与创新，才是根本出路。《职来职往》类节目的形式有待大胆创新，形成更完善的节目机制，使得节目更贴近受众，成为观众生活中必不可少的一部分。“突出原创性思维，具有本土化文化背景的，能吸引中国电视观众参与的真人秀电视节目才是中国电视真人秀节目的最终出路，突破移植的西方真人秀电视节目形式，完善真人秀节目构成元素，注入中国味的元素符号，打上中国文化的烙印，以获取较为长久的生命力。”①

(2)节目选择的求职者应更多元化些。从我们对《职来职往》往期节目的分析来看，此节目的求职者中，约有30％的人是来谋求营销方面工作的，约有20％的人是谋求媒体方向职位的，约有13％的人是谋求策划类工作的，还有近13％的人是谋求行政助理方面工作的。显然，节目中提供的职位范围过于狭隘了。

(3)做深做精，形成自身的文化内涵与特色。电视求职节目要想健康持久

① 《职来职往》电视节目解读分析[EB/OL].[2014-12-21].http://bbs.pinggu.org/thread-3501447-1-1.html.

发展，必须拥有自己的文化内涵与特色。《职来职往》的口号是“职来职往，前途宽广”，但仅有口号还不行。节目一定要做深入，把中国文化、中国本土价值观念带给观众，给予观众精神上的无穷力量与信仰。节目要在深入研究自身所处的媒介环境和时代需求的基础上，从各方面坚持文化自觉，切实增强媒体的责任意识。只有在创作中进行自主、理性的文化选择，把握价值引导的正确方向，不断提升媒介文化素养，才能生产出有深度文化内涵与符合时代特色的电视“真人秀”产品，才能更好地为广大受众服务，受到长久的欢迎。

五、阅读延伸

[1]谢耘耕，陈虹．真人秀节目：理论、形态和创新[M]. 上海：复旦大学出版社，2007.

[2]廖梦君．现代传媒的价值取向[M]. 长沙：湖南人民出版社，2005.

[3]孙娟妮．从纪实性角度浅析《职来职往》节目的服务功能[J]. 中国电视(纪录)，2011(6).

[4]高金萍．正气与铜臭的较量——论有偿新闻对记者职业道德的影响[J]. 新闻记者，2000(11).

[5]罗永平．电视节目《职来职往》的传播学分析[J]. 青年记者，2013(23).

[6]李朵朵．职场真人秀节目的典范——《职来职往》前途宽广[J]. 今传媒，2011(3).

[7]宁迪，都成．从《职来职往》看电视求职节目的创新与发展[J]. 今传媒，2011(9).

[8]曾燕．设计到位，求职节目也精彩——比较分析《非你莫属》与《职来职往》[J]. 视听界，2011(5).

[9]蔡楚泓．电视职场真人秀节目形态浅探——以《职来职往》为例[J]. 新闻知识，2012(2).

[10]李佳芳，赵宁．求职类真人秀节目能走多远——以《职来职往》为例[J]. 电影评介，2011(13).

（蒋露，孙宜君）

立方体中的大智慧

——东方卫视《梦立方》读解

《梦立方》是上海东方卫视制作播出的一档新型益智类游戏闯关节目。该节目创造性地开发出一个智能化的透明“立方体”，利用光影技术等现代高科技手段构建闯关关卡，从平衡、记忆、技巧、敏捷等各个方面，对参与者的身心状态进行综合考验。

一、节目概述

中文名称：梦立方
外文名称：The Cube
节目类型：益智类游戏闯关节目
主持人：程雷
播出频道：东方卫视
开播日期：2012 年 5 月 13 日
节目时长：每期 60 分钟
播出状态：已停播

2012 年 5 月 13 日，上海东方卫视制作播出一档新型益智类游戏闯关节目《梦立方》。该节目一经播出，便受到中国青年观众的热烈追捧，收视率悄然攀升。每期节目在视频网站上的点击量有数十万之多，贴吧、微博、论坛等平台上的粉丝观众讨论热烈。该节目已经形成了一定的舆论氛围，其新颖独特的节目表现形式也令广大电视人眼前一亮。

《梦立方》是上海东方卫视引进英国独立电视台于 2009 年 8 月推出的同名游戏类娱乐节目（The Cube）版权后制作而成。英国原版的节目模式自 2009 年 10 月戛纳电视节开始成功销至全球多个国家。英国原版每一季节目平均收视份额达 23%，首集收视份额高达 26.7%，创英国近年来游戏类节目收视新高，并在 2011 年英国电视剧最高奖中获得最佳综艺节目奖。《梦立方》创造性地开发出一个智能化的透明"立方体"，利用光影技术等现代高科技手段构建闯关关卡，从平衡、记忆、技巧、敏捷等各个方面，对参与者的身心状态进行综合考验。随着一关又一关的突破，参与者将获得递增的现金奖励，最后的闯关成功者，将获得节目组为其提供的实现人生梦想的机会。

二、传播源流与路径

节目选择不同职业、性别、肤色、阶层的挑战者来到录影棚中，接受《梦立方》的挑战。每一位挑战者都可拥有九条游戏生命，并拥有一次脉动简化和一次脉动试玩的机会。《梦立方》给出七关不同的游戏挑战。与英国原版节目不同的是，中国版本的奖励是实现参赛者的梦想(其他国家版本均为全七关金钱奖励)。每一个参赛者在游戏内，共有九条生命，即在整体游戏内，失误次数可达八次。换句话说，参赛者每失误一次，就损失一条生命，参赛者也就必须重新开始该阶段的游戏。所以，如果参赛者用尽了所有的生命数，他将会失去所有的累计奖金。参赛者只要在任何种类的关卡内，达到标准一次即算过关。第一关是参赛者必须要进行的，第二关之后，参赛者看完游戏介绍，可以决定要不要闯关。如果参赛者不闯关，可以保证赢得累计奖金，以确保累计奖金不会因为挑战下一关关卡而化为乌有。相对的，如果参赛者愿意挑战，则参赛者必须要挑战该关卡至成功为止；如果参赛者的生命数用尽，则该名参赛者就会失去所有累计的奖金，空手而返。该节目还创新性地引入了手机游戏同步体验的线下活动，让观众在收看电视节目的同时，还能亲身体验到手机模拟游戏的刺激，从而提升了节目与观众的互动效果。

《梦立方》的最大看点，除了花样翻新的游戏设计外，莫过于节目本身的整体包装和线下推广。东方卫视一向走国际范和高品质路线，此次东方卫视斥巨资购买了英国原版节目版权，在亚洲首次独立搭建起了智能化的透明“立方体”。该“立方体”由六面玻璃墙组成，高达5米，地底一面为全电脑控制的游戏平面，灯光效果也是简繁分明，略去观众席的反应镜头，突出舞台中央“立方体”的科技效果。“立方体”中，蓝色和红色荧光的大量运用，电波画面和金属质地的遍及，加之后期特效编辑的配合，使得整体画面干净、大方、梦幻，充满科技感和未来感，大大增强了观众的视觉体验。同时，该节目大量采用了高科技手段和电影的表现手法，如高速摄影机、时间切片系统、《黑客帝国》中的“时间冻结”技术等，还融入体育比赛中的慢动作回放环节，让成功和喜悦、惊喜和激动的瞬间重新回放，增强观众的参与感。这些都是在中国电视制作史上的首次尝试，革新了电视艺术和文化，使电视节目增加了更为娱乐化、国际化的元素，使国内观众一饱眼福，开拓了对电视节目的极致想象空间。

该节目还做了大量的线下推广工作，如在上海公交车上安装梦立方游戏模拟系统，并建造十几处游戏体验站，开启"梦立方街头挑战赛"活动，拍摄街头的广告牌获得大奖等活动，吸引了大量观众体验参与，制造了一定的舆论氛围。除了上海本地的线下活动，节目组还在北京、广州、成都等地招募选手，希望找寻拥有不同梦想和情怀的挑战者来参与挑战。一系列的推广活动，能够有效地将《梦立方》的节目理念和节目形态传播出去，吸引观众眼球，为节目播出奠定舆论基础。

三、主要社会影响

随着江苏卫视《非诚勿扰》的蹿红，各卫视跟风举办情感相亲节目，真情实感渐渐被"收视率风向标"扭曲，一些电视台从一开始的展现真人真事，发展到聘请编剧、演员上台为收视编"故事"。但是，随着越来越多卫视有了自己的定位，原来情感节目的设置逐渐被放弃。像东方卫视的《幸福魔方》，还有浙江卫视的《为爱向前冲》，都已悄然退市。越来越多的观众希望在真人秀节目中看到更为真实的元素和体验，而不是利用虚假的情节和出位的言语来消费观众的真实情感。于是，众多电视台将真人秀重点放在梦想上面，"晒"梦想成了主流价值观的体现。《梦立方》同样如此，但它却走出了一条与众不同的道路，它不需要参与者有明星的气质，不需要会表演的才华，不需要感人的身世背景，不需要有多么感人的梦想，只要能参加节目，有挑战的勇气，有好的表现，赢得奖品，就能成为令人尊敬的"草根"明星。同时，中国版的《梦立方》将金钱的奖励改为梦想的实现，不但迎合了"草根"完成梦想的心理需求，同样顺应了社会主流价值观的需要。梦立方，代表着梦想是立体的、多元的，人人都可以有梦想，人人都能够在《梦立方》舞台上实现梦想。

四、阐述与评价

不可否认，在我国当今电视真人秀与情感类节目盛行的浓厚氛围下，益智类游戏闯关节目《梦立方》犹如给人吹来了一股清新之气，让人感到神清气爽。但由于节目创意与制作等方面的原因，该节目暴露出的短板和不足也比较明显。

首先，节奏缓慢，容易让观众产生厌烦感。具体表现在节目中有些游戏固定不变，营造气氛的时间过长，加之大量重复性的语言，容易让观众感到厌烦。其实，个别游戏环节可以削减或直接略去。改进的办法是，在游戏中添加快进，只将最惊险的部分剪辑合成。将简单游戏和复杂游戏的展示时间区分开，简化规则，以普通观众能接受的最短时间为宜。

其次，故事性差，选手特色不够鲜明。虽然以“草根”完成梦想为主题，但毕竟是一档以收视率为核心的真人秀综艺节目。节目组在遴选选手的时候可以着重考虑表现欲强，具有鲜明性格特色的。重复的规则架构需要具有吸引力的故事情节加以点缀，这就需要主持人在与选手互动时，增加情感交流，添加故事情节，使得整个游戏人性化、立体化。

最后，“梦想”的元素不够突出。梦想元素的加入是节目本土化的一个重要标志，但没能够很好地凸显，反而产生了事倍功半的效果，让观众产生做作的感觉。所以，在节目中，重点突出梦想元素十分必要，这是延续节目生命力的一个重要因素。

五、阅读延伸

[1]王洪．《梦立方》引进和中国文化原创[N]．联合时报，2012-05-18．

[2]苗棣，毕啸南．中国电视娱乐节目2012年度盘点[J]．电视研究，2013(3)．

[3]安书霞，祁勇．版权引进的游戏竞技类节目模式分析——以《梦立方》为例[J]．声屏世界，2015(1)．

[4]李欣．试论真人秀节目的可看性提升策略——以《梦立方》为例[J]．现代视听，2014(6)．

[5]共青团江苏省委．三维提升新媒体能量 打造江苏青年“梦立方”[J]．江苏教育宣传，2014(1).
[6]田恬．梦立方的魅力——论真人秀的电视语言[J]．新闻研究导刊，2014(18).
[7]时一晟．众筹：中国动画融资新模式——访“梦立方”众筹CEO黄欣[J]．中国电视(动画)，2014(10).
[8]李雨．浅谈视觉元素在电视广告设计中的导入——从东方卫视《梦立方》谈起[J]．当代电视，2015(12).
[9]唐超．从《脉动梦立方》到外滩3D灯光秀——访上海幻维数码创意科技有限公司技术总监刘红[J]．中国广告，2012(8).

（吴竞韡，孙宜君）

舌尖上的饕餮盛宴

——东方卫视《顶级厨师》读解

《顶级厨师》是东方卫视继《中国达人秀》《梦立方》之后，再度引进国外版权的一档节目。它以厨艺比赛的形式展开，并邀请了三位美食评审参与节目。评审由国内明星、顶尖厨师及美食家担任，专业并且个性鲜明。节目中，才艺展示与感人故事相结合。节目自播出以来，受到了观众较高的关注和喜爱。

一、节目概述

中文名称：顶级厨师
外文名称：Master Chef
节目类型：美食才艺秀
主持人：曹可凡、刘一帆、李宗盛等
播出频道：东方卫视
在线播放平台：爱奇艺
播出时间：每周日 21：15
开播日期：2012 年 7 月 29 日
播出状态：已播出两季

《顶级厨师》是东方卫视精心打造的一档美食才艺秀节目。该节目以厨艺比赛的形式展开，并邀请三位美食评审对选手厨艺进行点评。他们由国内明星、顶尖厨师及美食家担任，专业并且个性鲜明。节目中的主要赛程分为两个阶段：一是海选阶段，二是进入顶级厨房后的激烈比拼阶段。

具体来看，海选阶段分为三个赛制。首先是拿手菜比拼。在这一环节中，来自全国各个地方的美食烹饪爱好者齐聚一堂，使出他们的看家本领，以自己的拿手菜来竞争标志着能晋级到下一轮比赛环节的围裙。其次是技能测试。成功进入此轮的美食爱好者将在这一轮比拼他们的基本功——刀工。在不限定时间、不限定食材多少的情况下，只要能切出符合专业评委要求的食材，即可保住身上的围裙，顺利进入下一轮的比拼环节。最后是限定食材料理比拼。这一轮的比试，考验的是美食爱好者在限定食材下的创意发挥。

而在顶级厨房争霸阶段，比赛主要有两种流程。第一种比赛流程是依次进行神秘盒挑战、创意菜比拼以及压力测试。第二种比赛流程则包括团队赛、技巧测试以及压力测试。

节目亮点在于，顶尖厨师与明星担任观察员，既专业又个性鲜明；美食烹饪与宏大场面相结合，才艺展示与感人故事相结合。

二、传播源流与路径

《顶级厨师》是东方卫视购自英国同名美食真人秀节目后制作而成的。其实，在国外有多个同类型节目，如英国的《我要做厨神》《名人美厨竞赛》《少年厨神》《美其林专业大厨》《料理达人争霸赛》，美国版的《我要做厨神》，澳洲版的《我要做厨神》《名人美厨竞赛》《少年厨神》等。

原版《我要做厨神》以厨艺比赛的形式展开，首先是预赛，预赛之后的第一个比赛就是神秘箱考验或分组比赛。在神秘箱考验中，参赛者的桌上会有一个木盒，木盒里面的内容即是神秘箱考验的题目。评审会先选出前三名，再选出神秘箱考验获胜者，而获胜者可自选食材或者不用进行下一轮比赛。分组比赛通常会分为两组(红组和蓝组)，输的队伍必须参加压力测试。所谓压力测试，即每一次神秘箱或分组比赛挑战赛结束后，输的队伍需要在评审规定的时间内完成指定题目，评审于时间结束后选出完成度最差的选手进行淘汰。由于压力测试时间极短(通常时间设定在30～60分钟内)，要求的专业技巧与难度较神秘箱与分组比赛高，因此被选手们视为难度最大也最不想参与的考试。透过压力测试，评审可进一步了解选手面对突如其来的挑战时的应变能力与烹饪技巧，了解选手是否具有专业厨师的全面性。

东方卫视《顶级厨师》，可以说在内容、形式、比赛模式以及制作播出等方面都很好地吸收借鉴了英国原版节目的精华。节目中的美食评审专业负责、要求严格且个性鲜明，同时节目将美食烹饪与宏大场面相结合、才艺展示与感人故事相结合，可以说是改造引进节目后形成的新亮点。

三、主要社会影响

东方卫视，一直是通过引进电视节目模式进行电视节目再创新的一个较为典型的代表。在此之前，东方卫视的《中国达人秀》《梦立方》等都是引进国外电视节目模式，经过本土化改造而产生的，都获得了较高的收视率。而《顶级厨师》自开播以来，虽然节目形态受到了肯定，也获得了一大批拥趸，但从收视率的表现而言，依然未达预期。这其中既有节目形式本身的限制，也有“洋宝典”在本土化过程中遭遇的水土不服。不过，我们还是能看到这一美食真人秀节目的闪光点。

首先，在节目选手的选择上，注重展现选手的个人经历和对美食的热情。作为一档美食类栏目，仅仅向观众展示各式各样的美食，在短期内观众也许会有兴趣去关注它，但是毫无悬念与吸引力的节目是不能一直吸引观众的。而对于《顶级厨师》而言，它在吸引观众这方面做得非常好。它不是纯粹地以各种美食来吸引观众的眼球与关注，而是以参赛选手的个人事迹与对于美食的热情，更像是以美食为媒介号召选手与观众热爱自己的生活与职业——选择了就要努力做到最好。节目的参赛者全部是普通的百姓，没有一位专业厨师参与。选手以一个业余厨师的身份会做出什么样的菜会是观众极为关注的内容。在节目中，观众能看到的不仅仅是已经做好的菜肴，还有选手做菜的过程。观众能体会选手们的感受，了解作品背后的故事。节目中的选手各有特色，性格与人生经历也为观众所知，这就在无形之中为节目赢得了支持不同的参赛选手的观众。节目中的选手不可能是完美的，就是因为他们来自民间，来自生活。所以，节目中选手做出的菜肴不可能道道都让人垂涎欲滴，节目也没有刻意展示他们的菜肴有多么让人胃口大开，而是不断地展示他们在做菜过程中出现的错误步骤和生涩做法，展示追求完美的崎岖道路，做菜时的错误步骤、生涩做法。正是这种不完美才体现出真实，才向观众展现出一场真正的真人秀。

其次，在美食评审的择取上，注重影响力与专业性的结合。一个竞技类栏目中最为吸引观众眼球的也就是节目的评委。第一季中，曹可凡是东方卫视当家主持，他在广大观众心中有着举足轻重的地位，观众只要看到他，似乎就已经给这个节目打了 85 分。李宗盛的出现也为节目增添了不少人气。而争议最大的便是刘一帆，他在餐饮业的成就众所周知，节目中他是唯一的一个专业评论员。刘一帆的严厉与对食物的质量与口味的苛刻要求让每一位参赛者胆战心惊，但是他的要求又让参赛者与观众可以理解，很多观众也习惯与喜欢上了他的严格要求与对每一道菜的苛刻评价，这样就为节目增添了专业性的色彩，使观众认可节目的竞争结果。在观看这个节目的时候，刘一帆对个别选手的充满挑衅口味的质问与评价，也使观众感到节目充满刺激。

最后，在节目的场景设置上，把“厨房”搬到室外，脱离了有空间局限的室内厨房。更加开阔的视野与具有地域特征的菜肴，让观众感受到另一种美食体验，这也是此节目的一个亮点。把单纯的由评委品尝菜品并做出评价的模式延伸到普通大众，但节目进行到四分之一的时候，这种模式已经改变了。“民以食为天”，菜做得怎么样还要以广大老百姓的口味为标准，栏目组请来一些当地居民，或深入幼儿园、学校、工作场所等来评比选手做的美食，以老百姓的满意程度来判定一个美食团队的胜负。这样的设置更加贴近生活与观众。不同团队之间进行较量，不同的美食理念便会相互碰撞。但是矛盾也层出不穷，到底听谁的，谁出的力多，谁干的活少，每个团队便在不断的内部矛盾中与别的团队竞争，但是出了问题以后又互相推卸责任。这样的展现已经超出了单纯的美食领域，映射出社会各个领域的问题。节目中的团队作战环节，势必会让观众在关注选手的团结力时更加了解团队的意义。

所以，《顶级厨师》是美食节目，但不仅仅是美食节目，都说菜品是人品的延续，至少从节目里选手的排名来看是不假的。如果说成为一个厨师的入门条件只是手艺上的条条框框，那么成为“顶级厨师”必然需要在心灵上达到一定的高度。因为厨艺已是一门艺术，菜肴除了果腹的原始功能以外，还应该让食客自己的味蕾和心灵进行一次坦诚的对话。

四、阐述与评价

《顶级厨师》自播出以来，受到了观众较高的关注和喜爱，但收视率却一直未达到预期。我们认为，该节目要扩大影响、提高收视率，需注意以下几点。

首先，真人秀节目购买版权成风，一系列国外知名真人秀节目陆续登上国内电视荧屏。与此相伴随，如何摆脱“只买不创新”的困境，也成了电视节目制作者共同关注的焦点。《顶级厨师》总导演陈晔坦言，原版版权的引进的确给节目制作提出了高标准，但也使节目组在创新方面面临了考验，赛制是按照西方美食特点设置的，中国的美食文化和西方完全不一样，需要考虑这些因素。唱歌也好，美食也好，都是一种载体，但具体怎么做，还是要根据中国的实际情况来进行本土化改造。

其次，《顶级厨师》的定位在于真人秀，而美食这一独特元素也助其填补了国内电视荧屏真人秀在这一方面的空白。更重要的是，节目中出现了真人秀中较少涉及的“温暖人情”“温暖家庭”主题。曹可凡坦言，希望节目不仅仅是教观众做菜，且能传递人情关怀，“就像宗盛大哥说的，呼吁大家回到厨房，回到与家人的沟通，回归家庭味道”。知名教育学者熊丙奇也表示，此节目传递的其实是一种生活教育和多元化教育，“真人秀关注厨师这样的普通行业，这其实是一种引导。我们传统中教育孩子就是在饭桌上进行的，所以节目完全可以走入家庭教育。”但在注重温暖人情、温暖家庭的情况下，有一点不能忽视，即在海选以及面试时，节目组会考虑选手的成长背景以及个人经历，这样很难做到绝对的公平，这一点是在以后的节目中要谨慎规避的。

再次，美食节目有一个天生的弊端，那就是自身的距离感。整台节目无法与观众形成有效的互动。对观众而言，这些美食摸不着吃不到；而且，受播出时长的限制，节目无法将菜肴的制作过程完整呈现出来。这一点至今没有一个较好的解决方法。不像《中国好声音》这类歌唱节目，观众可以直接体会，哪怕不会唱歌，也可以知道谁的歌好听，谁的歌不好听。节目改进的关键还是要思考如何巧妙地运用视听语言，用有特色的选手和评委，用充分的精彩剪辑让节目更加丰富。

最后，我们还是要回到节目的定位上来，节目形式在于厨艺展示和美食竞赛，但是内核在于真人秀。那么，这些选手下了节目后会如何发展，将来能够发挥什么作用，扮演什么样的角色？如果节目组能对这些问题进行思考，并对选手的未来有一个跟进，或者能为选手提供更广阔的发展平台，那么节目就会有一个更大的提升。

五、阅读延伸

[1]向方霖.《顶级厨师》的人物塑造策略[J]. 新闻世界，2013(5).

[2]杜哲.《顶级厨师》叙事特点分析[J]. 青年记者，2013(17).

[3]狄峪伟．浅议美食节目《顶级厨师》的本土化改造[J]．中国电视，2013(6).
[4]吕弘毅．东方卫视《顶级厨师》制作风格分析[J]．学术论坛，2013(11).
[5]张元欢．中国美食真人秀节目内容的本土化创新[J]．中国电视，2013(9).
[6]李珺，徐志强．从《顶级厨师》到《星厨驾到》——美食真人秀节目的本土化改造之路[J]．中国电视，2014(11).
[7]王婷婷．浅析消费社会视角下美食真人秀节目——以东方卫视《顶级厨师》为例[J]．新闻世界，2013(10).
[8]陈珺杰．从历史和民俗角度浅析《顶级厨师》的出现[J]．美与时代(下旬刊)，2015(1).

（吴竞韡，孙宜君）

益智游戏节目的创新之光
——江苏卫视《非常了得》读解

《非常了得》曾是江苏卫视一档名牌节目。该节目兼具真人秀与益智节目的特点，节目形式上由传统益智节目的人机互动发展到人人互动，呈现出多方面突破与创新。节目亮点在于悬念的设置、选手与出题者的互动、主持人的风趣幽默以及微表情专家的分析。此节目做到了知识性、趣味性、表演性与娱乐性的结合。

一、节目概述

中文名称：非常了得

外文名称：Fei De Will Watch

节目类型：益智答题脱口秀

主持人：孟非、郭德纲、张杨果而、刘仪伟

主要嘉宾：姜振宇、左岩、柳岩

播出频道：江苏卫视

开播日期：2011年6月8日

播出时间：每周三22：00

播出状态：已完结

《非常了得》是江苏卫视制作的一档全新益智答题脱口秀节目，早期由王牌主持人孟非和相声名嘴郭德纲联合主持。此节目于2011年6月8日正式开播，每周三晚10点在江苏卫视播出。

《非常了得》的节目口号是“辩人识事长知识”。此节目既有真人秀的表演成分，又有益智类节目的答题环节。每期节目会有8位身份不明的嘉宾作为出题者站在台上，每人给予一个关于自己身份或经历的表述；选手任意选择一位出题者，通过每次90秒钟的问话，来辨别其表述是真是假。这时，孟非和郭德纲两位主持人，前者跟选手站在一起辅助提问，后者则站在出题者身边，辅助出题者。同时还有由微表情专家、娱评人组成的观察团为选手提供帮助和提醒。如果选手通过问话猜中表述真假，就可以继续竞猜。每过一关便会赢得相应的旅游大奖。出题嘉宾如果直到最后都使选手相信自己的表述是真的，也可以获得旅游大奖。节目这样设置环节的巧妙之处，一是选手与出题者之间针锋相对的问答十分精彩，戏剧化情节发展与紧张刺激的悬念能够吸引观众；二是观众通过出题者的回答能够了解各种特殊身份及相关知识，同时一些趣味性的经历表述也具有新闻节目中社会轶闻类新闻故事的性质，满足了观众的猎奇心理。这也是节目重要的创新点。《非常了得》一度获得了很好的收视效果。

二、传播源流与路径

《非常了得》是江苏卫视的原创节目。节目策划制作与当时的社会背景及电视节目运作模式有关。我们知道，随着现代社会信息传播和生活节奏的加快，人们承受的压力越来越大，在电视前实现便捷娱乐的目的和要求，直接导致了人们对电视娱乐节目的消费欲望空前高涨。2011 年前后，电视真人秀等各类娱乐节目不断涌现，江苏卫视的《缘来非诚勿扰》确实获得了很高的收视率，但也出现了一些问题，同时许多电视台的相亲节目争相播出。在这样的背景下，江苏卫视一方面对《缘来非诚勿扰》进行改版与改进，另一方面也试图创新节目形态，另起炉灶，再开播一档全新的节目——《非常了得》。

刚开播时，《非常了得》在环节设置上共分为五关，前三关只需从 8 位身份不明的嘉宾中挑选一位来判断身份真假，第四关需要同时判断 2 位嘉宾身份的真假，第五关需要同时判断 3 位嘉宾身份的真假。在闯关过程中，选手只要猜对出题者的表述，即可获得此关对应的旅游奖励。出题者只要让选手相信自己所表述的内容是真实的，即可获得旅游奖励。每位选手在闯关过程中有两次求助观察团的机会，一旦回答错误即被淘汰。主持人孟非辅助参赛选手，郭德纲则负责帮助嘉宾。同时，还有由微表情专家姜振宇、女主播柳岩组成的观察团，为选手提供帮助。

《非常了得》自 2011 年 7 月 6 日起作节目调整：节目由五关改为三关。第一关，猜对一个表述的选手，可成功获得单人港澳游；第二关，同时猜对两个表述的选手，可获得双人普吉岛游；第三关，同时猜对三名表述的选手，可获得三人欧洲十国深度游。

该节目第三次的调整是：在原有基础上，加了一个“孟德接招”环节。参赛选手如果答题失败，将在此环节进行最后一搏，在两位主持人之间任选一位，进行挑战，猜对主持人的表述，则可获得单人港澳游，否则淘汰。2014 年4 月，张杨果而、刘仪伟、左岩加盟江苏卫视主持《非常了得》。

《非常了得》在节目形式上被网友评论为有《我猜我猜我猜猜猜》和《开心辞典》的影子，而从节目的规则调整上看，节目的挑战难度也越来越小。

三、主要社会影响

《非常了得》自开播以来，曾获得卫视节目同时段收视率第一的成绩，这证明了这档全新节目宣传、策划及制作方面的成功。随着《非常了得》的持续播出，这档节目的知名度也越来越高。一些主持界、模特圈的明星纷纷报名想一试拳脚，这无疑成为宣传和造势的最好契机，使节目的知名度像滚雪球一样越滚越大。

自然，《非常了得》受到了许多观众的肯定，有人评论说它实现了国内益智类节目形式的突破与创新。首先，实现了节目内人人互动。《开心辞典》早期的竞猜环节是简单的人机互动，由电脑出题并给出正确答案，节目造成的紧张情节仅限于答案的正确与否。《开心辞典》中，王小丫说出那句“确定吗”之后，出现了人机人互动，即选手在场内，节目组通过电话或视频通话的方式远程连接一位场外人士出题，由选手进行竞猜回答。《非常了得》实现的是人人互动，即出题人与选手在场内面对面展开竞猜。其次，是受众的参与性。通常收看《非常了得》，能满足现代受众的娱乐诉求和参与心理。参赛选手不一定是明星级人物，普通观众也可以通过报名方式参与进来。最后，观众在观看节目的过程中，也同时和选手一起判断嘉宾描述的真与假，情绪会同选手一样起落。参与其中的紧张感，保障了受众的参与度。

但是，随着节目的持续热播，所有节目面临的共同难题，即视觉疲劳的问题也凸显出来，在一定时间后节目收视率相对滑落。在节目播出过程中，为了保证节目的视觉效果，《非常了得》做了几期专场，比如“90后”专场，模特大赛冠军专场。在掀起一波波小高潮的同时，也引发了不小的争议。这些参加节目的选手看起来就像节目组找的“托儿”，其中很多都是长得漂亮的女生，有些出题者的表述也很容易辨别真假。这样节目就很难不受到观众的质疑——节目组是否在作秀。

四、阐述与评价

《非常了得》的主旨是"辨人识事"，节目中的出题者有时候讲述的是一个真实的故事，有时候只是复述导演组编好的故事，参赛选手通过他们的描述来辨别真假。在这个过程中，只靠孟非和郭德纲两人耍嘴皮子来搞活现场气氛，一些非常离谱的假身份更是让观众很容易看出来。有些观众认为节目形式过于简单化，预言这档节目很可能红不了多久。基于对这一节目的关注，我们得到如下几点认识。

首先，节目内容有些过于浅显化。节目形式只是节目的"形"，更重要的"神"是节目的内容，"神"与"形"的统一才是优秀电视节目经久不衰的秘诀。此节目的内容，有时让观众觉得过于简单，是因为节目组所出的题目太简单，没有太大的难度，让选手和观众很容易就猜对。《开心辞典》的节目形式也是比较简单的，但是节目中涉及的题目的难度和深度却比较大。相比较而言，《开心辞典》是一档集趣味、益智、知识、紧张、惊险、幽默于一体的有奖问答节目。

其次，《非常了得》重蹈了《缘来非诚勿扰》的覆辙。为了追求节目视觉效果，参赛的选手大都是美女帅哥。这其实让观众很容易就看出来是节目组找来的"托儿"，只是为了作秀。电视节目没有做到真正的大众化，那么观众参与的积极性也就降低了。

最后，节目有模仿的痕迹。《非常了得》在节目形式、舞台设计等方面虽有突破与创新，但也有模仿、雷同倾向。有网友评论说："节目在形式上有《我猜我猜我猜猜》和《开心辞典》的影子，出场方式以及整个氛围又与《缘来非诚勿扰》类似。"益智类节目的生命力在于节目的更新与改进，《非常了得》也只有不断发掘新的亮点，才能保持受众的新鲜感，延长节目的青春期。在电视娱乐化的时代，提高节目质量，做好节目内容才是最为关键的，切不可只注重形式化，而忽视了节目新鲜度的保持。

五、阅读延伸

[1]马佳明．浅析江苏卫视新形态益智类节目《非常了得》[J]．新西部，2011(30).
[2]王玉．非常了得：中国真人秀益智类节目创新[J]．中国传媒科技，2012(4).
[3]马冲．新生代益智类节目《非常了得》传播特点探析[J]．新闻知识，2012(9).
[4]万晶晶．《非常了得》的节目模式创新[J]．青年记者，2012(21).
[5]陈宏坤．《非常了得》技巧了得[J]．视听界，2011(5).
[6]张梦雅．益智节目内容与形式的设置——以《非常了得》为例[J]．现代视听，2012(5).
[7]方宁兰．一场关于身份辨认的娱乐消遣——浅析江苏卫视益智答题脱口秀节目《非常了得》[J]．声屏世界，2011(12).
[8]侯晓岚．《非常了得》的营销策略分析[J]．青年记者，2012(2).
[9]郝点菊，张慧卿．《非常了得》节目分析[J]．当代电视，2013(6).
[10]王桃．析真人秀节目的创意——以《非常了得》为例[J]．大众文艺，2013(23).

（陆柳冰，孙宜君）

知识予博彩，开心加益智
——中央电视台《开心辞典》读解

《开心辞典》是中国益智类节目的典范，节目的建构紧紧围绕“开心”与“辞典”这两大关键词展开。独创的“家庭梦想”概念与刺激的智慧擂台相结合，致力于为中国电视观众提供一个寓教于乐的媒介场所及展示自我、实现自我的机会与平台。该节目曾经是红极一时的娱乐互动名牌节目。

一、节目概述

中文名称：开心辞典
外文名称：Happy Dictionary
节目类型：综艺、趣味、游戏互动类节目
主持人：王小丫、李佳明、尼格买提
制片人：刘正举
制作单位：中国中央电视台
播出频道：中央电视台财经频道 CCTV-2、
中央电视台综艺频道 CCTV-3
在线播放平台：中国网络电视台 CNTV
开播日期：2000 年 7 月 7 日
节目时长：90 分钟
播出状态：已停播

《开心辞典》是 2000 年中央电视台倾力打造的一档名牌栏目。作为面向大众的益智类节目，《开心辞典》采用了有奖趣味问答的节目形式，搭建起了刺激的智慧擂台，为观众提供了广泛的参与空间。此节目录制现场总能呈现出紧张激烈、引人入胜、扣人心弦的氛围。

《开心辞典》始终紧紧围绕“开心”与“辞典”这两大关键词。独创“家庭梦想”概念的引入与有奖问答激励机制的融合，催生出这档红极一时的娱乐互动节目。“家庭梦想”概念完全由参赛的家庭成员共同提出，商品组合来源于普通家庭的未来采购计划。节目组还特别出资邀请选手的一名家庭成员到北京演播室进行现场助战。进入决赛的八名选手代表各自的家庭成员说出梦想的奖品，选手通过现场答题，就可能获得摆在决赛现场的梦想奖品。八位选手中有二至三位将有机会单独面对主持人回答问题，每答对三个问题，选手就能实现一个家庭梦想。连续答对 12 个问题后，选手即可赢得价值万元以上的所有奖品。

二、传播源流与路径

《开心辞典》的节目原型来自于英国独立电视台的电视游戏节目——《百万富翁》(Who Wants to Be a Millionaire)。世界多个地方均有制作当地版本。参赛者需要连续回答15个四选一的多项选择题，如果能全部答对，将可以获得一笔巨额奖金，通常是100万当地货币。以英国版《百万富翁》为例，最高奖金为一百万英镑。这个游戏节目由英国导演大卫·布里格斯于1995年构思出来，经过多年讨论和修改，于1998年在英国首播。节目播出后大受欢迎，被世界各地的电视台购下制作权，并进行播映。

《开心辞典》是中央电视台财经频道(原称为“中央电视台经济频道”)于2000年全面改版时为响应党中央“科教兴国”号召，结合频道特点，于同年7月7日推出的新型益智类节目。作为一档新型的益智类娱乐节目，《开心辞典》在开播之初给人耳目一新的感觉，后经过四年的锻造，《开心辞典》更加完善和成熟，逐步成长为央视的品牌节目之一。2009年8月前，央视内部进行了“交接式”，央视文艺中心的变革已经悄悄进行，此次改革扩容了文艺中心的权力，把央视各频道的娱乐综艺类节目全部划入文艺中心管辖范围内，《开心辞典》《非常6+1》等与文艺有关的节目同归入文艺中心，并在央视综艺频道播出。

从以《百万富翁》为原型的强势推出到多年经历的本土化成功转型，《开心辞典》获得了市场的认可和一定的知名度。值得一提的是，除了传统的电视播出媒介之外，《开心辞典》节目组还联合中国网络电视台拓宽收视平台，并开辟了电视节目与游戏产业结合的经典范例。安卓版《开心辞典》是手机益智类游戏与该节目的紧密结合，而QQ幻想则是当前最具实力的网络游戏厂商与最具公信力的媒体的联姻。电视节目与手机游戏、网络游戏两大媒体的紧密结合，实现了真正意义上的节目与观众的互动，成为中国大众化娱乐节目的代表。

三、主要社会影响

20世纪90年代末，随着各种电视娱乐节目的蓬勃发展，益智类节目也达到了鼎盛时期，不同性别与年龄层次的观众更加注重通过电视来学知识，获取信息和休闲娱乐位居其次。

《开心辞典》于2000年7月7日首播，节目开播伊始便以强劲势头迅速切入益智节目市场。仅用6个月时间，收视率就跃居央视财经频道第一，最高时达3.79％。此后，收视率稳居央视前两位，《开心辞典》成为每周五同一时间档中央电视台所有频道固定节目中观众收看最多的节目。

在节目策划上，它打破知识竞赛类节目的界限，善于调动观众参与热情，即以场内与场外相结合的智力和知识问答为主要形式，使观众在轻松、健康、休闲的氛围中学到知识。

主持人方面，王小丫的“主考官”形象深入人心。很多观众评价她，她的眼睛是会说话的，她的眼神里面有鼓励、信任和肯定。“王小丫的亲和友善让观众感到她如‘自己人’般，这种‘自己人’效应也同时使选手感到安全放松，让选手觉得王小丫是真正地与他们同喜同悲，不管答对答错。”①王小丫这种主持魅力，正是此节目成功的关键点之一。

各种媒体竞相报道，包括网络文章与跟帖、电视评论、报纸杂志、学术论文等。可以说，几乎各种媒体都参与到了对这一电视节目的热评中，且进行不断地跟踪式关注。

然而，从2009年改版到2013年1月停播这段时间，《开心辞典》开始逐渐淡出人们的视野。《开心辞典》官方微博反响平淡，网友几乎不再关注其状况，网上的视频网站点击率、评论次数等均很低。有人认为王小丫的主持风格过时，刻板的央视风格已无法适应当今娱乐化的传媒环境。虽然王小丫之后也对其主持风格进行了改动，但这并不是节目收视持续下滑的关键所在。伴随电视节目市场的日新月异，该节目形式缺乏创新，且不断受到观众的质疑。以“开心学国学”为例，号召国人学国学本应是一件利国利民的好事，但《开心辞典》却从选手征募开始便惹来一片争议。据称，经过比赛最终胜出的前九名选手均能获得北京大学国学班免面试免费入学两年奖励，经考试合格后，还可获得学位。这个事件在当时可以称得上是一场闹剧，引发了观众对节目蔑视国学的激烈争议。

① 马梅．打动人心 方能永恒——《开心辞典》的成功之道解析[J]．中国电视，2005(3)：47-50．

四、阐述与评价

作为一档益智类节目，《开心辞典》在其开播后不久便成了中央电视台的品牌栏目，其收视率一直位居央视各类节目的前列。据有关人士调查分析，在共同观看的电视节目中，以新闻性节目和娱乐益智类的节目为主。例如，中央电视台的《新闻联播》，收视率平均达到30%以上；益智类的《幸运52》和《开心辞典》等节目的最高收视率超过10%。之所以获得如此佳绩，是因为此类节目保持了较高的节目品质，老少皆宜，是大家普遍认可的名牌节目，在家庭成员共同观看电视节目的时候成为首选。而且在《开心辞典》这个节目中，大家可以依靠自己的智力回答各式各样的问题，若回答正确更能获得丰厚的奖励。这种智力问答形式可以说是长盛不衰的，直至现今，很多同类节目都是以其为借鉴发展起来的。虽然它已经淡出了人们的视野，但其成功之处仍然对当下的益智类节目有着非常重要的借鉴意义。

1. 节目成功因素

(1)打温情牌。《开心辞典》在节目中对家庭亲情的关注，无疑是它不同于同类节目的独特追求。通过家庭代表与家庭成员共同参与挑战智力、传播知识的现场答题比赛，表现出家庭共有的默契和亲情，展现出家庭和谐关系。

(2)主持人风格各异。从王小丫“主考官”形象的深入人心到李佳明颇好的观众缘，再到尼格买提的灵活机智，主持风格各异，使得节目在成就自身的同时，也让主持人成为其不可分割的组成部分。

(3)增设参与嘉宾，提高节目亮点。该节目自开播起，目标受众就设定为普通百姓，选手亦来源于此，显示了大众化的节目要求。改版后，为增加亮点，邀请名人一起参与节目，以吸引观众眼球，借此掩饰和弥补该栏目渐趋渐远的观众缘。

(4)对抗模式丰富节目内容与形式。《开心辞典》采取选手与主持人对抗的模式，即选手跟电脑系统和主持人比赛；后邀请名人进行分组对决，即选手之间的比赛，丰富了节目的内容与形式。

(5)有效保证题库质量，丰富题目设置方式。《开心辞典》建立了严密高效的题目征集网络。对于征集到的题目，无论是来自大学、工厂，还是农村，无论是出自老人、学生，还是孩子，都会一一进行核实。核题是《开心辞典》最重要的一环。出题方式多样，包括视频资料、场外出题、现场道具等。

(6)借助媒介，实现互动。网络与电视紧密结合，实现了真正意义上的节目与观众的互动。这主要体现在场外互动环节上。这一环节的设置，增加了参与者和观众一起思考的时间，并增强了节目的娱乐效果。

(7)注重公益性。《开心辞典》不仅是一档益智类答题节目，同时也是一档公益性节目。这主要体现在其梦想基金的设立上，参与嘉宾通过答题或角逐获得梦想基金，普通百姓完成家庭梦想，大众名人则会以个人名义将该基金捐助给需要帮助的人。

2. 节目不足之处

(1)虽然参赛者面向普通百姓，但打造的大众英雄也只是节目的陪衬。《开心辞典》强调从参与到收视完全面向普通百姓，参赛人数无限多，选手选拔机制更加科学公平。但参赛者从海选、复选直到进入最终的决赛，都已耗费大量人力物力，且最终是否能赢取奖品，也需凭借实力与运气，难度较大。改版后，节目更为注重对参赛者个人情况的宣传，增加节目噱头，吸引观众眼球。例如，《开心辞典》曾推出的高考专场节目，就被网友指责为策划痕迹较重，有提前告知题目答案或安排选手制造悬念的嫌疑。

(2)“家庭梦想”的功利化倾向越来越严重。独创的“家庭梦想”概念本是参赛者对未来生活的一种美好期望。节目初期，是否赢得奖品，对于参赛者来讲只是重在参与，得之亦好。之后，随着奖品的增加，植入广告的加入，梦想基金金额的提高，专门为赢取奖金而来者增多。这种功利化、投机性的现象势必也会冲击到节目本身“寓教于乐”的宗旨。

(3)节目形式没有突破，模式固定，缺乏深度。“主持人＋参赛选手＋观众”的固定模式长期不变，主持人风格特点不足，无论是场内还是场外都只是单纯的你问我答模式。就拿《开心辞典》推出的特别节目来说，仅是沿用了“开心”两字的品牌效应，节目定位不明确，主题形式繁杂。

然而，节目存在以上不足之处的根本原因其实在于，该节目只是一味在模仿，而从来没有超越原型节目，这也是当前众多娱乐节目的通病。研究英国电视节目类型的专家——周康梁先生，在对众多的视频影像进行对比后得出这样的结论："中国的娱乐类节目太过于急功近利，缺乏深度和原创性。只是想借模仿其他国家的娱乐节目来赢得收视率，获得短暂的效益，在长时间的视觉审美疲劳下，人们便开始慢慢失去了继续关注的热情，节目最后就像《开心辞典》一样，慢慢淡出人们的视线了。"①

就像周康梁先生所认为的，中国的娱乐类节目在整体上趋向于简单：为了炒作某个人、某个栏目，赢得收视率，将整个娱乐节目变成了快餐，对娱乐资源进行掠夺性开发，没有一点中国的特色在里边，基本上都是用各种噱头去糊弄人。更为严重的是，利用中国观众不爱较真的特点，用假直播的形式骗取观众的真投票。当然，只有观众提高了审美情趣和能力，不再去过分关注那些肤浅的甚至庸俗的节目内容时，中国的娱乐类节目才会得到更大的提高和发展。

五、阅读延伸

[1]赵书勇．学者论道中国娱乐节目：因缺原创性显"急功近利"[EB/OL].[2010-10-31]. http：//www.Chinanews.com/yl/2010/10-31/2623627.shtml.

[2]袁爱清，查小红．从传播学视角探索娱乐化电视节目的发展趋势——以《开心辞典》改版为例[J]．传媒观察，2007(1).

[3]马梅．打动人心 方能永恒——《开心辞典》的成功之道解析[J]．中国电视，2005(3).

[4]郑蔚，孙微．电视节目形态的引进与创新——兼评《开心辞典》[J]．现代传播，2002(3).

[5]巫喜玲．用节目元素法探讨益智类电视节目的创新——以央视《幸运52》、《开心辞典》和《联合对抗》为例[J]．东南传播，2008(3).

[6]黄艳．浅析益智类节目的形态变化——从《幸运52》到《一站到底》[J]．媒体时代，2012(9).

① 赵书勇．学者论道中国娱乐节目：因缺原创性显"急功近利"[EB/OL].[2010-10-31]. http：//www.Chinanews.com/yl/2010/10-31/2623627.shtml.

[7]李云瑞．智力的碰撞 智慧的火花——对益智类电视节目的观察和思考[J]. 湖南文理学院学报(社会科学版)，2005(6).
[8]汪文斌．从《开心辞典》看益智节目[J]. 中国广播电视学刊，2000(12).

（薄媛慧，吴竞韡）

请说出你的故事
——凤凰卫视《鲁豫有约》读解

《鲁豫有约》是由我国香港地区的凤凰卫视精心打造的电视访谈类节目。节目口号：爱传万家——说出你的故事。节目呈现的是一段段窝心的真情和三千六百秒赤诚交谈。主持人陈鲁豫觉得采访别人是一件快乐的事情，因为最大的益处是获得心态上的平和。主持这档节目，令她感触最深的是，这个世界上没有过不去的坎，没有什么事可以吓倒谁或难倒谁，而人们也正是因为这种坚强而显得更加美丽。

一、节目概述

中文名称：鲁豫有约
节目类型：电视访谈
主持人：陈鲁豫
播出频道：凤凰卫视、湖南卫视、安徽卫视、海南旅游卫视
制作单位：香港凤凰卫视
开播日期：2002 年 1 月
节目时长：约 42 分钟
播出状态：播出中

《鲁豫有约》是由我国香港地区的凤凰卫视在 2002 年 1 月推出的电视谈话性节目，后被引入内地，在各个地方电视台播出。2008 年湖南卫视购买其内地独播版权并于同年 4 月 14 日开始播出。2010 年 1 月 4 日，《鲁豫有约》登陆安徽卫视，并更名为《爱传万家——说出你的故事》。2015 年 4 月 16 日，《鲁豫有约》与海南旅游卫视合作，并全新升级改版，于每周四、周五、周六 20：30播出。

《鲁豫有约》曾被《新周刊》誉为“15 年来中国最有价值的电视节目”。而主持人陈鲁豫也被美国有线电视新闻网赞誉为“中国奥普拉”。这档中国式脱口秀谈话节目已经悄然走过近十五个年头，其间虽然经历了多次版权的更迭，但是依旧在中国的谈话类节目中占有一席之地。伴随节目同质化的日益严重，《鲁豫有约》也面临着节目不断改版与创新的问题。

二、传播源流与路径

凤凰卫视策划团队于 2001 年底开会，为第二年设计新节目时，陈鲁豫在会上提出内心积累多年的想法——做一个谈话类节目：邀请一个有故事要诉说的访谈嘉宾，让嘉宾讲述自己的故事。该节目宗旨是，寻访拥有特殊经历

的人物，一起见证历史，思索人生，直指生命的体验和心灵的秘密。于是，《鲁豫有约》应运而生。2002 年 1 月 5 日，对毛阿敏的采访构成了第一期节目的内容。可见，《鲁豫有约》起初是一档面向高端受众，充满历史感的深度谈话节目。

2004 年，《鲁豫有约》面临着巨大的收视率压力。它之前采取的高端谈话和深度谈话模式，使其受众被动定位为社会少数精英人群。另外，《鲁豫有约》节目进入中国内地后，各大地方电视台蓬勃兴起的电视谈话类节目纷纷克隆《鲁豫有约》，使此节目面临强大的同质化压力。因此，《鲁豫有约》于 2004 年 11 月宣布改版为《鲁豫有约——说出你的故事》，以大众化的定位呈现在受众面前。并且，《鲁豫有约》从 2005 年开始由周播改成日播。新版《鲁豫有约》节目定位的变化带来了相应话题与嘉宾选择的变化，除了仍然会邀请一些演艺界人士作访谈嘉宾外，更侧重于对普通百姓的人生百态的表达，谈论人们关注的社会热点和富有争议的话题。迎合大众传播的潮流和趋势，进而走向大众文化。“除了话题选择的改变外，陈鲁豫及其团队在节目的视觉形式上也进行了大幅度的改动。如节目现场增加到 300 位观众，谈话场空间扩充到 1200 平方米，使节目在大型演播厅内有充分发挥的现实空间。”①同时，节目制作采用公司化商业运行模式，负责《鲁豫有约》制作的北京能量影视传播股份有限公司将节目卖给全国各大地方电视台，全国有 30 个省市级电视台联动播出，观众收视范围大幅提升。陈鲁豫也因此成为家喻户晓的知性女主持。应该说，此次的亲民改版是成功的，话题的多角度选择使《鲁豫有约》具有了强劲的张力。

2008 年 4 月 14 日，《鲁豫有约》宣布加盟湖南卫视，从而终止与其他电视台及电视频道的合作，在湖南卫视黄金时段固定时间播出。从节目风格上，借湖南卫视“快乐中国”的品牌效应，《鲁豫有约》也注入了“快乐”元素，改名为《快乐心灵 鲁豫有约》。之后，节目又更名为《快乐心灵——说出你的故事》。在制作体制上，该节目顺应中国电视的发展方向，成功尝试制播分离。但是，《鲁豫有约》加盟湖南卫视后，并未延续之前的辉煌。2009 年 9 月 24

① 朱晶.《鲁豫有约》的转型与未来[J]. 理论与创作，2011(1)：82-84.

日，该节目遭遇播出时间调整而退出黄金档的安排，改为每天中午一点多播出。对此，湖南卫视的官方解释是“根据广电总局发出的《关于促进高清电视发展的通知》，每日 18：30 到 23：00 要全部播出高清节目，而《说出你的故事》在技术上并不兼容高清播出的要求”。

2010 年 1 月 1 日，《鲁豫有约》加盟安徽卫视，并更名为《爱传万家——说出你的故事》。然而，《鲁豫有约》在不断调整的同时，其收视率和竞争力却在下降。《鲁豫有约》下一次将与哪家电视台合作，观众不禁为陈鲁豫及这档栏目的命运担忧。

2015 年，《鲁豫有约》与海南旅游卫视携手合作，同年 4 月 16 日《鲁豫有约》全新升级改版，在海南旅游卫视每周四、周五、周六 20：30 播出。此次改版后的《鲁豫有约》除延续之前的节目形式外，将有更大的内容体量，从现场舞美到节目环节都进行了全新设计。节目访谈嘉宾阵容相当强大，闫妮、张艾嘉、陈建斌、苏有朋等明星云集，每期节目均爆点不断，看点十足。节目内容方面，除了对娱乐明星更加深度的剖析，有着独特性格的其他领域公众人物也在节目的关注之列，还有热点的人与事、热点的话题。节目注重人文关怀，呈现出与以前的节目完全不同的新看点。节目播出之后，还是获得了观众不少好评。

三、主要社会影响

《鲁豫有约》自 2002 年开播以来，历经 10 多年的发展，已经形成了相对稳定的节目模式和观众群。“它曾被《新周刊》誉为‘15 年来中国最有价值的电视节目’。主持人陈鲁豫以 3 亿人民币的品牌价值名列由世界品牌实验室独家编制的 2006 年度《中国最具价值主持人》的排行榜上。又于 2005 年中国电视节目榜中，夺取‘年度节目主持人’及‘最佳谈话节目主持人’两项大奖，锋头一时无二。2007 年 3 月 5 日，一篇名为《陈鲁豫：中国的‘奥普拉’》的文章出现在美国有线电视新闻网的页面上，文章将‘中国奥普拉’的美誉毫不吝惜地加给了凤凰卫视著名主持人陈鲁豫，并对她坚持了多年的颇具中国特色的‘脱口秀'节目《鲁豫有约》给予了充分关注与肯定。"①

然而，2008 年以后，《鲁豫有约》先是加入湖南卫视，节目改名为《快乐心灵——鲁豫有约》，这不单是栏目名称的变更，而且是风格的改变：从最初的高端深度谈话向娱乐明星谈话的改变。这种改变，注定了《鲁豫有约》挣扎前行的命运。《鲁豫有约》谈话的对象囊括了首映电影的演员、首次发行唱片或者复出的歌手、新近的八卦明星以及流行的娱乐红人等。《鲁豫有约》有染一档综艺类节目，而主持人陈鲁豫也不再纯粹是过去的那个"知性女主持"。早些年陈鲁豫在接受采访的时候信誓旦旦地说过，"我们不会只采访明星，那样我们会觉得自己很失败"。可是现实赤裸裸地见证了陈鲁豫当年誓言的粉碎和节目收视率的下滑。当陈鲁豫及其团队离开湖南卫视后，接着《鲁豫有约》加盟安徽卫视，并更名为《爱传万家——说出你的故事》，节目又经历了风格转变。这期间，节目前景引起业界种种猜疑，"主持人陈鲁豫又因在汶川大地震的表现被网友大黑，这让栏目的未来显得飘忽不定。对主持人陈鲁豫来说，喜欢她的人说她是天生的主持人，不喜欢她的人说她是主持的'弱智'"②。在这一系列荣誉和质疑背后，一定程度上反映了《鲁豫有约》的影响力。不管怎样，相对于中国电视谈话节目并不长的历程来说，《鲁豫有约》这档脱口秀谈话节目已经悄然走过了近十五个年头，其间虽然经历了多次版权的更迭与收视率的盛衰高低，但它依旧在中国的谈话类节目中占有一席之地。在当今中国电视谈话节目数量不断增加的情况下，伴随节目同质化的日益严重，《鲁豫有约》还会面临节目改版创新以及生存发展的问题。

四、阐述与评价

对于《鲁豫有约》这档历经十多年的电视谈话类节目，研究论文、评论文章已经很多，作为硕士、博士选题的也不少，评论赞扬与批评的都有。我们在此也简略谈几点看法。

① 孙璐璐．浅析《鲁豫有约》[D]．苏州：苏州大学，2009.

② 同上．

1. 节目成功之处

(1)主持人具有个人魅力与主持艺术。节目主持人是节目的标识、品牌特征与代言人。主持人必须具备智慧和文化人格，即个人魅力。陈鲁豫就是一个有着这样特质的主持人。她原是凤凰卫视的主播，后凭借自己的专业素养主持过《音乐无限》《凤凰早班车》《VIP会客室》等电视栏目。她具有良好的镜头感、机智幽默的气质和自如的谈吐。在做节目时，鲁豫就像邻家女孩一样出现在嘉宾和观众面前，并能以一个倾听者的角度去认真倾听嘉宾的话语，又可适时发问，感动时真情洒泪，该笑时爽朗大笑。鲁豫总是面带微笑的稍微前倾着身子，保持着一副与好友聊天的姿势，而在发问和总结时又表现得坦率而理性，其发问虽然犀利但并不尖刻。她以深深的“人情味”成功塑造了一种亲和的形象，得到了广大观众的认可。《鲁豫有约》以陈鲁豫的名字命名，无疑为这档栏目增添了不少名气和人气。同时，以主持人的名字来命名节目，既有个性特点又能给观众一种亲切温馨的感觉。

(2)话题选择得当，嘉宾富有故事。对于有品位的电视谈话节目来讲，话题的选择是非常重要的。话题的选择通常大致框定谈话的主题与主要内容。《鲁豫有约》早期栏目宣传语是寻访昔日英雄和有特殊经历的人群。节目将见证历史，思索人生，直指人们的生命体验与心灵的秘密。“考查《鲁豫有约》长期以来的被访嘉宾，可以总结出其谈论话题的六种类别：1. 失意英雄；2. 边缘另类人群；3. 见证历史的焦点人物；4. 经历人生重大变故的普通人；5. 当下的热点新闻人物；6. 文化名人和演艺界的明星。节目正是要通过展示这些有特殊经历的人的丰富精彩的人生和他们的情感世界去感动观众，启发观众思考，让观众分享嘉宾的喜怒哀乐、人生经验。”[①]与不同类别话题密切相关，同等重要的是被访嘉宾的选择。对《鲁豫有约》而言，被访嘉宾如是名人固然很好，但选择被访嘉宾更重要的依据是，被访嘉宾必须是有故事的人，具有一定的典型性。某种程度上来说，故事的本质与好坏比受访者的知名度更为重要。主持人通过与典型人物的谈话，挖掘出动人的故事，给观众以人性的启发，分享人生经验。正如节目口号所宣扬的“说出你的故事”，在主持人的

① 余丽霞．凤凰卫视名栏《鲁豫有约》解析[J]. 文教资料，2007(7)：160-162.

循循善诱下，故事以谈话的形式叙述出来，传达出受访者经历的人与事，还原真情实感。《鲁豫有约》不断地寻求公众话语和个人话语之间的共鸣点，就好像提供了个人窥视他人心理秘密的平台。

(3)营造民主和平等的话语氛围，显现个性化的人文视角。在《鲁豫有约》中，主持人与嘉宾始终保持着一种平等对话的态度，谈话过程充分尊重当事人的意愿。在两者的对话场中产生更多的是民主的氛围，呈现的形式如同朋友间的闲聊，看似随意的话题却能紧紧围绕人物故事的核心，使节目进程层层剥笋，传达出真情实感来感染观众。节目同时显现出个性化的人文关怀精神。所谓人文关怀精神，其核心就是主张人的主体性，强调人的价值和尊严，重视对人类的无限关怀。《鲁豫有约》中的人文关怀不仅表现在满足受众的信息需求上，更加表现在传达正确的人生观与价值观理念，传递社会正能量，让绝望者在困境中重燃希望上。《鲁豫有约》能够受到观众的追捧并拥有较长生命力的秘诀也正在于节目对人的尊重与重视，及其表现出的浓烈的人文关怀精神。

2. 节目不足之处

对于《鲁豫有约》，人们的批评较多集中于节目的二次改版之后。《鲁豫有约》作为有着品牌知名度和美誉度的电视访谈节目，其魅力不仅仅是嘉宾的独特故事、主持人个人魅力与谈话，实际上还包括节目各个环节间所营造的文化意蕴和氛围。但是，这些宝贵的东西在改版后的节目中已经有所弱化，在众多的时尚热点中湮没不彰。作为一个品牌，《鲁豫有约》与其他谈话节目的不同之处在于题材内容上的历史感、形式上的记录性和精致的后期制作。节目改版后的这种与众不同的形式、独特的风格以及被观众和业界认可的内在精神和气质，却被大众对谈话节目的娱乐性、访谈人物的时尚性以及故事话题的戏剧性要求所取代。这种盲目地、刻意地将一档高端节目拉到接近大众、迎合大众的层面上来的做法，不可避免地使节目失去了自己最可宝贵的味道和作为一个品牌的风格与特质，将一档独特的节目普通化了。此外，主持人发型、衣着的常规形象引起审美疲劳，情景设置程式缺乏较大变化，无意义的话轮对接导致节目缺乏内涵等，也是观众非议与批评的落点。

改版后《鲁豫有约》存在的不足与缺憾，已经成为节目潜在的硬伤。虽然

《鲁豫有约》的影响力和收视率使得这些不足和缺憾一时还没有构成致命性的硬伤，但是长此以往，其在众多思想贫乏、人物雷同的选题中必然会日益丧失节目制作的深度和力度，从而失去自身的独特追求和文化品味。透过《鲁豫有约》的“前世今生”，我们可以看到一档优秀谈话节目背后的艰辛与无奈。同时，作为一档拥有极高知名度和美誉度的节目，在保留原有特色与优势的基础上，一定是需要创新与改版的。遗憾的是，《鲁豫有约》的改版稀释了节目原有的精华，不经意间放大了节目原来的隐患。《鲁豫有约》的改版历程是对当下泛滥的各类同质化谈话节目，甚至是对所有类型老牌节目的一次警醒。品牌节目在改革中，需要创新的并非仅仅是节目的包装及外壳，即对市场和收视率的利益追逐，更需要的是秉持节目原有宗旨，创作更多符合时代精神的内容，积极提升节目自身的精神内涵，否则最终恐怕将会得不偿失。

五、阅读延伸

[1]余丽霞．凤凰卫视名栏《鲁豫有约》解析[J]．文教资料，2007(7).

[2]彭柳，周楠．柔性的控制 积极的响应——从会话话轮看《鲁豫有约》的访谈特点[J]．东南传播，2008(5).

[3]韩玉．以《鲁豫有约》为例看电视谈话节目发展策略[J]．东南传播，2009(1).

[4]王熙，周星宇．《鲁豫有约》，人文精神与市场压力下的价值选择[J]．传媒观察，2008(5).

[5]吴闻莺．回眸沧桑，说出你的故事——凤凰卫视《鲁豫有约》栏目访谈特色[J]．新闻与写作，2004(2).

[6]黄爱，陈娟．人物访谈节目同人访谈的同质化现象——以《鲁豫有约》和《非常静距离》为例[J]．新闻爱好者，2012(1).

[7]朱晶．《鲁豫有约》的转型与未来[J]．理论与创作，2011(1).

[8]包丹．浅析中国电视谈话类节目的成功秘诀——以《鲁豫有约》为例[J]．科技致富向导，2010(24).

[9]孙璐璐．浅析《鲁豫有约》[D]．苏州：苏州大学，2009.

[10]黄佳．从鲁豫有约看电视谈话节目的品牌建构与可持续发展[D]．北京：中国传媒大学，2007.
[11]韩琼．我国电视谈话节目的问题与对策研究——以《鲁豫有约》为例[D]．广州：暨南大学，2012.

（吴竞韡，孙宜君）

顶尖歌手的音乐对决
——湖南卫视《我是歌手》读解

《我是歌手》是中国首档顶尖歌手音乐对决真人秀。已经成名的7组歌手在节目中进行演唱巅峰对决。通过多轮比拼，参赛歌手接受500名观众评审的评比，最后选出实力最强的歌手。《我是歌手》每季比赛，带给观众的都是一场视听盛宴。

一、节目概述

中文名称：我是歌手
外文名称：I Am a Singer
节目类型：歌唱真人秀节目
主持人：胡海泉、张宇、古巨基、孙楠
制作人：张华立、洪涛、刘向群、李浩
音乐总监：梁翘柏
节目导演：洪涛
播出频道：湖南卫视
开播日期：2013 年 1 月 18 日
播出时间：每周五晚黄金档
播出状态：播出中

《我是歌手》是中国首档顶尖歌手音乐对决真人秀节目。此档节目是引进韩国文化广播公司(MBC)顶级歌手竞赛真人秀节目《我们的星期天晚上：我是歌手》版权后制作而成。节目的目的是通过多轮比拼选出最强的歌手，带给观众不一样的视听盛宴。

《我是歌手》也采取音乐竞赛的方式，与其他音乐竞技节目不同的是，首开“知音听审团”，从各个年龄段的电视观众中共筛选出 500 人作为评审，而专家顾问只是担任点评者的角色，并不参与评分。

节目通过观众直接投票的方式决定歌手的排名及去留。累计两期分数最低的歌手将被淘汰出局，并由新的歌手替代，继续进行比赛。每场比赛中，七位歌手分别演唱一首歌曲。每位歌手的声音都是好声音。七位歌手第一次演唱时都不知道对手是谁，而且都面临着被淘汰的危险，这对参赛歌手的心理素质是很好的锻炼。同时，每位歌手演唱完都会有一位名嘴经纪人和歌手进行“签约”。如若签约的歌手被淘汰出局，则经纪人也跟着离开。每次工作人员进行票数计算时，都会有专业人士进行现场监督，确保不会存在黑幕。

二、传播源流与路径

湖南卫视的《我是歌手》引进自韩国文化广播公司《我们的星期天晚上：我是歌手》的制作模式。《我们的星期天晚上：我是歌手》在韩国曾是“人气王”，曾受到韩国总统的褒奖，并且让多个沉寂已久的实力唱将的演艺事业枯木逢春，几乎将韩国歌坛重新洗牌。每期节目中，由七位知名歌手演唱的七首歌曲几乎雄踞了韩国所有音乐榜。这次湖南卫视将其节目模式引进，也是要发力将其打造成中国电视荧屏的“人气王”。《我是歌手》最大的看点就是，将成名已久的歌手再次拉上舞台比拼唱功，接受现场500位观众评审的检阅。同行之间的互相PK，残酷淘汰，实在是一场异常刺激的比赛。

《我是歌手》第二季总决赛在2014年4月4日当晚完美落幕。央视索福瑞的收视数据显示，《我是歌手》总决赛全国网收视率为3.24%，份额为10.47%，拿下当晚全国同时段第一的桂冠，不愧公认的“综艺之王”称号。特别值得一提的是，第二季《我是歌手》总决赛的收视相比第一季总决赛呈现大幅上涨，收视份额从2013年的8.33%飙升到10.47%，而城市网数据也达到惊人的4.28%的收视率和12.17%的收视份额。

三、主要社会影响

首季中国版《我是歌手》自播出以来，收视率居高不下：第一季的收视情况从最初的1.434%一直上涨至2.067%，其中前六期节目一直稳居全国同时段排名的第一位。

我国台湾地区的公共广播电视集团(TBS)新闻台在《海峡另一端》节目中，曾用将近10分钟时间重点报道《我是歌手》的首播情况。特别介绍了来自香港地区的黄贯中和来自台湾地区的齐秦两位艺人在节目中的表现，并在新闻结尾处称“《我是歌手》以淘汰赛的形式，将歌手推到舞台上进行PK，大陆节目推陈出新，才能冲高收视率”。《我是歌手》除了得到我国台湾地区的媒体高度关注外，也引起了美国有关媒体的注意。据记者报道，来自美国洛杉矶AM1300中文广播电台的主持人杰克(Jackie)，在参加《我是歌手》芒果名嘴微访谈时，主动要求有机会能采访该节目导演组，他称“看了节目之后非常震撼，希望能做一个连线专访，也让北美以及洛杉矶的华人朋友更加了解该节目的文化还有背后的故事”[①]。

能够引起境内境外各家媒体的广泛关注，得益于《我是歌手》的创新节目形态和对音乐的真挚态度。《我是歌手》将成名的专业歌手重新推上类似选秀般的竞赛舞台，反其道而行的节目形态与真人秀的混搭，迸发出了强烈的新鲜感和刺激观众感官的元素。同时，音乐节目的本质要归结到好声音、好音乐上来。在《我是歌手》的舞台上释放好声音，真正地打动观众，也是《我是歌手》获得成功的重要原因之一。

四、阐述与评价

1. 节目特点与亮点

(1)赛制程式设置已知与未知。《我是歌手》引进自韩国顶级歌手竞赛真人秀节目。湖南卫视在节目形式、歌手设置以及主持经纪人模式，甚至是歌手所在房间的设置等方面都完全引进，几乎未作修改。

节目一开始，七组歌手依次从自己的车上下来，走进各自单独的休息室。在节目正式开始录制之前，除了自己之外，他们根本不知道还有谁将在节目中亮相。谁都不知道自己将面对的是谁，最严密的保密措施增添了比赛的紧张感。

在赛制上，平时在选秀节目中高高在上的评委们，终于也要体验一回当选手的滋味了，而决定他们去留的，就是台下坐着的500位观众。而这些已经是明星的歌手们，在看到其他竞争对手时的反应以及在得知首轮排名时的表情，也绝对是吸引观众的看点之一。

(2)重压之下凸显爆发力。重压之下产生的爆发力，让听众一饱耳福，收获了堪比演唱会的感动和激情。七组歌手各个都有一副好嗓子是肯定的，而

---

① 凤凰网娱乐.《我是歌手》影响力辐射海外，节目形态倍受肯定[EB/OL].[2013-01-24]. http://ucwap.ifeng.com/ent/zt/singer/report/new?aid=52518018&mid=6MLch8&p=1.

节目最妙的一点就是抓住了专业歌手好胜心强的特点，可以说整个比赛过程比选秀类比赛还残酷，歌手们自然会使出浑身解数力保自己能晋级。因此，站在《我是歌手》的舞台上，这七组歌手呈现出来的，肯定都是最好的状态、最认真的态度以及最大程度的爆发力。

(3)经典老歌重现引观众共鸣。当陈明忘我地演唱《等你爱我》时，不仅很多网友表示回忆起了自己的青涩时光，还有网友直言“还是听原唱更有味道”。而黄贯中的《海阔天空》甚至唱哭了观众。《我是歌手》的观众席上，经常有人在偷偷擦眼泪。

除歌手们的经典老歌带来的感动外，打动观众的，还有这些专业歌手们站在舞台上时的那种认真和用心。《我是歌手》超越了传统的音乐节目，展现出了不同年代歌手的情怀和人生阅历。

2. 节目遭受的质疑

(1)节目被质疑名气决定排名。2013 年 1 月 18 日晚，湖南卫视新节目《我是歌手》迎来首播，七组歌手的直接对决、明星真人秀的模式和创新的节目形态，使节目在电视观众和网友中引起一片热议。首期节目播出后，微博上网友们纷纷议论歌手名次的排行。不少网友认为，从首期节目表现来看，黄绮珊仅列第六，是因为名气稍逊，歌手们“对于当日充当评委的观众来说，可能名气比实力优势大”。

(2)节目借助观众的感动来炒作。据了解，自《我是歌手》节目开播以来，已经很多次看到台下的观众被歌手唱哭。羽泉曾以一首《烛光里的妈妈》唱哭了观众，而黄绮珊的《离不开你》再次唱哭观众，胡海泉还大呼：“开场太震撼了!”对此，网友调侃称：“现今是怎么了，什么节目都打煽情牌。”

面对质疑，导演洪涛回应称那是观众的真实反应，主要是现场音效真的很好，令人很投入。这档节目不仅是表情，包括掌声等都不会移花接木，500 名听审团也是经过了统一的乐理知识考试和面试后才获得评委资格的。节目组能够及时澄清相关质疑的表现是值得肯定的。但我们更愿意看到的是，《我是歌手》能在节目制作过程中规避相关问题，走得更远。

五、阅读延伸

[1]刘岩．音乐真人秀舞台：由草根转向歌手——浅析湖南卫视新档节目《我是歌手》[J]．青春岁月，2013(5)．

[2]张莉．《我是歌手》的传播特征与创新营销[J]．新闻世界，2013(9)．

[3]石磊，郭思忱．电视娱乐节目与官方微博的融合传播——以《我是歌手》为例[J]．中国电视，2014(9)．

[4]王超然．论真人秀节目《我是歌手》的成功之道[J]．新闻爱好者，2013(6)．

[5]赵瑞华．《我是歌手》的创新点探析[J]．传媒观察，2013(7)．

[6]雷盛廷．《我是歌手》的创新理念与实现路径[J]．当代电视，2013(7)．

[7]张静．《我是歌手》的成功之道[J]．新闻世界，2013(6)．

[8]石谭轩．浅析音乐真人秀节目《我是歌手》的内在特色[J]．当代电视，2013(4)．

[9]张守信．褪去浮华，尽享品质音乐——湖南卫视《我是歌手》艺术特色分析[J]．南方电视学刊，2013(3)．

[10]杨玉洁，田霖．完美流程演绎极致体验——《我是歌手》创作团队访谈[J]．影视制作，2013(5)．

[11]李琦，陈倩怡．《我是歌手》的传播学解读[J]．传媒观察，2013(8)．

[12]刘由钦．谈内容与受众心理的良好结合——以"我是歌手"为例[J]．中国传媒科技，2013(6)．

（吴竞韡，孙宜君）

知识与智力的竞技擂台

——江苏卫视《一站到底》读解

《一站到底》打破了以往答题类节目的固定模式，而采用了攻擂的形式让选手进行知识竞答，激烈对抗。《一站到底》中，挑战者以PK的方式获得别人手中的奖品，一旦失败，就掉下擂台。能否"一站到底"，成为节目中最大悬念。《一站到底》是知识与智力的竞技擂台，也是学习的课堂。

一、节目概述

中文名称：一站到底
外文名称：Who's Still Standing
节目类型：益智答题类、生活服务类
主持人：李好、郭晓敏
主要嘉宾：普通百姓或明星
播出频道：江苏卫视
在线播放平台：爱奇艺、搜狐、乐视、腾讯视频、PPTV
开播日期：2012 年 3 月 2 日
播出时间：每周一 21：20
节目时长：60 分钟左右
播出状态：播出中

《一站到底》是江苏卫视于 2012 年 3 月 2 日起推出的一档全新益智答题类节目。节目采用场上参与者分别单独厮杀的模式，让不同职业、社会标签的参与者在限定的时间内进行知识竞答。每期节目中有年龄层次不同、身份不同、性格各异的 10 位守擂者和 1 位攻擂者参加，他们以 PK 的方式获得别人手中的奖品。每期参赛选手和挑战者需要在 20 秒内回答主持人提出的问题。参赛选手答对则继续游戏并赢得奖励，20 秒答题时间用完并答错的话将会掉下舞台并需交出奖励给挑战者；如果挑战者答错也会掉下舞台并需交出奖励给参赛选手，此时参赛选手自动成为挑战者。如果最后只有挑战者留在舞台上的话，可以选择再回答 5 个问题赢取免费旅行大奖，或者把所持有的奖品带走。能否“一站到底”，成为节目中的最大悬念。

二、传播源流与路径

《一站到底》是通过购买美国国家广播公司的同名游戏节目（Who's Still

Standing)版权并进行改造而形成的。而美国版的《一站到底》又源自于以色列同类节目的改编。经过中国本土化改造的《一站到底》变成新的益智攻擂节目，形式新颖，趣味十足，又充满悬念。节目由李好、郭晓敏夫妻二人主持。《一站到底》开播之后受到了观众的好评。与原版不同的是，该版本的奖励是电器产品(大奖为免费旅行)，而非现金奖励。

相较以往的《开心辞典》《百万富翁》《三星智力快车》等答题类节目，《一站到底》打破了《开心辞典》那种选手与主持人对抗的模式，而采用了攻擂台的形式让选手之间进行激烈对抗。《一站到底》中答题错误的选手会马上掉下舞台，接受惩罚。制片人介绍说："《一站到底》注重题目的娱乐性，不是为难选手，不管学历高低，都有可能击败对手，创造奇迹。"

《一站到底》作为江苏卫视"幸福节目带"中周播档的后起之秀，从2012年3月2日起，每周四、五22：00在江苏卫视播出；从2015年1月5日起，改为在江苏卫视每周一21：20播出。与此同时，节目还通过爱奇艺、搜狐、乐视、腾讯视频以及PPTV等在线播放平台转播，获得了较广泛的影响。

值得一提的是，《一站到底》自开播以来，在坚持每周节目制播的基础上，还策划制播了多期特别节目。在此列举如下几期节目。

诸神之战——2013年2月21日，《一站到底》把节目开播一年间登台的选手中答题水平最强的10位代表人物集结起来，进行一场巅峰对决。可以说，"诸神之战"展示了《一站到底》答题赛当时的最高智慧水平。

校园风云争霸赛——2013年7月，《一站到底》"校园风云争霸赛"开播，全国顶级高校精英云集，才子佳人各显神通。在现场对决中不仅激烈答题，而且还唇枪舌剑激烈争辩，给众带来一场精彩的答题盛宴。

英雄联盟——"英雄联盟"第一季：2014年初，江苏卫视将《最强大脑》创新模式运用到《一站到底》中。从经过一场又一场答题洗礼的星级站将中，再选出6位星级站将，最后对决选出"大满贯站神"。"英雄联盟"第二季：《一站到底》节目组在2015年羊年春节到来之前，经过精心策划和准备，推出《一站到底·英雄联盟》第二季"穹顶之上"。"穹顶之上"在选手选择上阵容更强大，除了星级站将们回归，节目组还召集了在《幸运52》《天才知道》等全国十八档益智答题节目中的最强者来到《一站到底》的答题舞台，进行对决较量，决出胜利者“题王”。

小学时代——充分考虑观众的需求之后，节目组在 2014 年 10 月 23 日推出“小学时代”。选手是小学生，选题都是小学 1～6 年级测验里出现的题目。从考题难度到求助方式上，“小学时代”都带给了观众焕然一新的感觉。

世界名校之战——2015 年节目组走遍 18 个国家的 45 所名校，邀请全世界的华人、名校的学子齐聚到《一站到底》这个舞台上。“世界名校之战”于 2015 年 7 月 13 日开始，选出全世界优秀的华人学子进行答题盛宴。

三、主要社会影响

2014 年底，江苏卫视《一站到底》在 2014 年亚洲电视大奖评选中，获得最佳益智类节目提名。虽然只是提名奖，但是对于《一站到底》节目组来讲，这是一种莫大的肯定。因为这是“《一站到底》开播以来第一次走出国门，跟全亚洲所有优秀的电视节目进行同场竞技和比拼”。

从 2012 年 3 月 2 日到 2015 年 10 月 19 日，《一站到底》共制作播出 250 期。回顾以往，《一站到底》硕果累累，从“英雄联盟”到“小学时代”再到“世界名校之战”，《一站到底》给热爱益智答题的观众交出了一张成绩斐然的报告单。我们相信后面的时间里，《一站到底》会如自己的名字一样在益智答题的道路上越走越远，不但一站到底，还不断实现华丽转身。

总结一下，《一站到底》之所以会在同类节目中脱颖而出，取得很好的成效，我们认为主要原因有以下四点。

第一，游戏规则创新。节目打破了十年前人气益智节目《开心辞典》那种普通百姓与主持人对抗的模式，而采用打擂台的形式让选手之间进行激烈对决。这种对规则的创新，更有“火药味”，选手间的互相对决比选手与电脑之间的对决更具可看性。

第二，答题模式创新。每一场挑战，从一对一的对抗到一对多的车轮战，结局始终充满悬念。小人物成就大英雄的奇迹随时发生。人和人的较量又让这个益智类的节目充满了故事性，引人入胜。

第三，主持人选创新。《一站到底》除了采用李好作为男主持外，还大胆采用李好的妻子郭晓敏作为女主持，使得这档节目拥有中国首个夫妻档主持阵容。这不仅给观众耳目一新的感受，也为《一站到底》创造了一定的话题性。

第四，受众广泛。无论是参加节目的选手还是坐在家中看电视的受众，无论儿童还是老人，都可以成为《一站到底》的忠实粉丝。

四、阐述与评价

对《一站到底》这个节目，有喜欢、支持的，也有不喜欢的。对于网络上的一些评论，不应该盲目跟风，而应该认真思考为什么会出现两种不同的声音。有网友评论："江苏卫视益智类节目《一站到底》不益智。"为什么会出现这样一种观点呢？有人对此做出评论说，这种强调记忆，强调记忆五花八门的天文地理知识、娱乐八卦的节目对于知识工作者能力的提升完全没有价值。有人还认为，该节目对不具备判断力的学生和家长甚至产生了误导：认为自己的孩子什么都知道，什么都会就是人才，就更有竞争力，这其实是个不小的误区。

对于这样的评论，我们可以辩证地看：一种观点是，益智答题节目依托电视媒体的传播，本身带有一定的娱乐性。例如，节目中表现特异的嘉宾，选手的阐述以及选手之间的对话，包括节目中题目的设置，都要符合电视节目表现的要求。另一种观点是，现在大多数节目的目的并不是去提升观众的个人素养，而在很大程度上是为了实现节目本身的商业价值。例如，《一站到底》对胜利者最后的回报就是丰厚的大奖，这就要求我们去探讨、去反思每一档节目诞生背后的背景。只有在深刻了解了它的背景后，我们才能知道一档电视节目的好坏，才能认识到它对于社会的影响力大小。否则，在对某个节目一无所知的情况下，我们所做出的种种评论都是空谈。

五、阅读延伸

[1]柯妍.《一站到底》：大众文化的持续创新[J]. 中国广播电视学刊，2012(8).
[2]黄艳. 浅析益智类节目的形态变化——从《幸运52》到《一站到底》[J]. 媒体

时代，2012(9).

[3]房远.《一站到底》新媒体传播的特点分析[J]. 中国广播电视学刊，2014(1).

[4]房远，张武琪. 江苏卫视《一站到底》新媒体传播的特点分析[J]. 中国广播电视学刊，2013(9).

[5]罗茜. 电视娱乐节目的品牌营销——以《一站到底》为例[J]. 新闻世界，2013(4).

[6]杨一楠. 从受众心理看《一站到底》的成功之处[J]. 新闻世界，2013(8).

[7]卢妍君. 益智益民，精彩绽放——电视节目《一站到底》的特色及启示[J]. 电影评介，2013(1).

[8]安晓燕.《一站到底》：国内电视益智节目的新变化[J]. 创作与评论，2013(4).

[9]沈杏培. 益智类节目的叙事机制与创新探析——以江苏卫视《一站到底》为例[J]. 中国电视，2013(1).

[10]王丹. 浅谈我国益智类节目的形态变化——从《开心辞典》到《一站到底》[J]. 新闻世界，2013(7).

（吴竞韡，孙宜君）

多重元素融合的益智闯关节目

——江苏卫视《芝麻开门》读解

《芝麻开门》是一档益智闯关类节目。节目的核心理念是知识打开大门。节目致力发掘、展现普通老百姓的性格以及他们之间的多种关系，巧妙引入普通人的“心愿”“为他人而战”的概念，以体现人文关怀。它为“草根”百姓搭建了一个智慧擂台。

一、节目概述

中文名称：芝麻开门
外文名称：Raid the Cage
节目类型：大型益智类闯关节目
主持人：彭宇、李艾、张纯烨
播出频道：江苏卫视
在线播放平台：优酷、爱奇艺、PPTV 等
开播日期：2013 年 01 月 21 日
播出时间：每周二 21：20
节目时长：60 分钟
播出状态：播出中

作为江苏卫视 2013 年“新春幸福季”首发第一弹，《芝麻开门》节目由两人组队参与，采用一人答题一人闯关的模式，在益智类节目的基础上增加了游戏、闯关等多重元素。

《芝麻开门》将节目定位为公益游戏闯关类节目，在节目中将答题与游戏结合，突破了目前电视荧屏上益智节目清一色答题的模式，带来了新的玩法。节目由两人相互配合，答题者要在最短的时间里按要求闯关答题，为拿奖者争取更多的时间。拿奖者要在争取到的时间里，进入奖品区尽可能多地拿到奖品，并通过完成游戏来解锁大奖。时间一到，奖品区的门将关闭。节目制片人王正良介绍说：“这是一个既要考验脑力又要考验体力的游戏。‘芝麻开门’一词来源于《阿里巴巴与四十大盗》，是一句打开宝藏之门的‘咒语’。用智力打开大门，进门之后抢奖品的过程一波三折、扣人心弦，在考验体力的同时，也要有策略地合理运用好时间，拿到最好的奖品，而且在门内还要进行各种解密游戏去解锁汽车、旅游等大奖。所以，《芝麻开门》作为一档公益游戏闯关节目，结合了益智、闯关、游戏等多重元素。”

二、传播源流与路径

《芝麻开门》作为江苏卫视2013年“新春幸福季”推出的第一档节目，还有着国外血统，引自以色列同名电视节目(Raid the Cage)的制作模式。以色列原版节目曾是法国戛纳国际电视节上最受瞩目的模式之一，一亮相就引发各大电视台的争抢，江苏卫视则成为中国首个引进该模式的电视台。以往的《中国好声音》等节目，都是原版节目在国外播出之后才引进国内的；而《芝麻开门》这档节目，是与以色列原版节目在全球范围内同期上线的。江苏卫视方面表示：“江苏卫视这两年的节目研发，都一直力求和海外保持同步，游戏竞技节目《老公看你的》采用的就是与版权引进方共同研发游戏的合作模式。另外，我们在海外直接设置了研发分部，就是为了能和国际一流电视台共同研发交流，将好的模式最快引进。”对于《芝麻开门》与以色列原版节目的不同之处，《芝麻开门》制片人王正良介绍道：“版权引进后原版节目研发团队前往南京针对中国版进行了商讨。我们在研发中进行了一些更适合中国观众收看的设置调整，不仅答题过程紧张又有趣，而且每组选手能否实现自己的梦想这一悬念也会牵动观众的心弦。”

三、主要社会影响

参与这档节目的选手都带着心愿而来，节目层层递进的闯关模式，有时候能让他们紧张到头脑一片空白，在场上惊慌失措。在节目中，观众聚焦最多的就是选手答题赢奖的刺激过程，但是细心的观众会发现节目中的每一位选手都是带着自己的心愿而来的。他们在紧张答题的过程中，接受闯关游戏的挑战时，都在无限接近自己的梦想。而很多人的梦想都与心中牵挂的人有关，这为节目增添了很多人情味。节目中有的是为父母赢取双人旅游的机会，有的只是情侣之间为满足对方的心愿，等等。这些小心愿的背后透露的是一份温暖的亲情，一份炽热的爱情，这让他们为梦想拼搏的过程变得更加有意义。

四、阐述与评价

一方面，《芝麻开门》是国内首个版权引进后，与原版节目在全球范围内同期上线的节目，在行业中是首例。以往的国内节目版权引进，都是在国外播出之后才跟进，而这档节目做到了全球同步。

另一方面，节目命名为《芝麻开门》也有自己的智慧所在。这档节目从表面上看是答题闯关类游戏，但这个闯关的过程中蕴含了策略的成分，即如何利用有限的游戏时间获得更多的奖品。“芝麻开门”是一句打开宝藏之门的“咒语”。而在节目中，每一组选手都带着自己的心愿而来。他们通力合作，一个答题一个游戏，力争在限定时间、限定规则的情况下拿出最终奖品。而那扇“门”是决定选手心愿成败的关键，因此节目命名为《芝麻开门》，并为每位来到节目中的选手喊出实现心愿的“咒语”。

五、阅读延伸

[1]小路．江苏卫视节目简介[EB/OL]．[2013-01-21]．http：//zmkm.jstv.com/info/201301/t2013012 1 _ 1323434.shtml.

[2]杨传首，耿乃凡．学习型社会的智慧秀场——江苏卫视益智类节目透视[J]．中国广播电视学刊，2014(1)．

[3]徐展，谷征．小成本制作的逆袭——2013 年益智类节目特点及创新发展思考[J]．中国电视，2013(10)．

[4]吉霞．芝麻开门：解密动漫衍生产品盈利之道[J]．传媒，2008(3)．

[5]钱旭初，茹希佳．益智类电视节目的历史与现状[J]．南通师范学院学报(哲学社会科学版)，2003(4)．

[6]王诗文．谈国内电视益智类节目的空间拓展[J]．江淮论坛，2010(4)．

[7]王丹．浅谈我国益智类节目的形态变化——从《开心辞典》到《一站到底》[J]．新闻世界，2013(7)．

[8]张翠翠．国外益智类节目对我国同类节目发展的启示[J]．新闻世界，2011(12)．

[9]刘力豪．我国电视益智类节目形态嬗变研究[D]．开封：河南大学，2013.

（吴竞韡）

《春节联欢晚会》的品牌效应延伸

——中央电视台《我要上春晚》读解

《我要上春晚》是依托中央电视台《春节联欢晚会》的品牌效应而延伸出的特别节目。该节目的宗旨是开门办春晚。它涵盖了众多艺术形式与样式，是通向央视《春节联欢晚会》的桥梁，为央视《春节联欢晚会》输送了许多新生力量并吸引了各行各业的演艺人才。节目口号是：我要上春晚，你看行不行。

一、节目概述

中文名称：我要上春晚
节目类型：综艺节目、才艺类真人秀
主持人：董卿、李思思、尼格买提
主要嘉宾：梁宏达、娄乃鸣、郁钧剑等
播出频道：中央电视台综艺频道 CCTV-3
在线播放平台：央视网、爱奇艺、PPS 影音
开播日期：2010 年 9 月
播出时间：每周日 19：30
节目时长：60 分钟左右
播出状态：播出中

《我要上春晚》，是中央电视台《春节联欢晚会》品牌效应延伸的特别节目。《春节联欢晚会》(简称春晚)是中国特有的综艺节目，被称为“年夜饭”“新民俗”，对中国人的生活有着重要影响。央视春晚无论是演出规模、演员阵容还是观众人数都达到世界之最，成为综艺类节目的品牌。央视综艺频道依托春晚品牌效应，于 2010 年 8 月 19 日推出延伸节目——《我要上春晚》。该节目由央视著名主持人董卿担任节目首任主持人，继之由李思思、尼格买提担任主持人。节目进行多场演出选拔，最终胜出的征集者，将在春晚的舞台上大放异彩。它是通向春晚的桥梁，为春晚输送了许多新生力量并吸引了各行各业的演艺人才。此节目得到了广大观众的好评。

二、传播源流与路径

春晚，通常特指中央电视台每年除夕之夜举办的春节联欢晚会。首届现场直播形式的春节联欢晚会于 1983 年在央视正式播出。此后，为庆祝农历新年，中央电视台在每年农历除夕晚上都会在央视有关频道直播春节联欢晚会。

“央视春晚因连续举办届数之多、播出时间之长、演出规模之众、演员阵容之大、受众面之广而堪称世界之最。2012 年 4 月，央视春晚也因此获得了吉尼斯世界纪录证书，这是世界上绝无仅有的。”[①]

央视春晚经过多年的努力，已经成为综艺类节目的品牌，是不可复制的盛大电视晚宴。所以，春晚的影响力是巨大的，许多人因登上春晚，成了众人仰慕的明星。然而，春晚因年年举办而使观众出现“审美疲劳”，加上新媒体的冲击，其影响力有所下降。为了应对新媒体对传统电视造成的愈演愈烈的竞争压力，央视综艺频道 2010 年打着春晚的金字招牌推出了延伸节目——才艺类真人秀节目《我要上春晚》。“从文化发展的角度看，1983 年央视通过春晚找到了自己承载文化发展的新形式，2010 年《我要上春晚》则借助春晚开辟了另一承载文化发展的新形式。《我要上春晚》立足于民间、草根，旨在‘寻访百姓绝技，打造草根明星’，为‘开门办春晚’选拔优秀的民间节目。2011 年初，央视《我要上春晚》观众评选出的三大人气王——西单女孩、旭日阳刚和小宝顺利登上春晚舞台，并迅速走红，实现了草根‘上春晚’的梦想。《我要上春晚》节目首播就创下开门红，据调查显示，2010 年 9 月 3 日 19：00 首播的《我要上春晚》的收视率，比同年 1—8 月该频道同时段节目的平均收视率增长 31.91％。”[②]

《我要上春晚》在春晚主流文化的基础上，为“草根”提供了展示大众才艺的舞台，满足了个体表现的诉求，同时弥补了春晚“下里巴人”文化缺失的不足。例如，《我要上春晚》第一季中的旭日阳刚、西单女孩、深圳民工街舞团等，就成功登上了 2011 年春晚的舞台。

在节目形式与表演范围上，《我要上春晚》囊括了各种形式的节目，除了在节目中最常见的唱歌、跳舞外，还有魔术、相声、小品、民间绝活等，节目形式不拘一格。虽然节目中设立了三位明星评委，但三位评委并不做出点评，而只是说出自己观看节目的感受，并且他们还可以随时和演员进行互动，做一些即兴表演。节目组的负责人也表示，这种“只秀不选”的理念，也和春

① 刘洪．春晚延伸节目文化解读及其思考——以《我要上春晚》和《我的北京我的春晚》为例[J]．金陵科技学院学报（社会科学版），2012(3)：63-67.

② 赵平喜．这里直通春晚——央视《我要上春晚》节目创新初探[J]．声屏世界，2012(1)：38-39.

晚十分相近，演员在晚会的舞台上只是尽量完美地表演节目，并不存在淘汰或者晋级的压力。节目中人气旺的选手，极有可能会登上春晚的舞台。而人气高低则由网友说了算。《我要上春晚》在中国网络电视台上设立了专区，并为所有节目设立了网络互动窗口，采用人气投票排名的方式，让各种节目一较高低。而最终谁能登上春晚的舞台，将在当年年底揭晓。《我要上春晚》的节目口号是："我要上春晚，你看行不行。"前半句"我要上春晚"意在以"草根""我"的个体表演，秀"我"的才艺；后半句"你看行不行"则昭示受众——"你"的评判权。节目口号既具有号召力，又体现愉悦的互动性，增强亲近感。

《我要上春晚》与春晚相比较，更体现出文化的多元性，彰显出个性，为普通百姓打开了进入春晚的通道，让"草根"有了自己狂欢的春晚。

三、主要社会影响

统观《我要上春晚》的节目内容，大致可以分为下面几类：展现中华文化独特性的节目，有特殊创意、标新立异的节目，背后蕴含温馨故事的节目，贴近民生风俗的节目，展现精彩技巧的节目以及贴近潮流热点的节目。这几类节目中的许多精品都对观众产生了较大而良好的影响。

1. 展现中华文化独特性的节目之影响

龙是我们中华民族的象征，所以对于龙年春晚的设计，策划团队在呈现方面肯定会有特别的设计。春晚策划团队在设计方面要表现龙年氛围的同时，还应该加入一些关于龙年特色的节目，无论是在表演者上还是在节目内容上，如《我要上春晚》中的《木偶书法》《青花瓷》这类节目。《木偶书法》中，表演者李明卿通过控制手中牵连木偶的几十根线来操控木偶的每一个动作，最令人惊叹的是，李明卿通过这样的方法借木偶之手进行书写展示。在书写的过程中，不仅每一个动作都做得游刃有余，而且书写的水平没有受到丝毫的影响。这一表演，不仅展现了中国独有的毛笔书法，而且表演中使用的道具木偶也在侧面展现了中国的皮影戏。这一节目完完全全是在运用中国独特文化的基础上而产生的。由青瓷女子瓷乐坊表演的《青花瓷》，没有采用电子器械之类的乐器，而是巧妙地将中国特有的青花瓷磁鼓、磁碟子等作为乐器。这样的构思不仅新颖奇特，而且整个表演赏心悦目，具有一定的视觉和听觉上的艺术结合性。木偶、书法、青花瓷这些彰显中国特色和智慧的事物，在对中华儿女具有象征意义的龙年里会表现出龙年特有的味道。

2. 有特殊创意、标新立异的节目之影响

创新有两种含义，一种是创造全新，另一种是带来新意。一般策划团队是比较倾向于后者的。春晚是一个"新民俗"，如果春晚完全创新，那就不是春晚了。策划团队倾向于做到的是，龙年春晚既有"新民俗"的特征，又要带来新意，如《我要上春晚》中的《奇特的演奏》《绿色奏鸣曲》这类节目。《奇特的演奏》中，表演者刘驰、霍成伟二人一边拉小提琴，一边变化着动作和表演的姿势。在表演的过程中，曾有一段是刘驰倒立把头顶在霍成伟的头上，这样看去仿佛刘驰是霍成伟的影子，而且刘驰依旧拉着小提琴。这一表演充分展现了两人精湛的技术和超常的默契。这样的表演标新立异，而且给人眼前一亮的感觉，让观众看到了从未见过的表演方式。《绿色奏鸣曲》中，表演者南卫东借用非乐器的并且常见的一些东西，如大理石、下水管、瓶子、水龙头等来表演悦耳的声音。用瓶子演奏音乐是常见的，但是这次不同的是用一根芦苇、一块大理石就能演奏出独特的声音，这是在此之前从来没有人尝试的。此外，还有水龙头，表演者把水龙头当作笛子一样地吹着，这更是前所未见的。

3. 背后蕴含温馨故事的节目之影响

每一年春晚的策划团队都力求节目温馨、感人。《我要上春晚》中的很多节目，如《路灯下的芭蕾舞蹈》《盲人画画》等就体现了这一点。《路灯下的芭蕾舞》是来自一贫困家庭的小女孩表演的节目。小女孩因为家庭困苦，没法报舞蹈班，就连基本的舞蹈鞋、芭蕾裙都买不起。小女孩学习舞蹈仅仅是通过一位热心老爷爷送的光盘和爸爸从收废品处买来的光碟。但是小女孩非常热爱芭蕾舞，没有因为生活的窘境而退缩。只要晚上不下雨不下雪，小女孩就会在爸爸的陪同下到家附近的路边借着微微昏暗的路灯自己练习舞蹈。最值得欣慰的是，小女孩面对这样的贫困，依旧乐观、积极。《盲人画画》由一福利院的盲人小孩韩平安表演。小男孩有一个梦想，就是想成为一名画家。虽然

他失去了双眼，但是他在仅学画画两三个月的时间内就提升了画画水平。小男孩在画画水平上的展现是一方面，最主要的是，他有一颗纯净、美好的心。不仅如此，小男孩和上面所说的小女孩一样，都没有因为外部的条件而感到自卑，而是用乐观、积极向上的态度面对自己的现在和未来，这也是感动观众的最主要因素。

4. 贴近民生风俗的节目之影响

《春节联欢晚会》是中国老百姓自己的节目，如果表演的节目全都追逐华丽和高雅的表演的话，不免会使观众心生困倦。春晚废掉大联唱，就是削去令大家诟病和不满的节目。《我要上春晚》中贴近民生风俗的节目有《快乐大妈》和阿宝的《老爸老妈》等。《快乐大妈》是一个有创意的、充满生活气息的节目。在节目表演的过程中，一群大妈敲击着生活中常见到的锅、碗、瓢、盆等，再加上大妈们的扭、舞、挥等，使得节目现场的气氛好不热闹。这样的节目还会受到大妈级观众的热爱，看到与自己年龄相当的人蹦蹦跳跳，心不禁变得有活力了。阿宝用自己独特的原生态唱法演唱《老爸老妈》，因为歌曲本身就带着思家、团圆的情感，再加上阿宝原生态的淳朴的唱腔，使得整个表演散溢出浓浓的情感氛围。春晚加入这样的节目，无疑给自己加入了活力的血液，使得节目充满情，充满爱。

5. 展现精彩技巧的节目之影响

一档成功的节目除了具有丰富饱满的情感外，还要有自己独特的亮点。这样才会使节目避免平乏无味。《我要上春晚》中，《双人球技》《手指舞》等。这些展示精彩技巧的节目有很多。《双人球技》是铁路杂技团的二人组合表演，与其他表演的不同之处是，玩球是两人互相交错的配合。其中，让人眼前一亮的是，一人站在另一人身上，两人依旧配合玩球，并且在此状态的基础上，他们慢慢地走下台阶。这样的表演，让观众折服的不仅是高超、精湛的技巧，还有二人之间的默契。《手指舞》是一手指特别灵活的外国友人表演的节目。手指舞看似简单，但是每一个动作都需要在台下做出多次的练习和努力。这样类似的具有精彩表演技巧的节目在《我要上春晚》中数不胜数，并且每一个节目都有自己的独特之处。

6. 贴近潮流热点的节目之影响

春晚策划团队关注过去一年内最受欢迎的电视剧、电影以及演艺界人士。例如，《裸婚时代》《步步惊心》两剧组均曾在春晚的舞台上再聚首。《裸婚时代》和《步步惊心》作为2011年的两大热播剧，均以小品的形式被搬上了春晚的舞台。原班人马上演小品番外，让“裸婚迷”和“步步迷”们大饱眼福。

在《我要上春晚》中贴近潮流热点的有，黄小琥的《没那么简单》以及iMe组合的歌曲。黄小琥的《没那么简单》这首歌曲是作为《裸婚时代》的主题曲进入大众视界的，后因《裸婚时代》的高欢迎度而被大众爱屋及乌。将这种在过去一年内被大家咏唱的歌曲搬到春晚舞台上，会引起观众的共鸣。iMe组合充满青春活力，她们所唱的歌曲虽然有失特色，但是修改歌曲内容，再整顿自己的舞蹈和形象等，其表演也颇受观众喜爱。

四、阐述与评价

虽说春晚是属于老百姓的节目，但是也不可失艺术境界和涵养境界。例如，《我要上春晚》中《千佛舞扇》这样的节目，不仅体现了佛之念，而且还体现了艺术者纯然超俗的技艺。这样的节目不仅可以满足具有高境界艺术修养人士的要求，而且在不知不觉中提升了春晚的艺术档次。因此，春晚采用具有艺术涵养的节目是十分有必要的。

《我要上春晚》涵盖了形式多样的艺术节目，这是春晚所期盼的，所力求达到的。《我要上春晚》中包含着很多深受观众喜爱和推崇的节目，只要将这些节目稍作改善，取其精华，相信它们会成为央视《春节联欢晚会》的一角之景。

五、阅读延伸

[1]尹鸿．创新，从大众开始[N]．人民日报，2011-01-14.
[2]张伟平．后“狂欢”时代综艺节目的文化转向和审美回归——以《我要上春

晚》为例[J]. 新闻界，2011(3).
[3]周颖.《我要上春晚》的传播学分析[J]. 新闻知识，2011(3).
[4]赵平喜. 电视综艺类节目创新初探——以央视《我要上春晚》为例[J]. 现代视听，2011(11).
[5]王怡琳."真人秀"浪潮中综艺娱乐·节目·的新探索——央视《我要上春晚》节目浅析[J]. 中国电视，2011(10).
[6]苏忝. 娱乐·艺术·大众——浅析《我要上春晚》对综艺节目的文化审美预示[J]. 电视研究，2011(5).
[7]刘洪. 春晚延伸节目文化解读及其思考——以《我要上春晚》和《我的北京我的春晚》为例[J]. 金陵科技学院学报(社会科学版)，2012(3).
[8]何梦颖. 多元文化合力建构电视娱乐节目新范式:《我要上春晚》的文化分析[J]. 新闻研究导刊，2013(4).
[9]李佳琦. 审美元素重归综艺节目的支配地位——《我要上春晚》的节目形态分析[J]. 华北水利水电学院学报(社会科学版)，2013(4).

（吴竞韡，孙宜君）

深度访谈中的文化秀场
——中央电视台《首席夜话》读解

《首席夜话》这档节目有趣却不媚俗，高端却接地气，一出现就话题十足。它以手术刀风格剖析受访者，以创新形式展现交锋，让话题节目更有视觉感，也更具营养。它展现的观点碰撞、犀利言论，都让人看到中央电视台节目的新面貌！

一、节目概述

中文名称：首席夜话
节目类型：演播室谈话节目
主持人：撒贝宁、乐嘉等
播出频道：中央电视台综合频道 CCTV-1、
中央电视台财经频道 CCTV-2
开播日期：2011 年 8 月 7 日
播出时间：每周日 23：27
播出状态：已停播

从 2011 年 8 月 7 日起，中央电视台综合频道推出全新栏目《首席夜话》。该节目作为中央电视台综合频道内容调整的第一炮，与邱启明、柴静主持的《看见》周末版一同展现出了中央电视台的大台风范，更加主打服务性和亲民性。《首席夜话》其实是一档聚焦和展示时下社会文化热点的谈话类节目。该节目围绕影视戏剧作品以及具有影响力的公众人物展开对话，努力打造高端有深度却又不失“好看”的文化访谈秀。

节目设置几大阵营，一方是首席当事人，每期请来不同的焦点人物；另一方是首席阵营，由主持人、媒体记者等组成；同时还包括首席观察员，由业内专家对文化现象或作品进行深度解读。作为一档大型演播室综艺访谈秀节目，《首席夜话》每期会邀请明星嘉宾和年轻的新鲜团成员一同对当下青年关注的社会热点进行探讨。

2013 年 3 月，《首席夜话》全新改版，并由乐嘉担任主持人。乐嘉接棒撒贝宁，给节目带来了焕然一新的感觉。作为性格色彩分析师的乐嘉，在访谈各路公众人物的过程中，加入综艺元素营造出轻松自然的氛围，透视出人生哲理和人性光芒。

二、传播源流与路径

中国的谈话类节目起源于1993年上海东方电视台开播的《东方直播室》，而且采取直播方式。虽然较美国晚了几十年，但是发展速度却十分惊人，节目质量也令人满意。应该说，怎样在众多的谈话类节目中异军突起，是摆在《首席夜话》栏目组面前的一大难题。

面对这个难题，《首席夜话》给出了这样的回答：一是文化热点的当下性，邀请热点当事人在现场访谈心路历程。二是通过首席阵营与首席嘉宾多元化的交流，突出观点与言论的价值性。三是以丰富的综艺元素，营造整个谈话场的戏剧性表现。

“媒介融合”形势下的新型录制方式，是《首席夜话》在节目制作传播方面的一大特色，在保证节目高质量的同时兼顾了传播的互动性。

早期的《首席夜话》加入了现场挑战互动、演艺秀等元素，而全新改版后的节目在前者的基础上，加入了栏目微博实时互动的环节。这使得观众能够更好地参与到每期节目话题讨论和人物选择的全过程中，从而愈发展现出“首席”之间的激烈碰撞。

《首席夜话》栏目组还利用微博、微信等新媒体平台做好每期节目的话题预热和讨论，一般流程大致如下。

首先，征集相关问题，引发关注。每期节目在规划阶段都会通过新媒体平台提前征集观众对话题及人物想要了解的问题，同时节目组会与受邀嘉宾进行相应的互动，从而成功实现节目组与嘉宾、观众三者之间的了解互动，为节目的主题定位提供相应的依据，营造出一定的舆论环境。例如，王刚参加节目前的问题征集：

> ＃百变王刚《首席夜话》问题征集＃他曾是与容嬷嬷齐名的“大恶人”，深受乾隆喜爱的奸臣之最。摇身一变，他是拿锤砸赝品的鉴宝节目的主持人。他能讲述大千世界的爱恨情愁，他能演绎人间百态的美丑善恶。他是“和珅专业户”，他就是王刚。在微博上提出你的问题，王刚为你解答。亲，答得好记得给好评哦。

其次，围绕问题，发布焦点人物信息和相关话题。因为是周播节目，所以栏目组拥有一周的时间对下期节目进行连番宣传和预告。在发布节目的过程中，节目组会运用嘉宾本身的特点并结合其在节目过程中的机智言语和精彩片段来进行宣传。

最后，进行节目实时互动，锁定收视。在节目四个环节的推进中，电视屏幕上的有关信息会不断提醒观众与节目进行实时互动，提高观众的参与度和热情，从而很好地润色传统谈话类节目主持人和嘉宾之间的干涩对话。

三、主要社会影响

现在很多人容易把电视谈话节目和脱口秀混为一谈，实际上两者还是有微妙的区别的。脱口秀重在主持人的说，如我国香港地区凤凰卫视窦文涛主持的《锵锵三人行》就是脱口秀。而普通的电视谈话节目，嘉宾更像是主角。在竞争激烈的众多访谈节目中，被大家熟知的《超级访问》《鲁豫有约》等都是以明星牌取胜，而《首席夜话》的访谈则较为侧重文化层面，在浮躁的电视荧屏中给人以深度的思考。虽然《首席夜话》定位于“文化秀场”这样一种角色，但总体还是形成于电视谈话节目基础之上的。

改版后的《首席夜话》中，乐嘉在主持的过程中话虽并不多，但是表现得很机智，风趣得体，恰如其分地带领观众渐入佳境却不给人喧宾夺主的感觉。改版后的《首席夜话》主要社会影响体现在两个方面。

1. 以三种独特的“谈话场”，开创国内谈话节目新模式

(1)“轻松夜话场”。乐嘉以“真本色”谈话方式对话公众人物，个性化的节目设计营造轻松话语场，使被访嘉宾自然吐露“真性情”，展现人生“真感悟”。这一点在《崔健：我的变与不变》这期节目中展现得淋漓尽致。久未出现在电视观众视野中的“摇滚教父”崔健一直给人以狂傲不羁的印象。乐嘉在开场的快问快答环节就成功地打开了崔健的话匣子，展现了其犀利机智的主持风格。整期节目现场气氛一直处于最佳状态，就连一同来节目做客的崔健好友程琳都表示：“崔健从没有在访谈节目上说过这么多话。”

(2)“亲情夜话场”。每期节目力邀公众人物及其最亲近的人，现场进行亲

情对话，妙语连珠中更显温暖话语场。在录制《王刚·痴顽人生》那期节目的过程中，节目组不断穿插王刚对其小儿子进行教育的幸福话题及其好友张铁林对他全方位的评价和调侃。

(3)“犀利夜话场”。节目独特设计“金字塔”提问方式，设置“快问快答”“现场调查”“来者何人”“终极问答”四个提问环节，层层递进；另设“对话团”，代表观众不断犀利提问，多角度、多层次展现公众人物内心世界。在访问《甄嬛传》的总导演郑晓龙的那期节目中，一个原本低调谦和的人，却被乐嘉“逼”出了各种犀利。访问郑晓龙的那期节目，通过四层“金字塔”展现了嘉宾与作品的不同“面”。第一层是快问·郑晓龙，通过三分钟的快问快答建立起节目的紧凑感。第二层是识人·郑晓龙，针对嘉宾提出的2至3个焦点问题进行深入讨论。第三层是青年考场，结合嘉宾特点，就当代青年的一些疑问集中问答。问题的答案都是来自“数字100调查”的调查数据，增进嘉宾与青年人之间的互相了解。第四层是细节·郑晓龙，这层会提炼出嘉宾的一个成功要素，进而抛出终极问题。

2. 实施个性化传播策略，有效避免同质化竞争

克服同质化竞争，实现差异化传播，是目前中国各类电视节目实现长盛不衰的首要目标。个性化是优化传播的手段，而非目的。但是，个性化的主持人无疑会对电视节目的传播产生至关重要的作用。主持人认识及表达方面的个性在传播中的融合便是主持人个性化传播的体现，主要表现在独特的视角和思维方式、独到的见解和独具特色的表达等方面。

应该说《首席夜话》改版前后的两位主持人各有千秋，为成功实现节目的个性化传播提供了可行性。撒贝宁作为中央电视台青年主持人的代表之一，最早是在1999年开始主持《今日说法》，一直以严肃镇定的形象示人。但是，作为新生代的主持人，其多面性是可被挖掘的。加盟《首席夜话》后，他一改往日形象，幽默风趣、才华横溢尽显，颇受好评。而随后接棒的乐嘉，却因其非专业主持人出身的背景和撒贝宁先入为主的形象一开始颇受争议。

也正因为乐嘉没有正统的“主持范”，节目才会略显随性，却又不乏犀利的话锋和强大的气场。在2013年9月的一期节目中，面对气场强大的主持界前辈王刚，乐嘉主动出击，发挥他的性格色彩分析专长，对被称为“黄金铁三

角”的王刚、张国立、张铁林进行了点评：“张国立是相对来讲很明显的大黄色，黄色是掌控、推动、有目标，这是属于完全以工作和事业为导向。你不说他，他自己也像推土机一样。铁林属于典型的大红色，红的情绪外露。他不喜欢和人发生冲突，只要一感觉到别人硬，铁林就有一个特点，马上就会哈哈哈。”对于压轴的王刚，乐嘉犀利剖析：“你是属于两个的结合，红加黄，但是主要还是以红为主，黄为辅。”他进一步揭晓：“我能得出这样的结论，是因为我看过你的书，我知道你在很多时候发脾气的特点，我们的风格是比较接近的。”

四、阐述与评价

电视谈话节目要想保持高收视的良好势头，除了找准话题、深挖内涵和节目包装之外，当务之急就是提高节目的品位，保持节目的质量。只有这样，才能在激烈的市场竞争中保持不败之势。《首席夜话》从 2011 年 8 月开播到 2013 年 3 月改版，应该说从内部的节目策划制作到外在的舞台形式都发生了质的飞跃，在变中求新，节目质量也在一次次的雕琢中越发精良，但问题也随之而来。

在内容策划和嘉宾选择上，改版后的《首席夜话》会邀请时下关注度较高的影视文化界名人做客节目。对影视文化的侧重，能在一定程度上提高观众的关注度，尤其是青年观众的参与和互动，但是不免有迎合公众口味的嫌疑，而缺少一种文化引领的作用。《首席夜话》的发展还应遵循“文化”基础上谈话节目的定位，避免过分娱乐化的倾向，这样才能在高端深度的道路上继续前行。

在互动平台的选择上，《首席夜话》采用所谓媒介融合形势下的新型录制方式，力求紧密联合新媒体，让场内场外观众实时汇聚《首席夜话》传播平台。遗憾的是，我们发现节目场内外并未实现真正意义上的实时交流。每期节目播出，我们都会看到电视屏幕下方打出的微博互动的提醒条，却从未在节目中看到主持人实时与微博、微信的网友进行互动。虽然主持人抛给嘉宾的话题比较犀利，但难免让观众产生事先对好台本的猜想。作为录播节目，也应兼顾到不可知性对观众的吸引力，所以在事先策划好的环节中加入微博、微信网友的问题和讨论，会给节目带来意想不到的效果。然而，无论是观众对节目的微博关注度，还是节目自身发表的微博数量及网友的评论次数都很难达到预期，可以说节目录制要实现媒介真正融合的道路还比较漫长。

此外，《首席夜话》还要克服一般访谈节目都会出现的问题。访谈节目都各有卖点，但访谈的基本思路类似，通常都是请明星畅谈成长经历以及生活感悟。明星们的成长大多暴露在观众眼皮底下，基本成长经历都差不多。例如，在《王刚·痴顽人生》这期节目中，王刚就提到自己上小学时写信给毛主席，并收到党中央回信的特殊经历。而早在2010年，凤凰卫视的《鲁豫有约》和北京卫视播出的《五星夜话》等各大节目采访王刚时，都有提及此事。现在明星访谈节目"炒冷饭"的太多，应当讲究节目时效性和新闻性，结合当前社会热点话题去访谈，才会吸引更多观众的目光。

五、阅读延伸

[1]温璐，许心怡．央视《首席夜话》乐嘉任主持内因：主要是他话锋犀利[EB/OL]．[2013-01-16]．http：//culture. people. com. cn/n/2013/0106/c22219-20221060. html.

[2]腾讯娱乐．《首席夜话》乐嘉点评王刚色彩性格 自认像王刚[EB/OL]．[2013-09-27]． http：//ent. qq. com/a/20130927/012582. htm.

[3]佟婷．关于谈话类节目的思考[J]．南方电视学刊，2000(4)．

[4]李和平，钟兰辉．浅析"谈话场"对电视谈话类节目的价值[J]．今传媒，2012(2)．

[5]杨洪涛．浅议夜间谈话节目的四种意识——以湖南卫视《零点锋云》为例[J]．中国电视，2012(3)．

[6]丁红．我国电视谈话类节目的现状、问题与对策[J]．郑州轻工业学院学报(社会科学版)，2011(1)．

[7]杨云．电视谈话类节目及其传播意义[J]．山西大同大学学报(社会科学版)，2012(4)．

[8]王博．论电视谈话类节目的品牌化[J]. 新闻传播，2010(7).
[9]宋利辉．当前电视谈话类节目存在的问题和对策分析[J]. 科技传播，2015(9).
[10]张乐萍．浅析谈话类节目主持人的语言对话[J]. 新闻传播，2014(2).

（王雅，孙宜君）

真人秀节目的本土化发展

——湖南卫视《快乐男声》读解

《快乐男声》作为大众歌手原创偶像选秀赛，始创于2007年，举办两届之后停办。经过几年的沉寂蓄势，于2013年6月29日全新改版后回归。改版后的《快乐男声》在赛制、传播途径上均有创新，实现了真人秀节目本土化的发展。节目宣传口号是：想唱就唱，听我的。

一、节目概述

中文名称：快乐男声
外文名称：Super Boy
节目别名：快男、超级男声
节目类型：偶像选秀节目
主持人：汪涵、何炅、杨乐乐、谢娜
参赛选手：张杰、俞灏明、陈翔、武艺、欧豪、白举纲等
节目导演：马昊
播出频道：湖南卫视
在线播放平台：芒果 TV
制作单位：上海天娱传媒有限公司
开播日期：2007 年
播出时间：每周五 22：00
节目时长：120 分钟

《超级男声》是一档偶像选秀节目。首届《超级男声》于 2003 年在湖南省内举办，由湖南电视台娱乐频道全程播出，赛制等都与后来出现的《超级女声》相似。2004 年第二届《超级男声》并未取得预期效果，但与之极其相似的《超级女声》却取得了极大的成功，并定位为全国范围内的选秀节目。

2005 年《超级女声》取得成功后，湖南卫视便决定于 2006 年重启《超级男声》，但并未取得预期效果。2007 年，《超级男声》更名为《快乐男声》，并定位为大众歌手选秀赛，参赛者均是年满 18 周岁的男性。比赛采用淘汰制，选手比拼演唱技艺，得到评委和观众投票认可才能进入下一轮比赛。每届的全国总决赛选手均获得上海天娱传媒有限公司签约，得到出唱片、参演影视剧、主持节目、拍摄广告的机会，成为大众瞩目的明星偶像。《快乐男生》举办两届之后停办。继《我是歌手》《中国最强音》等歌唱类真人秀节目声震四方及强

势蓄力之后，湖南卫视《快乐男声》于2013年6月29日重新回归。此节目宣传口号是：想唱就唱，听我的。

二、传播源流与路径

《快乐男声》作为大众歌手原创偶像选秀赛，始创于2007年，举办两届之后停办。经过几年的沉寂蓄势，于2013年6月29日全新改版后回归。改版后的《快乐男声》，在赛制、传播途径上均有创新。《快乐男声》在播出方式上，首先由录播改为直播。2013年的《快乐男声》，于7月12日起每周五晚十点全程直播年度总决赛；历经几个月的残酷比拼，于9月27日拉开了年度冠军诞生夜的华丽大幕。最终，来自长沙唱区的“火星弟弟”华晨宇一举揽得2013年度冠军奖杯；来自广州唱区的帅气少年欧豪和来自成都唱区的大男孩白举纲分获亚军、季军。

2013年11月2日至2014年3月15日，“快乐男声”全国巡回演唱会先后在北京、上海、武汉、深圳、重庆、南京、广州、苏州、成都、厦门、杭州等11大城市举办。除北京外，每站都设置“城市之星”，并在最后一站杭州设置了“巡演之星”。2014年7月25日，由2013年《快乐男声》选手主演的青春偶像成长纪录片《我就是我》上映。

《快乐男声》节目在形式上借鉴了国外成熟的真人选秀节目《美国偶像》的形式。《美国偶像》节目开辟了观众参与节目的先河。它启动手机短信投票的方式，不仅聚集了更多的人气，同时也更加客观地体现出唱片市场的真实反映。这一做法为后来的诸多真人秀节目竞相效仿。

三、主要社会影响

1. 迎合了受众的审美需求，符合主流价值观

《快乐男声》凸显了传统文化中的价值观和伦理道德观。节目组与中国青少年发展基金会携手成立了“希望工程·湖南卫视快乐成长基金”，捐助办学，凸

显了社会责任心。同时，在节目播出过程中体现出的以下内容，迎合了受众的审美需求：选手积极上进、勇于拼搏的精神；强调情感，贴近生活的品质。

这些精神和品质符合我国社会主流价值观，符合我国广播电视媒体宣传的宗旨。同时，此节目还满足了人们求新猎奇的审美心理，使得更多的观众接受并支持这个节目。

2. 实现了赛制规则的本土化创新，增强节目吸引力

尹鸿教授曾指出："真人秀节目游戏规则的好坏，实际上决定了你的节目是否有吸引力。"①真人秀节目的规则是节目的核心，规则决定节目的走向。对于比赛类型的节目，规则的制定应当突出对抗性和竞争性。介于中国人传统的心理习惯，中国传统的选秀节目竞争性不是很明显，倾向于喜剧结尾。而西方的比赛类节目更加突出竞争的激烈，更有甚者将人性的竞争与人的好胜心推向了极端。所以，《快乐男声》在制定赛制规则的过程中调整了西方选秀节目中的残酷竞争制，将决定权交给了观众和评委。《快乐男声》在 2013 年总决赛阶段中推出了全新的赛制规则，即由"V 神＋评委＋大众评审团"三方势力决定选手的去留。其中，"V 神"将各方面的意见整合并做出自己的判断；评委则从专业音乐人的角度做出决定；而大众评审团则代表了观众的意见。这种新型的赛制更为科学，是意见领袖、专业意见和公众建议的总和，突出体现了真人秀节目本土化的发展和创新。

3. 融入了新媒体传播方式，方便观众检索

《快乐男声》在播出和推广方面除了运用传统的广播电视等媒体外，还充分运用了网络、手机等新媒体。比赛过程在电视台播出的同时，互联网发挥了超链接功能。人们可以随时随地通过网络获取与《快乐男声》有关的文字、图片和视频等。目前，网络公众获取信息的手段除了查询相关网页外，还包括通过搜索引擎输入关键词查找所需要的资料。节目组提升了"快男"等相关关键词在搜索引擎中出现的频率，从而方便观众的检索。另外，节目组还在微博上制造话题，引起观众的讨论，进而增加新的观众群。

---

① 尹鸿．虚构与真实：电视"真人秀"节目形态研究[EB/OL]．[2007-01-08]．http：//media. people. com. cn/GB/5258245. html.

四、阐述与评价

1. 节目未取得预期效果的原因

就节目的收视率来说，2013 年《快乐男声》并没有取得预期的效果。究其原因，大概有以下几点。

第一，电视娱乐节目激增，尤其是同类音乐选秀节目增多，分流了受众。2013 年暑假期间，各大卫视为观众共准备了十几档音乐选秀类节目。例如，江苏卫视《全能星战》、东方卫视《中国梦之声》、北京卫视《最美和声》、贵州卫视《唱出爱火花》、湖北卫视《我的中国星》、广西卫视《一声所爱・大地飞歌》、江西卫视《中国红歌会》等全都加入混战。扎堆的选秀节目让受众眼花缭乱，不知该选什么。不过，这些节目都选择了避开《中国好声音》的锋芒，只有《快乐男声》选择了在周五晚间与《中国好声音》同时段播出。

第二，网络与手机电视等新媒体迅速发展，传播小众化，分流了部分受众。网络电视、手机电视以及新媒体技术的发展，为受众提供了更加精准的点对点服务。具有丰富资源的网络电视等新媒体为满足不同受众的不同需求，分栏分块地设立了不同的节目形式，并以最快的速度更新节目内容。这样，势必会分流部分电视受众。

第三，节目程序冗长化、模式化，受众倾向于选择性观看。由于《快乐男声》节目制作的程式化、选秀流程的冗长化，加上其他优秀选秀节目的同时竞争，使部分受众可能仅仅选择关注该节目的最终比赛结果，而放弃对比赛过程的关注。选秀节目在国内兴起之初，由于新鲜，能激起受众的广泛兴趣。但发展到一定阶段后就被全面模仿甚至克隆。这种无差异化的大众选秀节目跟风行为，容易导致受众的审美疲劳，造成节目资源的浪费。一项网络调查显示，对于目前的综艺大战，96%的网友持反对态度，认为这些节目扎堆播出，让人眼花缭乱；只有 4%的网友表示支持，认为竞争有利于节目质量提升。

2. 节目改进建议

实际上，有不少业内人士提出，大家都知道在战略上应该寻求差异化，可实际操作起来却很困难。一种节目形态“扎堆”，说明观众偏好，如果为了追求差异化而放弃这类节目，也就等于放弃了收视率。因此，如何在保证收视率的前提下追求节目的差异化，进行不断创新，是一个值得深思的问题。对此，我们提出了以下几点建议。

第一，对节目内容进行创新。一方面，作为音乐选秀类节目的《快乐男声》，除了比拼歌曲技艺，还可适当加入其他的表现形式来考察选手其他方面的素质。例如，可以加入即兴表演环节，这样可以增加刺激性和不确定性，极大地激发观众的兴趣。另一方面，应将中国本土的、民族的东西融入节目中。凤凰卫视刘长乐说过：“媒体宣传的价值观是民族认同的一部分。”①一味地抄袭西方，对中国本土节目的发展是极为不利的。

第二，对节目形式进行创新。《快乐男声》在每一期节目播放中会插播上期的内容，保证受众观看的连贯性，防止断层。另外，比赛不应该仅局限在节目录制现场，应该走出录制现场，与更多的受众进行接触，满足受众追星的心理需求。

第三，充分利用网络、手机新媒体进行宣传。加强与新媒体的合作，充分利用全媒体平台，实现多渠道传播。在利用传统媒体做好节目播出的同时，还要有效利用网络电视滚动播出、微博话题讨论、“V神”在网络上的舆论引导等做好全方位的推广和宣传造势。

第四，注重公众形象和社会效益。舆论引导是媒体的一大重要功能。通过媒体的舆论引导，能够促进和谐社会的建设。构建社会主义和谐社会是一项长期的战略任务和工程，既需要制度保障和一定的物质基础，同时也需要强大的精神作为支撑。在和谐社会建设的进程中，要想实现发展的和谐，就要有和谐舆论的推动。尤其是随着传播技术的迅猛发展，舆论影响力变得越来越大，舆论直接或间接决定了社会能否稳定。因此，在节目进行的过程中可以通过开展一些公益事业来提升节目组的公众形象和社会效益。

第五，突出主持人个性。《中国好声音》的主持人华少在节目中凸显了鲜

---

① 张国伟．电视品牌塑造的启示：中外台长论坛综述之二[EB/OL].[2004-09-08]. http://www.qianlong.com/medianet.qianlong.com/7692/2004/09/08/33@2266111.htm.

明的个性，被称为“中国好舌头”。《快乐男声》也应借鉴这一成功的经验，为主持人汪涵和何炅分别打造鲜明的个性。“娱乐节目强调娱乐至上，应尽量在选手、评委、主持人之间上演一场集欢乐、幽默、交流互动于一体的节目。”①

五、阅读延伸

[1]郭玉真，张冠文．真人秀栏目的中国化、本土化——兼评湖南卫视《快乐男声》[J]．电影文学，2008(6).

[2]倪满园．电视娱乐节目亟待创新——以选秀节目《快乐男声》为例[J]．东南传播，2007(7).

[3]张建，夏光富，魏波．《超级女声》《快乐男声》的“类媒介事件”思考[J]．新闻界，2009(3).

[4]蔡敏，邓若伊．选秀节目品牌发展战略——以“超级女声”“快乐男声”为例[J]．新闻界，2008(2).

[5]梁静华．盘点“快乐男声”成功之道[J]．安徽文学(下半月)，2008(10).

[6]刘泓．从符号学解读《快乐男声》[J]．湖北经济学院学报(人文社会科学版)，2011(12).

[7]黄韧．“快乐男声”受众心理分析[J]．艺海，2007(4).

[8]罗幸，黄鑫磊．多屏时代下歌唱选秀类节目的突破与创新——以《快乐男声》为例[J]．艺术百家，2014(2).

[9]张守信．电视社交化传播趋势分析——以《快乐男声》为例解读电视互动新范式[J]．视听界，2013(5).

[10]卢伟．消费文化语境下电视选秀节目对男性身体的规训——以2013《快乐男声》为例[D]．开封：河南大学，2014.

（毕晛，孙宜君）

① 倪满园．电视娱乐节目亟待创新——以选秀节目《快乐男声》为例[J]．东南传播，2007(7)：83-84.

红色经典的时尚舞台

——江西卫视《中国红歌会》读解

《中国红歌会》是江西卫视为纪念长征胜利70周年推出的大型原创选秀节目，也是连续五年全国唯一获得晚间黄金档播出资格的选秀节目。从2006年至2013年，《中国红歌会》已在全国各地举办上百场赛事活动，吸引了数十万红歌爱好者的直接参与，上亿人次观众通过江西卫视收看了《中国红歌会》。无疑，该节目曾在中华大地上掀起了一股爱红歌、唱红歌的热潮。

一、节目概述

中文名称：中国红歌会
节目类型：娱乐选秀类
主持人：刘蔚、廖杰
播出频道：江西卫视
开播日期：2006 年
播出状态：已停播

《中国红歌会》是江西卫视为纪念长征胜利 70 周年推出的大型原创选秀节目。节目宗旨是“弘扬先进文化，唱响红色经典，建设中华民族共有精神家园”。节目充分发挥了江西红色文化的优势，发扬了革命传统，传播了主流文化，内容和形式都非常新颖。从 2006 年至 2013 年，《中国红歌会》已经举办八届，连续播出了八年。在这八年时间里，《中国红歌会》在全国各地举办了上百场比赛，吸引了数十万红歌爱好者参与进来。而坐在电视机前收看这一节目的观众，更是达到了上亿人次，可谓在神州大地上掀起了一股爱红歌、唱红歌的红歌热潮。《中国红歌会》持续制作了八年，这在中国电视史上也称得上是长寿选秀节目。同时，该节目连续五年被允许在晚间黄金档播出，实属全国唯一。从南昌到井冈山，从井冈山到全国，从偏安一隅的江西省电视台 600 平方米演播室到位于北京的人民大会堂，再从美国旧金山到澳大利亚悉尼，《中国红歌会》一步一个脚印，升起了一面红色旗帜。

在《中国红歌会》创办之前，“红歌”这个概念并不普及，借助这一节目，“红歌”这个叫法才开始广为流传。该节目将红歌定义为红色经典歌曲，包括解放歌曲、抗日歌曲、社会主义建设时期特别是改革开放时期的各种积极向上的歌曲等。节目甚至还将“红歌”外延拓展，将各国积极向上的经典歌曲都涵盖其中。

在《中国红歌会》广为人们熟知之前，大概没有人想到红歌也可以与选秀结合，并且还会有如此巨大的冲击力甚至带来全国唱红歌的热浪。从节目形式上看，《中国红歌会》是一档不折不扣的选秀节目，但是它与其他选秀节目又有不小的区别。普通的选秀节目一般追逐流行和时尚，而《中国红歌会》则实现了流行与经典的崇高结合。为了赢得各年龄层观众的喜爱，节目选择把“红歌”作为自己的中心，用时尚元素和年轻活力来演绎、包装红歌，把一首首真善美的豪迈赞歌带进了千家万户。

二、传播源流与路径

2006 年是中国工农红军长征胜利 70 周年，中共中央举行了一系列的纪念活动，整个中华大地都变成了“红色”的海洋。当时的电视荧屏上，一档名为《中国红歌会》的选秀节目格外引人注目。江西电视台为了响应党中央的号召，为纪念红军长征胜利 70 周年，同时也为了在激烈的传媒竞争中脱颖而出，打造了《中国红歌会》这档具有特色的选秀节目。将唱红歌与选秀结合起来，这是江西卫视创作团队很好的创意。

从节目制作与传播路径来看，《中国红歌会》每年度赛季都有不同的主题与安排。2006 年首届《中国红歌会》分为三大主体：(1)前期飙歌；(2)主场晚会；(3)后期巡演。作为前期飙歌的“红歌总动员”是《中国红歌会》的鸣锣开金之作，对活动起到了预热和导入的作用。首届《中国红歌会》之主场晚会于 2006 年 10 月 15 日在宏伟的江西八一广场隆重举行。晚会以“红色”为主题，以演唱会形式为总体构架，以情感故事铺渲气氛，打动人心，充分调动了现场观众的情绪，营造了一个主题向上、气势磅礴、形式新颖、“红”味十足的“红色晚会”。

第二届《中国红歌会》，于 2007 年 7 月在全国范围内正式启动。而为了纪念中国人民解放军建军 80 周年、秋收起义 80 周年和迎接中共十七大，江西电视台第二届《中国红歌会》早在 2007 年“五一”黄金周，第二次在井冈山举办了“中国红歌会·放歌井冈山”七天电视现场直播。这届《中国红歌会》围绕弘扬井冈山精神、弘扬党的革命传统的主题展开，旨在把《中国红歌会》办成弘扬先进文化的知名品牌。

2008 年《中国红歌会》，体现了迎奥运、加强校园精神文明建设的主题。

由中国艺术教育促进会、中国新闻社、江西电视台在校园歌手电视大赛基础上倾情打造的“校园歌声迎奥运——中国红歌会”活动，是2008年《中国红歌会》的前奏。2008年4月29日至2008年8月3日，此活动用音乐和歌声将奥运精神传遍校园，传遍祖国的大江南北。这充分展示了当代中国大学生积极、健康、向上的精神风貌，为推动校园音乐文化健康发展、丰富校园文化生活、加强校园精神文明建设做出了积极贡献。

2009年《中国红歌会》，主题是举行红歌英雄汇晋级赛。节目在国内设立了杭州、济南、武汉、沈阳、郑州五大唱区。五大唱区选手报名，进行分区初选，唱区八强进入在南昌举行的晋级赛。自2009年8月2日开始，每周日直播一场，连续五周，以最终选出2009年《中国红歌会》全国十大红歌手和冠亚季军。

2010年《中国红歌会》，主题仍是红歌选秀。这次红歌会在全国设十大赛区五大赛点，唱区包括海口、郑州、沈阳、成都、长沙、哈尔滨、贵阳、警营、海外(澳大利亚悉尼)及网络唱区，赛点包括南昌、太原、邯郸、乌鲁木齐以及深圳。来自海内外的红歌达人踊跃参赛，打造了又一季盛大的《中国红歌会》大赛。经过多轮赛唱，最后选出前12名优秀选手。《中国红歌会》决赛在江西卫视黄金时段进行直播。

2011年《中国红歌会》，主题继续红歌选秀。这次开设北京、上海、广州、重庆、成都、沈阳、武汉、太原、南昌、警营、海外(澳大利亚、新西兰、英国)等地面唱区，并设哈尔滨、新疆等分赛点若干，还开设网络唱区(江西电视台官网、人民网播客、优酷网、新浪微博)。2011年《中国红歌会》从全国各地挖掘参赛选手，最后汇集到各唱区初选，进而决出唱区十强选手。各唱区十强选手(共120位)于2011年6月11日抵达南昌参加红歌总动员的卡位赛，最终决出的50强选手进入红歌突围战的抢位赛，抢位成功的12强选手最终进入总决赛。

2012年《中国红歌会》，以“唱响红歌，辉煌中国”为主题，5月正式启动，6月开始海选，各大唱区胜出的全国200强选手于7月5日集聚南昌开启“百强争霸赛”。待百强产生后，便开始激烈的“红歌突围战”，并于7月底产生全国12强。自8月12日起每周一场(共6场)的“红歌英雄汇”拉开帷幕，直至9

月16日诞生2012《中国红歌会》年度总冠军。①

2013年《中国红歌会》，以"中国梦 中国红"为主题，于5月份启动。节目在百万群众直接或间接参加《中国红歌会》海选、晋级等的过程中，结合电视自身特点在节目内涵、曲目选定、赛制编排等方面进行创新。这为《中国红歌会》的发展注入了新鲜血液，并吸引了更多观众感受2013年《中国红歌会》这场视听盛宴。2013年9月30日，《中国红歌会》圆满收官，经过多轮鏖战，最终来自湖北的女孩龚爽获得总冠军奖杯，这也是红歌会历史上诞生的第7位总冠军。②

由上观之，从2006年到2013年，《中国红歌会》连续举办八年。在这8年的时间里，总体来讲，《中国红歌会》能紧扣时代的脉搏，在节目主题与传播形式上也力求不断创新。这是其经久不衰的主要原因。《中国红歌会》从一个小范围的区域性选秀节目成长为全国知名的大型活动，影响力也由国内拓展到国外多个国家。

另外，为了扩大影响，江西卫视为《中国红歌会》开辟了专栏《红歌快报》，在电视节目中反复播出与《中国红歌会》有关的滚动字幕，打造了《中国红歌会》官方网站，制作了精美的节目宣传片并在多种媒体上演播，还通过网络平台和手机短信等形式与观众互动。这样全方位的宣传，几乎将《中国红歌会》的信息覆盖到人们生活中的每一个信息渠道，让受众产生深刻的印象，使节目品牌扎实巩固，最终实现传播效果的累积，也强化了良好的节目形象。

但令广大《中国红歌会》的忠实观众感到意外的是，国家新闻出版广电总局于2013年7月26日召开内部工作会议并公布了一个调控结果：江西卫视《中国红歌会》停止播出。有关部门称，原因是《中国红歌会》播出的期数已经达到该节目的应播出数。但我们认为，除此之外更重要的原因是《中国红歌会》在连续播出的八年里，越来越偏离其弘扬红色经典的崇高初衷，而落入了越来越侧重于时尚选秀的俗套。这也许是个深刻的教训。

---

① 千龙网.《中国红歌会》再启帷幕 江西卫视风行网联手呈现[EB/OL].[2012-07-18].http://ent.xinmin.cn/2012/07/18/15552255.html.

② 搜狐娱乐.江西卫视2013《中国红歌会》栏目简介[EB/OL].[2015-05-23].http://yule.sohu.com/20130523/n376886472.shtml.

三、主要社会影响

江西卫视凭借对《中国红歌会》出色的市场运作，创造了中国电视选秀节目历史上的一大奇迹。2008年，《中国红歌会》的影响力继续一路攀升。这一年，此节目的主题是“团结就是力量”，为抗震救灾祈福，为北京奥运加油。北京奥组委还把《中国红歌会》定为迎奥运大型主题活动之一。于是理所当然地，咏唱“红歌”成了一种潮流。

《中国红歌会》一直坚持红色定位和大众路线，将时尚与传统结合，打开了电视选秀节目的新思路。《中国红歌会》一直以来都坚持“没有对手，也要求新”的理念，虽然选秀节目层出不穷，但《中国红歌会》依靠不断创新在激烈的竞争中拥有了更为持久、更为强大的生命力。不可否认，在“一切为了收视率”的行业竞争中，电视文化明显呈现出创作浮躁和低俗化的趋向。在这样一个大环境中，《中国红歌会》这样表现出的精品意识，充分体现了媒体的传播责任感。《中国红歌会》不但没有排斥当下流行的选秀形式，还对其做了改进，另辟蹊径重温红色记忆，吸引广大群众广泛参与。这样一个把社会大众作为主体传播对象的选秀节目，创造了全国人民不论男女老少都能参与的红歌盛况。更重要的是，《中国红歌会》让我们看到了希望，看到了主旋律歌曲的希望。节目逐渐成熟以后，通过在全国各大城市进行广泛的宣传，再通过初期的海选和一场场激烈的比赛角逐，将越来越多的群众带入到《中国红歌会》的整个过程当中，让他们切身感受红歌带给自己精神的满足和享受，同时也让他们有意识地接触到社会主义核心价值体系。《中国红歌会》上，选手们所演唱的红色歌曲是一代代中国人民智慧的结晶，重现了广大人民群众在我们党的领导下进行革命、开展建设和推动改革开放的巨大成就。那些与人民群众的生活息息相关的歌曲，使《中国红歌会》能够面向社会大众，吸引社会大众的目光，得到社会大众的支持，从而巩固加强了社会主义核心价值体系大众化教育的根基。《中国红歌会》以这种群众喜闻乐见的节目形式，向社会大众传递了积极的人生追求、高尚的情感境界和健康的生活情趣，营造了导向正确、健康向上的文化环境，促进了社会的和谐发展。《中国红歌会》的成功，为电视选秀节目注入了一股正能量，促使更多的节目在远离浮躁低俗的道路上继续走下去，共同创造健康积极的娱乐节目新时代。

在电视选秀节目进入一个瓶颈期时，《中国红歌会》却越唱越嘹亮，收视率也一路攀升。正如一位业内人士分析所言，《中国红歌会》已跳出了一般选秀节目的桎梏，它的走红不是偶然，也并非昙花一现。要制作出群众喜爱的节目，关键是要看准主流价值、主流文化巨大的市场空间，善于把握主流审美需求。《中国红歌会》展现出的是一种娱乐形象，但是它却在宣扬一种传统主流文化，引导受众树立正确的审美观和价值观。这一特殊的选秀节目为传媒业注入了一股健康向上的清新之风，营造了一种娱乐与引导相结合的和谐氛围，传达了民众的心声和期盼。

另外值得一提的是，《中国红歌会》对红色旅游产生了不小的影响。据有关资料显示，“红歌会全国化后，甚至开始出现了以‘红歌会’的名义来江西参加红色旅游的旅行团。2007 年上半年，江西共接待‘红色旅游’人数 976 万人次，实现旅游综合收入 62 亿元，比 2006 年同期分别增长 10.9％和 12.7％。从 2006 年开始，这两项指标在全省旅游经济中所占比重均超过 3 成，‘红色旅游’成为江西旅游最大看点和热点，这些成绩与红歌会的影响力也是分不开的。”①

四、阐述与评价

在《中国红歌会》红遍大江南北之时，节目的主角——过关斩将赢得比赛的选手们，却不为观众所熟知。由此可见，江西电视台虽然非常注重节目品牌的宣传，却忽视了对新晋歌手的宣传，令他们缺乏很多与观众互动的机会。参赛选手是每一个选秀节目最重要的组成部分之一，做好对选手的适度宣传和包装，将在相当大程度上为节目赢得好的口碑和声誉。

《中国红歌会》的评委阵容一向强大，阎肃、滕矢初、朱明瑛等无一不是中国音乐界重量级的人物，他们高水准、公正、温和的点评，确保了《中国红

① 张建国，顾颖．江西“红歌会”现象管窥——省级社科课题“地方传统音乐在红色旅游中的影响”研究论文系列之二[J]．广播歌选，2008(7)：72.

歌会》的质量与水准。到了后期，节目除了邀请德高望重的老艺术家继续坐镇外，还有更多年轻化的评委加入。2013年江西电视台邀请来自美国的重量级评委理查德(Richard. W. Perna)，并请来国内流行乐坛的音乐制作人宋柯与金志文，为红歌改编增添一些国际、流行元素，这的确给红歌带来了新鲜的血液。但是经过改编之后的红歌却失去了原来的韵味，变得越来越娱乐化了。每一种歌曲都有它们各自的时代印记，当慷慨激昂的红歌变成绵软的情歌，或者变成动感的说唱，所谓的尊严崇高早已不见踪影。

20世纪90年代中期，中国电视开始有了娱乐功能意识，各种各样的电视娱乐节目如雨后春笋，综艺节目、选秀节目、婚恋交友节目等令人眼花缭乱，引起了电视娱乐节目的批量复制。当选秀节目扑面而来，横扫多个电视频道的周末荧屏的时候，如何在其中脱颖而出、缓解观众的审美疲劳就成了节目创作人员最在意的头等大事。于是，“炒作”就成了一些选秀节目吸引人们眼球的重要手段。炒作嘉宾、炒作评委、炒作选手，制造绯闻和事端，甚至不惜无事生非、无中生有，这些不顾后果的恶性炒作严重破坏了电视娱乐节目的生态平衡。

选秀节目为了提高收视率，为了获得巨额利润，可谓是机关算尽。首先，广告铺天盖地；其次，短信参与环节无处不在。在利益的驱使下，节目规则变成了主办方捞金的工具。节目环节花样百出，抓住每一个机会设置短信投票环节，尽管这给节目与观众的互动提供了便利。

其实，《中国红歌会》被中途叫停是在意料之中的。重点不是《中国红歌会》播出期数已达到应播出数，而是在连续播出的八年时间里，它逐渐偏离崇尚经典的初衷，落入俗套成为侧重于时尚的选秀。《中国红歌会》的停播，也给诸多电视台提了个醒：娱乐无极限，没有任何实质内容的选秀，被叫停不过是迟早的事情。

中国电视选秀节目如果想要良性发展，不再走向低俗化，就必须坚持自律和他律两手抓，逐步净化中国电视的传播环境。只有这样，选秀节目才能重新开辟市场，长久地赢得受众。

五、阅读延伸

[1]程前．“狂欢”与“引导”和谐共生——浅谈江西卫视《中国红歌会》主体价值的实现[J]．中国电视，2008(1).

[2]胡清，吴蟒．选秀文化主流化的成功——《中国红歌会》个案分析[J]．电影评介，2008(20).

[3]刘爱华，艾亚玮．集体无意识下民族精神的回归与民众狂欢——民俗学视野中的《中国红歌会》[J]．中国农业大学学报(社会科学版)，2010(1).

[4]陈光伟．论“中国红歌会”的发展瓶颈与突破[J]．现代视听，2010(1).

[5]林玉明，雨悦．唱响红色经典，弘扬先进文化“中国红歌会”品牌发展之路[J]．广播歌选，2010(10).

[6]余玉．《中国红歌会》创新特色探析[J]．现代视听，2010(9).

[7]何湃．从“中国红歌会”看艺术经典的现代价值[J]．吉林省教育学院学报(学科版)，2011(4).

[8]董海燕，刘金丁．中国红歌会的传播学分析[J]．江西社会科学，2012(12).

[9]杜建华．“红色记忆”的嬗变：对“红歌”媒体呈现的考察(1979—2011)——以江西卫视“中国红歌会”为主[D]．上海：复旦大学，2012.

[10]凌勇．新媒体时代电视品牌栏目经营策略初探——以江西卫视“中国红歌会”为例[D]．南昌：南昌大学，2013.

(胡家玮，孙宜君)

唱出心中的爱与感恩
——中央电视台《向幸福出发》读解

“爱要大声唱出来!”中央电视台《向幸福出发》节目通过将歌唱表达与深度访谈结合，为“草根”百姓搭建讲述故事、展示自我的舞台。节目鼓励人们倾诉心中的爱与感恩，宣扬一种正向、积极的主流价值观，体现了中央电视台作为国家级主流媒体的强烈社会责任意识。

一、节目概述

中文名称：向幸福出发

节目类型：真人秀娱乐互动点歌节目、情感类综艺访谈节目

主持人：李咏、李佳明、王冠

播出频道：中央电视台综艺频道 CCTV-3

开播日期：2011 年 3 月

首播时间：每周二 19：30

重播时间：每周三 12：30

播出状态：播出中

《向幸福出发》是中央电视台综艺频道在全国首创的真人秀娱乐互动点歌节目。节目的口号是“爱要大声唱出来”，同时也制作了相应的主题歌曲，由主持人在开场时演唱。节目的主旨是将人们心中最质朴的情感和美好的祝愿用歌声表达出来，寄情于歌，寓情于心。

伴随着社会经济的快速发展，人们的工作越来越忙碌，而网络、手机以及电视等又消耗着人们工作之余的大量时间和精力，人与人之间缺乏面对面的交流和沟通，甚至家庭成员之间的感情日趋淡漠。此时无疑需要引导人们回归本真，重燃心中对亲情、友谊、爱情的热情，表达对他人给予的关怀照顾的感激。在当下的社会环境中，人们需要情感的表达，来减少摩擦增进感情，找回纯粹的幸福和心灵感动。《向幸福出发》就提供了这样一个机会，让你点歌给你想要感恩的人；提供了这样一个平台，让你能大胆唱出自己的感恩之情。

每期节目都有若干份“心意”委托，每一份心意的表达，都有一个委托人和一个接收人。委托人在节目现场点唱歌曲，接收人或毫不知情或在百般期待中得到委托人送出的惊喜祝福。祝福形式各异，可由委托人亲自诠释。节目中，有身怀绝技的杂技舞者向一路默默守护的父母表示感激，有平凡的“草根”百姓向身边肝胆相照的朋友表达谢意，也有相互扶持的“袖珍情侣”向对方告白内心深沉的爱意。

二、传播源流与路径

纵观当今国内电视综艺娱乐节目，“90%是克隆海外的节目制作模式”①。获得成功的节目，如《中国好声音》《中国达人秀》均是购买了国外的节目版权后引进国内的。对此，别家电视媒体纷纷起而模仿，催生出大量雷同的节目。这就导致了电视综艺娱乐节目整体创作领域的创新性缺乏，同质化和跟风现象严重。

在这种情况下，避免同质化的举措就是创新。央视综艺频道《咏乐汇》《非常6＋1》核心团队强力打造了《向幸福出发》这一节目。节目最初由李咏与王冠共同担当节目主持人。2013年3月，主持人改为李佳明与王冠。《向幸福出发》的一个创新点是融合了访谈与点歌两大核心元素。从这一点上看，该节目打破了当时国内电视综艺节目模仿和跟风的桎梏，走出了一条差异化路线，让观众不再审美疲劳，而是能够眼前一亮。此外，《向幸福出发》也力求改变“形而上”意味，避免为了追求形式而作秀、煽情。“其主线围绕人们日常深埋于心，难赋言语的情感展开，委婉地将心事借歌词唱给接收人听，经由这样一种挑战自我，亦是为对方制造别样惊喜的方式来讲述平凡生活中的深情大爱。”②其内容充分贴近民生，形式上选择了门槛很低的歌唱形式，嘉宾主要是“草根”百姓，展示的也是日常生活中平凡而动人的故事，没有刻意的煽情，却能以朴实平凡的力量打动人心。

《向幸福出发》的另一创新点是注重节目互动性，拓展多方位传播渠道。节目在互动性上，主要围绕两个方面展开。第一，嘉宾之间呈现传达感恩和惊喜的互动关系。一方嘉宾作为主人公，在访谈过程中叙述自己的故事，而另一方嘉宾却以“被动”给予惊喜的方式出现。这既激发了受众的好奇心，也增强了节目的趣味性。第二，嘉宾将唱歌表演呈现给观众，或诙谐、或温情、或可爱，观众通过欣赏表演而产生共鸣。这样一来，整个节目跳脱出传统访

---

① 区茵．从《中国好声音》看我国综艺娱乐节目发展的新走向[J]．中国传媒科技，2012(20)：12-13.

② 韩青．综艺外衣裹挟下情感的另类发声——以《向幸福出发》为镜反观“草根情感秀”的突破与固守．东南传播，2014(11)：81.

谈节目仅仅在主持人和嘉宾之间展开的形式，融入了与受众的互动，增强了受众的参与感。

在传播方式上，《向幸福出发》积极借助新媒体平台，拓展传播渠道。如今的电视节目，拥有优质的原创内容是远远不够的，正所谓“酒香亦怕巷子深”，还需要多维的传播渠道以及相应的热点话题，以增加节目的知名度和受众的关注度。以新浪微博的运用为例，《向幸福出发》不仅每周会在新浪微博上发布节目预告，与受众互动，而且会在新浪微博上公布报名渠道。受众可以通过新浪微博一键直达报名页面，这对保证节目的宣传效果大有裨益。

三、主要社会影响

《向幸福出发》主旨在于强调人与人之间情感的交流、表达与维系；唤醒现代人心中对家庭、亲情的重视与珍爱。节目中的委托人借助歌曲表达出内心的感激或想念——对家人、朋友或是爱人。伴随着当下经济的快速发展，人们的精神世界在物质生活越来越丰盛时反而愈发空虚。人们忙于追逐物质、工作应酬，没有时间停下来审视并充实自己的精神世界，许多本应传承发扬的美德渐渐被大众淡忘了。人们在获得事业上的成功或实现人生梦想之时，甚至忘记了应该对身边支持帮助自己的亲人朋友道上一声感谢。《向幸福出发》提供的正是这样一个平台，让受众感受到人与人之间真情的珍贵，认识到它的重要性，从而在生活中更加珍视彼此。节目中的委托人来自各行各业，有的获得事业成功后感激自己爱人的不离不弃、同甘共苦；有的常年漂泊在外，想念家中父母和那方故乡的土地；有的则感激朋友在自己事业低谷或生活不如意时的支持和鼓励。接受委托的节目组会去邀请这份“情义”的接收者，为委托人和接收者提供一个交流的平台。

1. 歌唱表演与深度访谈结合，使节目兼具趣味性和感染力

歌唱这一表演形式在当下国内真人秀节目中所占的比重无疑是非常大的。究其原因，首先，歌唱对表演者没有专业上的要求，每个人都可以自由地歌唱，这也符合节目“每一个普通人都可以来报名参加”的定位。其次，唱歌这一表演形式可以全方位地展示表演者的个人魅力，再加上适当的舞美和灯光，

可以营造出很强的观赏性。最后，表演者通过歌曲这种蕴意丰富的表达方式，或直接或委婉地将内心的情感诠释出来。这容易使受众产生情感上的共鸣，从而进一步提升受众的情感投入程度和参与度。

作为一档真人秀节目，故事性自然是节目最大的亮点。委托人借助《向幸福出发》这个平台，向接收者献上自己表演的节目，表达感恩或者思念等情愫。这就意味着委托人要和观众们分享其背后的故事。委托人往往在担任表演嘉宾的同时还担任受访者的角色，在主持人的访问过程中回忆其与接收者之间故事的点点滴滴，或喜悦或悲伤的经历。这无疑给节目带来了情感上的色彩和起伏。在2013年9月某期的节目中，一位普通的早餐摊主“油条姐”作为委托人，向与她携手创业、风雨中不离不弃的丈夫表达爱意和感激。“油条姐”现场还原自己在平日里摆摊时边工作边唱歌的场景，让人忍俊不禁。随后，她又回忆在创业初期生意惨淡时生活上的困顿，让观众颇为动容。

2. 鼓励表达和倾诉，宣导爱与感恩的正向价值观

《向幸福出发》有别于其他娱乐节目的最大特点便是节目中包含并一以贯之的对感恩的提倡——学会感恩，才能真正得到幸福。每个人都有拥有梦想的权利，但实现梦想的过程往往布满荆棘。此节目并没有扯出道德的大旗，强硬地向受众灌输其所提倡的价值观，而是采用一种柔性的方式，将人们之间情感交流时的动容与歌唱表演的娱乐性相结合，潜移默化中引导受众认可并接受节目所倡导的价值观念，在感染受众的同时并未在情感诠释上显得沉重。例如，2013年10月某期节目中，四位袖珍人委托人，向一直带领他们创业的前辈表示感谢。当他们开始回忆身为“特殊群体”的就业、爱情经历的时候，自然会谈及一些艰难时刻悲伤的往事，这对受众来说无疑在情感上是很大的压力。但是，在主持人的巧妙承接和嘉宾穿插的娱乐性表演的配合下，使得煽情的意味少了很多，整个节目的情感氛围是比较温馨、浪漫感人的。

四、阐述与评价

《向幸福出发》运用独特的角度、创新的表达方式，把每个人心中最质朴的情感和美好的祝愿用歌声来表达，寄情于歌，寓情于心，获得了广大观众

的好评。但细究起来，该节目也有需要改进之处。

1. 节目特色不够鲜明，吸引力不强

如今国内的歌唱类节目和访谈类节目都不胜枚举，《向幸福出发》将二者结合，想要兼顾两种模式，却没有捕捉到两种模式的精髓。其一，歌唱类节目最精彩的部分在于它的竞技性，即表演质量高，观看性极强，受众在观看时情感会充分投入，情绪也会随之起伏。而受众因竞赛机制而产生的对某位表演者的偏爱，会使他们在主观上具备与表演者进行情感交流的强烈愿望，从而产生深刻共鸣。在《向幸福出发》中，歌唱表演充当的是传达感激和爱意的渠道，没有任何竞技元素，且表演水平较低，观赏性不足，导致观众的热情难以被调动，节目效果大打折扣。其二，谈话类节目的精彩在于其深度，即充分挖掘受访嘉宾背后的故事和细节，在受众面前尽可能地勾画出生动的人物形象，受众会随着节目的推进，与受访嘉宾一起达到情感上的交流和共鸣。而《向幸福出发》最大的不足也正在于这一点，短短的谈话时间内，受访者讲述一两个生活中的故事，受众不了解故事背景和前后因果联系，很难与受访者产生情感共鸣。当受访者的情感深度没有和受众达成一致，受众不能感其所感时，节目的效果不仅大打折扣，还会遭受做作和煽情的诟病。

2. 受众定位欠清晰，受众忠诚度不高

在当今受众个性化意识愈发强烈的媒体环境下，想要兼顾各个层次的受众，不仅是异想天开，也意味着放弃了赢得受众忠诚度的机会。国内一些娱乐节目定位较为清晰，如湖南卫视的《快乐大本营》《天天向上》定位于青少年群体，而江苏卫视的《一站到底》《非常了得》则定位于具有一定知识文化水平的受众群体。因为目标明确，更易于有的放矢，提升节目的收视率。例如，《快乐大本营》经常邀请年轻偶像作为嘉宾参与节目，节目自然受到青少年受众的大力追捧；《非常了得》则任用孟非和郭德纲这对主持搭档，一逗一捧，嬉笑怒骂，对有一定生活阅历和文化水平的受众来说恰是投其所好。相比较而言，《向幸福出发》的受众定位则不够清晰明确。首先，委托人来自不同的行业和社会阶层，包括演艺界人士、“草根”明星和社会弱势群体等。这就从客观上决定了节目的受众很难定位于某一类特定人群。其次，歌唱表演风格

不一，类型多样，有流行歌曲、民歌以及戏曲等多种形式。这就从主观上极大地弱化了节目针对特定受众的吸引力。在主客观双重因素的制约下，《向幸福出发》很难吸引某一特定受众群体长期忠诚地关注，节目的收视率自然也难以提高。

五、阅读延伸

[1]李韦儒．电视综艺节目真善美的价值审视——以央视三套《向幸福出发》为例[J]．现代视听，2011(11)．

[2]李少华．国内电视综艺娱乐节目的沿革与发展[J]．活力，2013(2)．

[3]沈旸．论当前国内电视综艺娱乐节目的形式与特点[J]．浙江传媒学院学报，2011(4)．

[4]王思明．浅谈中国卫视综艺节目发展历程及趋势展望[J]．北方文学(中旬刊)，2013(1)．

[5]王瑜琨．鸳鸯金楼 以爱之名洒真情 董事长吴德荣录制《向幸福出发》现场爱心助残[J]．市场瞭望(上半月)，2015(5)．

[6]区茵．从《中国好声音》看我国综艺娱乐节目发展的新走向[J]．中国传媒科技，2012(20)．

[7]韩青．综艺外衣裹挟下情感的另类发声——以《向幸福出发》为镜反观"草根情感秀"的突破与固守[J]．东南传播，2014(11)．

[8]赵娣．论中国电视娱乐节目受众的角色转变及问题[D]．武汉：华中师范大学，2010．

（刘思琪）

本土化的亲子互动真人秀
——湖南卫视《爸爸去哪儿》读解

《爸爸去哪儿》是湖南卫视从韩国引进，并经过本土化改造的亲子户外真人秀节目。节目在中国首次将视角对准亲子关系，五位明星爸爸在没有妈妈们在场的情况下，与子女进行三天两夜的户外生存体验。节目在形式上摆脱了演播厅的特定空间，将拍摄的地点改到更为开放的户外。节目并非为了秀一下“星爸”和“星二代”的生活八卦，而是为了向“80后”父母们展示一部生活教育百科全书。

一、节目概述

中文名称：爸爸去哪儿
外文名称：Dad，Where Are We Going?
节目类型：亲子真人秀节目
主持人：李锐
节目导演：谢涤葵
播出频道：湖南卫视
在线播放平台：芒果 TV
开播日期：2013 年 10 月 11 日
播出时间：每周五 22：00
节目时长：约 100 分钟
播出状态：播出中

《爸爸去哪儿》是湖南卫视在 2013 年第四季度推出的一档亲子互动真人秀节目。这是湖南卫视继《变形计》之后又一档真人秀节目，并由《变形计》制作人谢涤葵和《我是歌手》制作人洪涛联合操刀制作。

《爸爸去哪儿》制作方将节目定位为大型明星亲子生存体验真人秀节目。节目采用季播的形式，第一季共 12 期，由林志颖父子、田亮父女、郭涛父子、王岳伦父女、张亮父子联手担任嘉宾。每期节目时长大概 90 分钟，一次完整的生存旅行体验过程分两期节目记录与播出，整个体验过程时间为三天两夜，五对父子(女)通过不断完成各种任务和挑战来进行互动体验。节目组为五对嘉宾安排的体验地点都是远离都市生活的偏僻地方，如北京郊区的灵水村、宁夏的沙坡头、云南水村普者黑等。这些地方对生活在繁华都市中的明星的孩子们来说是陌生而又好奇的，将孩子们和爸爸们安排在这样的环境中无疑为节目增加了悬念。另外，节目组为嘉宾们设置的任务和挑战也非常有趣，如做菜、放羊、治沙以及搭帐篷等。嘉宾们虽然各有所长，但是在陌生且较为艰苦的环境中又带着孩子，这些任务毫无意外地为节目添加了更多的趣味。

作为一档亲子体验真人秀节目，《爸爸去哪儿》具备了真人秀节目的所有要素。尹鸿教授指出："在真人秀节目中，'人'是核心，'真'是特色，'秀'是手段。"[①]第一，《爸爸去哪儿》所选择的嘉宾都是观众十分熟悉的娱乐圈或者体育圈明星，如近年来在电视荧屏上经常出现的林志颖，因为不老的容貌和偶像的气质获得了几代人的喜爱。另外，节目设计的父子或父女组合的形式也无疑让观众眼前一亮。观众对这些明星在荧幕前的表演已经司空见惯了，但是荧幕后的明星是什么样子的，明星与子女是怎样互动的，这些毫无疑问能够引起观众的好奇心。《爸爸去哪儿》节目组通过对嘉宾的合理选择和搭配，无疑保证了数量可观的观众群。第二，节目拍摄通过三天两夜全程跟拍的形式，来保证节目呈现的真实性。节目拍摄现场有四十多个机位全程跟拍，每一个细节都不放过。例如，摄像师进入明星家中，拍摄到了明星和子女们还没起床或者早晨准备的生活情景，画面真实细腻，满足了观众们对真人秀节目的好奇心和窥视欲。第三，正如前面所说，尽管明星与子女们的互动很生活化、很真实，但是作为一档真人秀电视节目，《爸爸去哪儿》终究不能避免"秀"的成分。前文所说的各种刻意设置的景点和安排的任务，增加了节目的趣味性和可看度。另外在后期剪辑上，剪辑师们通过蒙太奇手法和创意特效，给节目增添了更多的趣味元素。例如，林志颖的儿子小小志(Kimi)和王岳伦的女儿王诗龄在节目中有一些互动，剪辑师们将这些互动片段刻意组合在一起，营造出两人"青梅竹马""两小无猜"的温馨画面，增加了节目看点。此外，各种字幕的添加，一方面弥补了现场跟拍效果的欠缺，另一方面增加了节目搞笑的成分。

总之，《爸爸去哪儿》通过嘉宾的选择抓住观众群，通过全程跟拍和多角度展现突出节目的真实性，通过创意剪辑和特效增加节目的趣味性。该节目在国内电视荧屏被选秀和相亲节目占据的环境中突出重围，不能不说是节目组匠心独运的结果。

二、传播源流与路径

与国内很多成功的电视节目一样，《爸爸去哪儿》也是"舶来品"。它的原

① 庄序芃．浅析亲子互动真人秀节目[J]．东南传播，2008(11)：10-11.

型是韩国文化广播公司的《爸爸！我们去哪儿?》。自2013年1月初开播以来，《爸爸！我们去哪儿?》创下超过10%的收视纪录，连续几个月稳坐韩国电视综艺节目冠军宝座。韩国与中国同属汉文化圈，分享同样的儒家文化和伦理道德规范，亲子关系是这种文化中重要的一部分，亲子教育问题也是中韩两国新一代的父母最为关心的问题。所以，湖南卫视《爸爸去哪儿》在基本保持节目原型不变的情况下，在国内能够获得成功是可想而知的。

除了有相同点，《爸爸去哪儿》与原版相比也有一些不同之处。原版节目中的旅行时间为48小时，而中国版的时间则延长到72小时，这跟韩国和中国电视台各自电视节目的编排习惯有关。此外，二者最大的不同在于节目的侧重点和风格。韩国社会的男权主义现象较为严重，女性结婚之后大多选择辞去工作，相夫教子，做典型的家庭主妇。这在无形中提高了对韩国男性的要求，因此韩国对男孩子从小就注重体能和勇气的培养。所以在韩国原版节目中，节目组安排了4对父子和1对父女，并且多侧重孩子们自身的挑战，挖掘孩子们的潜能。中国版则有所不同，嘉宾设置上改为3对父子和2对父女，增加了女孩子在节目中的比例，同时更多关注父子(女)之间的互动和关爱，在体现亲子教育重要性的同时突出爸爸们与子女间的温情。例如，田亮的女儿田雨橙临睡前在田亮脸上深深一吻，庆祝他生日快乐，贴心的举动感动了所有观众。在节目风格上，两国的节目也有所区别。韩国综艺节目尤其是真人秀节目牢牢秉承韩国肥皂剧的特色，平淡而生活化，不温不火，但在细节处见真情，细腻而真实。《爸爸去哪儿》相比于韩国原版，增加了很多戏剧化的成分，正如前文中所说的“秀”的成分。这与国内观众的收看习惯有关，国内观众多喜欢戏剧化的节目效果，《爸爸去哪儿》节目组因地制宜，通过合理的本土化将节目扎根本土视角，抓住国内观众群。

《爸爸去哪儿》一经播出，反响热烈。湖南卫视一周重播8次，获得大量收视份额，各大主流视频网站也竞相购买版权播出，抢占点击率。除了传统的电视荧幕和人们最熟悉的网络视频播出渠道外，湖南卫视再一次另辟蹊径，整合播出渠道，将手机屏幕和院线大银幕一起整合，实现四屏联动。

“呼啦”是湖南卫视联合上海宏蝠网络有限公司开发和运营的一款手机应用客户端。电视观众可以通过移动终端参与节目互动，如在湖南卫视的另一档节目《我是歌手》总决赛中，节目组通过“呼啦”客户端在参与互动的观众中选出3000名幸运观众参加总决赛的现场直播。2013年10月8日，湖南卫视再次整合万达院线，通过“呼啦”客户端集齐50枚“呼啦元”的父子（女）或者在“呼啦”上上传爸爸与孩子的亲子照的观众就有机会获得“爸爸去哪儿首映礼”的入场券，就有机会在首映礼当天到电影院里坐在大荧幕前观看首映并且现场与五对明星父子（女）进行互动。① 湖南卫视第一次将电视荧幕、视频网站、手机终端和院线银幕四大传播渠道整合到一起，开国内电视节目传播方式之先河。这在增加收视率、扩大节目影响力和提高电视节目产业化水平上有重要的意义。

三、主要社会影响

以上我们从传播方式与路径层面分析了《爸爸去哪儿》热播的原因。从传播者的角度来看，《爸爸去哪儿》离不开节目组的精心制作和传播策划。此外，受众的心理需求也是节目热播的重要原因。传播学中拉扎斯菲尔德的两级理论认为，信息在传播过程中不是直接流向一般受众，往往通过一个“意见领袖”传播给一般受众，即大众传播—意见领袖——般受众的模式。现代电视观众在观看真人秀节目时其实是在寻找一种“意见领袖”。在当代中国社会，“80后”“90后”逐渐为人父母，新一代的父母在教育子女问题上与上一代有所不同，他们需要在现实生活中找到处理亲子关系、实施亲子教育的“示范模板”。《爸爸去哪儿》中的几对明星父子（女）恰好充当了这种示范模板，也就是“意见领袖”的作用，尤其是父爱教育。节目组选出的几位爸爸都是形象积极向上、口碑俱佳的明星，他们的形象有一定的号召力、影响力以及亲和力，观众更容易将他们的亲子教育方式融入自己的亲子教育中。节目制作人谢涤葵在采访中表示父亲对孩子个性品质的形成有重要影响，“《爸爸去哪儿》第一次从父亲的角度去解读亲子教育，凸显父亲在育儿中的特殊作用，对于新生代父母

① 参见腾讯娱乐.《爸爸去哪儿》首映礼四屏联动 呼啦互动升级[EB/OL].[2013-09-30]. http://ent.qq.com/a/20130930/013648.htm.

来说有很好的启示作用，在寓教于乐中更好地营造快乐的亲子关系”①。这也是《爸爸去哪儿》这一节目对受众最重要的影响。

随着《爸爸去哪儿》的热播，节目也产生了附加的社会影响。例如，此节目第一季第一期录制的地点北京灵水村俨然已经成了一个非常热门的旅游景点；超高的收视率和点击率给湖南卫视带来了巨大的经济效益；几位明星爸爸的子女毫无疑问已经成为炙手可热的“星二代”等。

四、阐述与评价

作为一档真人秀节目，《爸爸去哪儿》牢牢抓住了真人秀节目的本质特点，以人为核心，以真为特色，以秀为手段，结合当下社会亲子与育儿的热点话题，在目前国内综艺节目日趋同质化的环境中一炮而红。另外，节目制作者用心良苦的制作态度和独辟蹊径的宣传方式，也是《爸爸去哪儿》收视与口碑双丰收的重要原因。

我们没有必要要求一档真人秀节目承载过多的“教育”因素，但是《爸爸去哪儿》却在无形中承载了大众传播媒介宣传教育的社会功能。几位爸爸恰当合理的教育方式和为培养良好亲子关系所做的努力让观众们能够受到启发。尤其是对即将或者已经为人父母的年轻观众来说，上一代父母的教育和沟通方式难免与时代有所脱节，他们需要寻找新的“意见领袖”来完成自己对下一代的亲子教育。而《爸爸去哪儿》所倡导的父爱教育，对中国传统家庭教育中父亲角色疏离这一现象有重要的启发和引导作用，这是这一节目在娱乐功能之外所承载的最有意义的一个功能。

意料之中，《爸爸去哪儿》播出后，中国电视屏幕上如雨后春笋般涌现出各种以亲子为主题的电视节目。国内电视节目的模仿能力是毫无疑问的，但创新能力的薄弱也是有目共睹的。《爸爸去哪儿》尽管引进自韩国，但是能够获得不俗的收视成绩也是因为其经过了合理的本土化。如何继续保持关注度，

---

① 搜狐娱乐．芒果台第四季关爱亲子《爸爸去哪儿》温情发声[EB/OL].[2013-09-03]. http://yule.sohu.com/20130903/n385742911.shtml.

是《爸爸去哪儿》应该考虑的。

我们认为，以下几点是《爸爸去哪儿》值得注意和改进之处。第一，保持现有的制作水平，后续节目在嘉宾选择、节目制作和宣传推广上必须走精品化路线。由于网络的发展，国内观众观看制作精良的欧美日韩综艺节目已经不是什么难事，观众的审美要求逐渐提高。保持精良的制作水平，是节目组在面对国内外同类型电视节目时必须考虑的问题。第二，进一步本土化改造，增加与观众的互动，听取观众的意见。《爸爸去哪儿》摆脱了韩国原版节目过于平淡和生活化的特点，通过"添油加醋"地增加戏剧化情节来适应国内观众的口味。但是众口难调，有人偏爱戏剧化，有人偏爱生活化，节目组能做的就是不断听取观众的意见，不断改进和完善节目。第三，坚持节目积极向上的正面形象，发挥节目教育引导功能。不能为了收视率而落入造假和做作的俗套，尤其对真人秀节目而言，观众的收视期待是真实的情感体验。节目组必须牢牢秉持发挥"正能量"的节目理念，提升节目品位和社会意义，这样才有利于节目的长远发展。

五、阅读延伸

[1]尹鸿，冉儒学，陆虹．娱乐旋风——认识电视"真人秀"[M]．北京：中国广播电视出版社，2006.

[2]钟新，刘丫．社会示范：《爸爸去哪儿》节目的核心价值[J]．新闻与写作，2013(12).

[3]陆地，陈思．中国电视，你去哪儿——《爸爸去哪儿》节目热播的思考[J]．新闻与写作，2013(12).

[4]高琼．《爸爸去哪儿》节目形态浅析[J]．视听，2013(12).

[5]郭媛．《爸爸去哪儿》的受众心理分析[J]．青年记者，2014(2).

[6]梁湘梓．亲子类节目如何在借鉴中发展——基于《爸爸去哪儿》的叙事分析[J]．视听，2013(12).

[7]万婧．从"平民偶像"到"偶像平民"：电视真人秀的文化解读——以《爸爸去哪儿》为例[J]．现代传播(中国传媒大学学报)，2014(6).

[8]萨其尔.《爸爸去哪儿》：跨文化传播的成功实践[J]. 视听，2013(12).
[9]张鑫扬. 以《爸爸去哪儿》为例探讨我国真人秀节目如何突破[D]. 长春：东北师范大学，2014.
[10]柳志鹏. 湖南卫视《爸爸去哪儿》节目研究——基于发展传播学视角[D]. 武汉：华中师范大学，2014.

（时天琦，孙宜君）

互动求证，探究真相
——中央电视台《是真的吗》读解

大型互动求证节目《是真的吗》，首创网台联动的全新方式，携手电视观众与广大网友，通过各大新媒体共同互动求真，对网络流言进行专业验证与权威实验，为国人探求真相。节目将新闻调查与综艺娱乐、脱口秀等多种元素相融合，用最幽默的语言讲述最严肃的事件，既有科学性又有趣味性。

一、节目概述

中文名称：是真的吗

外文名称：Is It Ture

节目类型：大型互动求证节目

主持人：黄西、陈蓓蓓

总导演：杨宁

播出频道：中央电视台财经频道 CCTV-2

制作单位：中央电视台财经频道、光线传媒

开播日期：2013 年 4 月 28 日

播出时间：每周六 19：30

节目时长：60 分钟

播出状态：播出中

《是真的吗》是一档由中央电视台财经频道于 2013 年全力研发的大型互动求证节目。每期节目大致包括如下版块："黄西·开场秀"、网络流言验证、现场实验验证、"黄西·我相信"、重量级调查类选题、"黄西·有说法"等。在短短的 60 分钟里，以脱口秀为纽带串联每期节目需要验证的五大选题，既非传统科学验证调查，也避免了一般脱口秀节目的流俗硬伤，混搭出节目的高端与新意。

节目主持人陈蓓蓓通过现场真假实验，一分钟还原事情真相。节目组还邀请了来自美国的脱口秀名嘴黄西作为节目嘉宾，让其用轻松、幽默的美式脱口秀对时下热议的网络流言进行点评和求证。黄西曾受邀参加被誉为"喜剧界奥斯卡"的美国深夜收视率冠军节目《莱特曼秀》，被美国人亲切地称为"喜剧界的姚明"。他还曾受邀赴美国白宫为美国政界和新闻界人士表演。而他在《是真的吗》节目中与陈蓓蓓搭档脱口秀，用最幽默的语言讲述最严肃的事件，让这档节目做到了三点有机结合——有看点、有热点、有笑点。

二、传播源流与路径

2013年4月28日至2013年5月1日，央视财经频道推出了大型原创互动求证类节目《是真的吗》，于每日20：00播出并连播四期。节目首次尝试运用网台联动的全新方式，与电视观众及广大网友交流，通过各大新媒体共同互动求真，对网络流言进行专业验证与权威实验，为国人探求真相。节目一经播出便得到了社会各界人士与广大网友的热烈反响。四期节目播出后，“央视是真的吗”在搜索引擎上相关内容达1500000条，微博相关内容达1641877条，论坛相关内容也达189603条，“是真的吗”成为当时网络上最受关注的热门话题之一。因此，自2013年5月11日起，该节目于每周六19：30在央视财经频道进行日常周播。

《是真的吗》虽然在制作过程中加入了脱口秀及明星竞猜等综艺元素，但探究其本质，依然是科学求证类节目。此类节目的兴起源于人们处在一个信息爆炸的时代，流言四起而无从辨别，加之互联网的推波助澜，使得流言的传播范围更加广泛，传播速度更加迅疾，而影响效果也愈加明显。

根据郭庆光的定义，“流言是一种信源不明、无法得到确认的消息或言论”①。它通常发生在社会环境具有较高的不确定性，而正规的传播渠道(如大众传媒等)不畅通或功能减弱的时期。流言的产生往往伴随着大量的谣言，这会给社会的正常运行和公众的日常生活带来不良影响。在这样的社会背景下，公众需要大众媒体给出权威性的答案和回应。

因此，在全球范围内，一批以科学求证为形式的电视节目横空出世。它们对存在于人们生活中的各种流言进行阻断，成功扮演了“流言粉碎机”的角色。从2003年美国探索频道推出的全球知名科普节目《流言终结者》，到英国天空电视台的《开动脑筋之科技来袭》，再到我国台湾地区公共电视频道的《流言追追追》以及我国大陆湖南卫视的《新闻大求真》等，都为流言的终结做出了贡献。这些节目成功破解了诸如“手机会导致飞机失事”“红布惹牛怒”“微波炉加热水或牛奶会爆炸”“涂过夜茶和维生素E后眼睫毛会变长”等流言，为公众

① 郭庆光．传播学教程[M]．北京：人民大学出版社，1999：98.

成功阻击了网络“潘多拉”。

区别于直接买入海外热门节目版权和跟风拷贝热门节目模式，《是真的吗》由央视财经频道与光线传媒公司合作，在电视科学求证这一节目形式上深入挖掘，从节目外在包装到内核模式设置上完全实现自主研发。《是真的吗》成为央视财经频道创新节目中较为成功的一个。此节目沿袭时下流行的网台联动制作方式，携手电视观众与广大网友，通过新浪微博、天涯社区、搜狐新闻客户端等新媒体实现同步互动及求真，对网络流言进行专业解读与权威实验。

三、主要社会影响

《是真的吗》节目选题主要来源于网络，从网友们热议及关心的话题中选取，并由网友投票选择支持或不支持该观点。节目通过电视新闻的方式对流言进行调查求证或者通过科学实验进行真相验证，并采用脱口秀与明星竞猜游戏的表达方式。选取电视这个传统媒体进行权威验证，配以轻松幽默的方式表述真相，再利用多种媒体渠道传播真相，这是《是真的吗》的一个总体制播脉络。在这样一个清晰和新鲜的传播框架下，才诞生了这样一个成功的大型互动求真节目。《是真的吗》的特色鲜明，影响较大也较为广泛。

1. 互动——实现传播到达

《是真的吗》作为大型互动求证节目，第一个突出特点就是创新“台网联动”模式，着力实现全民互动参与。节目的海量选题都来源于网络，每期选出的五个选题都由网民投票产生。在每期节目播出的时候，屏幕左下方都会出现二维码。节目呼吁观众通过扫描二维码，参与到“央视财经”搜狐新闻客户端的全程同步直播中，每期节目参与网民均有十万之多。

传播到达，可以说是所有传播形式的终极目标，评价电视节目成功与否的一个重要标准也在其中。优秀的电视节目早已不仅仅局限于节目对受众的单向传播，而是致力于与受众的多渠道互动。《是真的吗》可以说将与观众及网民的互动贯穿于节目始终，从选题来源、求证调查到真相传播都紧紧借助观众和网民的力量，使得他们能够真正参与到节目中来。这种全民互动的形式有效实现了传播到达的目标。这一点可以通过节目极具竞争力的收视率得到印证。自2013年4月28日第一期开播起，节目稳居央视财经频道收视第一的宝座，收视率绝对数字节节攀升，就是与同档期其他电视台的综艺节目、电视剧相比也毫不逊色。

2. 匡正——回归媒体本质

中共中央宣传部《关于进一步加强科普宣传工作的通知》指出："通讯社、报刊、广播、电视、互联网等各级各类大众传媒，要充分发挥各自优势，切实担负起科普宣传的责任。"

从国人关注的民生话题到关乎生命的健康资讯，从众说纷纭的行业内幕到扑朔迷离的网络流言，在网络上引发公众热议却从无权威验证的话题层出不穷。为解开广大网友的困惑，央视财经频道推出的大型互动求证节目《是真的吗》通过专家采访、真相调查、现场验证、专业实验等方式求证事实真相，正好符合了中共中央宣传部的工作要求。

节目尝试用纪实的手法、科学的实验来验证流言的真伪，这既可以让公众意识到科学真相对于日常生活的重要性，又可以在进行科学实验的过程中，唤起公众对真相的探索欲。当然，无论是观看新闻调查和科学实验层层剥离，揭开流言真实面目的过程，还是亲自置身于真相求证的情境中，都可以达到培养和提高公众的科学素养的目的。节目对流言真实性的求证过程，既是对媒体宣传庸俗化的一种匡正，也是媒体本质的回归。

3. 混搭——传递正面能量

为了改变往日真相揭露和科学求证节目大多反映社会负面信息的不良形象，《是真的吗》节目组尝试通过时下最流行的幽默脱口秀形式，加上明星竞猜环节，增添节目的娱乐性，来平衡这种负面效果，传递正能量。

节目邀请对美式幽默心领神会的脱口秀达人黄西做主持人，以"黄西·开场秀""黄西·我相信"以及"黄西·有说法"的流程设置将节目的各个环节串联，用轻松调侃的方式保证节目流畅性和娱乐性，旨在传递给观众面对真相时应该有的态度，即笑对笑谈。例如，面对国内节节攀升的房价问题，黄西曾这样调侃道："最近有一位据称是国家发改委经济学教授的人说全国的大中型城市的房价将会崩盘。有人问他为什么会这么讲，他说希望自己买房子的时候，多一些选择。”

四、阐述与评价

关注和喜欢《是真的吗》的观众，总是为节目中的一个或者多个元素所吸引。接下来，我们将对节目中的一些亮点进行阐述，并针对节目中的不足之处提出建议。

说到《是真的吗》这档节目，不得不提的是节目主持人黄西以及他的美式幽默。黄西尽管长相平平，却着实与节目的腔调合拍。尤其是在说幽默的话语时，他总是带着一本正经的表情。这样的一板一眼也许并不讨喜，却一定会使观众对他印象深刻。美式幽默一贯抛出的是“长包袱”，需要观众注意前后联系，这恰好符合央视财经频道对“三高”收视群的定位。在节目一个小时的录制过程中，每隔十几秒观众席就会爆发出笑声。正因为融入了时下火热的脱口秀元素，不免要与郭德纲和周立波的节目进行对比。黄西的脱口秀，既不同于郭德纲的相声风味，又不同于周立波的海派清口，很有自己独特的风格，让人笑过之后还有回味的空间，给人带来耳目一新的感觉。但这种冷幽默也为许多网友所诟病，传统文化的植根使得公众对美式幽默的接受度大大降低。这种磨合需要时间，也需要实践者在表达方式、表达内容上的精雕细琢，将中西方文化更好地融合。

求证类节目让观众带着疑问去探究话题的真假，这是节目最大的亮点。因此，话题的选择就成了吸引观众的一个重要因素。一个优秀的求证类节目在话题选择上应该遵循从实际出发的原则，以丰富知识和贴近生活为导向，积极捕捉和挖掘新闻热点。在贴近生活上，《是真的吗》曾经报道过某些快递公司的快递员利用职位之便，将客户隐私随意买卖的事件，引起了轩然大波。同时，节目组还通过官方微博在“双十一”网购节到来之时提醒广大网友将用过的快递单据销毁，保护自己的隐私。再如，对于白头发拔一根长十根的传言，《是真的吗》也进行了求证，并提出了解决方案。节目首先说明这种说法没有科学依据，因为每个毛囊中最多会长两根头发，拔去白发时并不会对其他毛囊产生影响；然后指出最好还是将白发齐根剪掉，以减少对毛囊的破坏。在有效捕捉新闻热点上，节目组也不断更新，如围绕“免费港澳游不免费”这个话题曾展开过全方位的调查。《是真的吗》节目现场曾请来一位参加过“免费港澳游”的受害者讲述其被强制性购物的经历，再通过节目真相小分队的实地调查在观众面前完整呈现“免费港澳游”的利益链条。这种对事情本质的全面解读，使得日益火热的“免费港澳游”成为当时的新闻热点事件，并被各大媒体争相报道。

在节目网台联动的全新方式下，互动性应该是《是真的吗》区别于其他求证类节目的一大特色。在与电视观众、广大网友携手的基础上，《是真的吗》将互动贯穿于节目话题选择、流言验证到公布真相的全过程。但在互动形式和互动程度上，节目目前还没有做到十分成熟。节目可以增加一些现场互动的环节，使得播出效果更加生动真实；也可以更多地采纳网友提供的证据，包括照片或者视频，让观众融入节目的制作中去，从而使节目价值最大化。

最后，回到节目自身定位上来，《是真的吗》始终是一个集科学实验、新闻调查、现场访问于一体的求证类节目。科学的严谨性和新闻的真实性，才是节目能够真正长远发展下去的灵魂。节目组在真相调查和科学实验上应该多下功夫，展现出面对流言时应有的态度和价值观，确保流言验证结果的真实性，这样才称得上是真正为观众解疑答惑。

五、阅读延伸

[1]李翔.《流言终结者》与电视科教类节目创新[J].新闻爱好者，2012(5).

[2]王雅.《是真的吗》——用最幽默的语言讲述最严肃的事件[J].西部广播电视，2014(8).

[3]李翔，吕萌.央视生活服务类节目互动形式初探[J].电视研究，2006(10).

[4]石长顺，姚洪磊.电视策划与节目创新三步曲[J].新闻与写作，2010(7).

[5]吴瑕.为网络流言“把关”——从《是真的吗》看互动求证节目的创新[J].青年记者，2014(11).

[6]宋彬，沈鉴宇.“科教+脱口秀”的杂糅与共赢——以央视财经频道《是真的

吗》节目为例[J]. 青年记者，2014(17).
[7]丛一. 那些无胫而走的谣言……——“是真的吗”与“就怕万一”[J]. 中国质量，2014(1).
[8]蔡骐，刘毅. 网络虚拟社区中的科学传播——以果壳网为例[J]. 湖南大众传媒职业技术学院学报，2012(6).
[9]万嘉懿. 科学求证类节目《是真的吗》的创新与探索[J]. 新闻世界，2015(4).
[10]张希. 电视节目《是真的吗》的融合与创新[J]. 名作欣赏，2015(9).

（王雅，孙宜君）

探讨人生真谛，感悟艺术精神
——中央电视台《艺术人生》读解

《艺术人生》以其独特的视角、真诚的情感交流、淋漓尽致的细节刻画以及跌宕起伏的叙事结构，将自身与一些媚俗的明星娱乐性节目区分开来。节目宗旨是：用艺术点亮生命，用情感温暖人心，探讨人生真谛，感悟艺术精神。

一、节目概述

中文名称：艺术人生
节目类型：谈话节目
主持人：朱军
制片人：王峥
节目编剧：马宁、李谦、张亚菲
节目导演：詹矿辉、柏松、刘欣、李晓蕾
播出频道：中央电视台综艺频道 CCTV-3
开播日期：2000 年 12 月 22 日
播出时间：每周三 21：30
播出状态：播出中

《艺术人生》是中央电视台于 2000 年开播的一档谈话类节目。该节目的宗旨是：用艺术点亮生命，用情感温暖人心，探讨人生真谛，感悟艺术精神。这是此节目区别于当下娱乐性节目的重要标志。长久的收视保障自然也源于其雅俗共赏的节目基调。

主持人朱军在每期全长 50 分钟的节目中，能够对嘉宾纷繁的艺术人生进行抽丝剥茧，将他们的“凡人”特质真实地展现于公众眼前。自开播以来，这档节目深受观众的喜爱，多年来一直稳居央视综艺频道收视前三名，成为中国家喻户晓的节目，也成为中央电视台的名牌节目。

《艺术人生》开播至今已有 15 个年头，其间访问的明星嘉宾已有数百人，如刘欢、蔡琴、彭丽媛、关牧村、陈凯歌、谢晋、蒋雯丽、潘虹、常香玉、梅葆玖以及姜昆等。他们来自音乐、影视、文学、舞蹈、戏曲、小品以及书画等文艺界各个领域。其中大多是各领域的名家名人，他们在主持人朱军独特视角的挖掘下，讲述在艺术光环下的人生感悟。短而精的节目制作，让这档谈话类节目经久不衰，成为中国访谈节目的典型代表。

二、传播源流与路径

《艺术人生》的传播源流与路径其实就是其自身的发展轨迹。2000 年底，中央电视台综艺频道全面改版，立志要推出多档有个性、有品位的节目。央视将创办《艺术人生》的任务交给了王峥及其创作团队。当时的王峥是一个刚从北京广播学院(中国传媒大学的前身)毕业到中央电视台才一年的年轻制片、编导。她领导的《艺术人生》团队最初只有九个人，平均年龄不到 30 岁。他们将这次改版当作节目创新与实践理想的机会。当时，在一般人眼里，这是一档凭明星的脸就能获得收视率的节目，而且也容易落入俗套。可是王峥坚持以纪录片的理念来创作节目，她不能也不愿意重复别人的做法。“这是一个不太令人满意的娱乐界，精神的魅力在娱乐界几乎将近荡然无存，时尚消解了太多的精神危机，一切情感演变为廉价的消费品。而最令人担忧的是，太少的声音在质疑，艺人们乃至媒介中人努力在适应着非此即彼的克隆栏目……”[①]王峥他们一直在努力寻求一种不媚俗的声音、一种对社会有益的声音，一直在实践着他们共同的目标——用艺术点亮生命，用情感温暖人心。今天，我们回过头来细细品味《艺术人生》的座右铭，依然能够感受到这个节目所提倡的那种浓厚的人文关怀。这样的关怀体现在他们对真实、善良、美丽等品质持之以恒地追求和呈现中，体现在他们为观众提供的独特视窗中，体现在他们创造的“让荣耀回归平凡，让平易沟通尊贵”的人格境界中。在这里，每个生命个体都是平等而有尊严的。为了这份尊严，王峥和她的同事们勇敢地去做一些崭新的尝试。

《艺术人生》于 2000 年 12 月 22 日晚 9 点开播，用人物访谈的形式，真实地记录访谈嘉宾的成长经历和人生故事。在节目开办仅仅一年多的时候，节目便以独具魅力的内容、强烈的人文关怀、真诚的情感交流以及跌宕起伏的环节设计，受到广大电视观众的喜爱，成为中央电视台综艺节目的收视新热点。

此后，《艺术人生》在“探寻人生真谛”的节目主题与时代大背景下，推出

① 侯美红，艾中.《艺术人生》制片人王峥用艺术点亮生命[EB/OL].[2002-07-29]. http://medianet.qianlong.com/66/2002-7-29/35@349766.htm.

了《红楼梦再聚首》《西游记再聚首》等特别节目。这是对经典艺术作品的回味，也是对有关艺术家艺术人生的回首。这样的特别节目都获得了极高的收视率，并且形成了《艺术人生》新的节目品牌。

2012年12月15日，《艺术人生》改版后的新节目正式开录，首度邀请三位地方卫视主持人孟非、何炅、谢娜当嘉宾，并加入了更多的综艺元素。全新的舞台效果与主持人搭档，让节目焕然一新，显得更加华丽。节目在嘉宾的选择上也更加贴合时下主题和潮流，从而扩大了节目的收视群体。

2013年7月4日起，《艺术人生》又推出暑期特别系列节目《致青春》，并在这一系列节目中增加了一个主持人——谢娜。对于与谢娜的多次合作，朱军直言十分满意，希望以后能有机会再次合作。

还要特别提到的是，从2002年起，《艺术人生》栏目连续多年在岁末年初制作年终盘点节目"温暖"系列。这一系列节目全方位地展现了中国文艺界最具影响力、最温暖人心的年度人物、作品和事件，弘扬文艺领域的正气，鼓励文艺领域的创新。这也体现了《艺术人生》在传播方式与传播路径调整上所作的努力。

三、主要社会影响

《艺术人生》自2000年12月22日晚第一次亮相，收视率就位居中央电视台综艺频道的第二位。用节目制片人王峥的话说："《艺术人生》没有成长期，它从一开播就直接进入了成熟期。"[①]节目以"正直品质、极端制作"为核心理念，以人文关怀的精神，关注中国文化艺术界的重大事件与代表性人物，以强大的制作班底制作完美节目。

作为一档优秀的谈话节目，《艺术人生》拥有一个雅俗共赏的节目总基调，在此基调下形成模块化的节目设置，更有利于主持人对嘉宾叙事起到应有的引领和把控作用。节目开宗明义，主持人会向现场观众提到嘉宾的独特之处和闪光点，抛出疑问设悬念。于是，观众带着一系列的疑问和好奇去了解嘉

① 搜视网．艺术人生[EB/OL]. http://jq.tvsou.com/introhtml/766/1_76647.htm.

宾的人生故事。而人生故事中最直击人心、催人泪下的东西就是“爱”，就是“情”。“爱”与“情”是跨越时空的亮点，是恒久弥坚的支撑。譬如，常香玉、德德玛，一生的事业、病后的生活主要靠爱情支撑；陈昆、朗朗的成名得益于恩师的扶持与指点；蔡琴、谭盾等人的精神支撑与事业的辉煌，最离不开的是友情；陈凯歌、黄磊，都是父亲为他们开启事业的大门；尤其是老表演艺术家秦怡，她虽然年逾古稀，但在献身事业的同时依然坚持照顾身患残疾、无法自立的儿子。“《艺术人生》用‘爱’和‘情’，给观众讲述着一个个真实感人的故事；用‘爱’和‘情’，在艺术界为观众挖掘出了一处处精神富矿。爱，演绎着动人的故事；情，牵动着众人的目光。以‘爱’为经线，以‘情’为纬线，《艺术人生》为艺术界、为大众编织出了一幅幅值得怀念、值得品味、值得欣赏、值得珍藏的壮丽、温馨的生活画卷。”①

从另一方面讲，每一位观众的心中都有自己喜欢的明星和偶像。与自己喜欢的明星见面，目睹明星的风采，看看明星卸下光环后的真实面容，与他们进行面对面近距离交流，是广大粉丝和电视观众的愿望。《艺术人生》准确地把握了观众的这一心理，把访谈嘉宾锁定为观众喜爱的明星，将明星邀请到电视台演播室与主持人和电视观众一起交流。明星都是“当事人”，他们会以具体生动的生活实例现身说法，回答主持人和观众提出的问题，使观众看到明星同普通人一样最真实的一面。尤其是同处于成功地位的名人交流，可以使观众感受他们的生活方式，自觉或不自觉地将之与自身所处的社会情境和生活体验相联系。明星们坦诚的话语很容易使观众产生共鸣。同时，节目将明星与成功人士的成长经历、奋斗历程等展现给受众，这就不仅提供了“用艺术点亮生命，用情感温暖人心”这样人文化的美学经验，而且有着更加实际的功用。大众通过了解别人的成长经验，来帮助确立自己的人生目标并调整生活态度。所以，《艺术人生》在选取与嘉宾相关的谈话素材时，特别关注影响嘉宾职业选择的个人性格和生活能力，或使其人生命运发生转折的重要事件和重要人物。偶像的奋斗历程无疑传达着某种独特的价值观念，影响着观

① 邹彩虹．谈CCTV《艺术人生》栏目——用智慧解析明星 用真诚拉近受众[J]．科技传播，2011(3)：5-6.

众对自我价值的判断。

总之，《艺术人生》以其“安静、大气、典雅”的风格赢得了广大电视观众的青睐。同时，它又以嘉宾的人生经历感动与启迪着广大电视观众，用真诚的情感温暖与影响着广大电视观众。

四、阐述与评价

《艺术人生》节目自创办到现在，十多年来评论文章数以千计，其中褒扬居多，不乏真知灼见。为什么说《艺术人生》节目开播即进入成熟期，并长期保持成熟期而且赢得了良好的口碑？我们认为，有以下几点值得肯定与借鉴。

1. 以嘉宾的人生艺术激发受众的观看兴趣

嘉宾的选择对于人物访谈节目至关重要。《艺术人生》较好地利用明星效应来吸引住观众的眼球。节目所请嘉宾大都是文艺界知名人士，他们的作品往往是人们熟知的，有着引人注目的影响。自然，受众会对他们产生浓厚的了解兴趣。通过《艺术人生》，观众可以体味光鲜亮丽的明星在成长过程中不为人知的酸甜苦辣。而且，这些知名人士，他们丰厚的生活阅历、坎坷的人生经历、独特的人生感悟都会带给观众有价值的信息，一定程度上满足了观众的求知欲。《艺术人生》开播十多年来，孙道临、李默然、谢晋、濮存昕、蒋大为、冯小刚、余秋雨、张艺谋、陈凯歌、刘欢等数百位文艺界知名人士纷纷作为节目嘉宾，讲述他们的奋斗历程、真情实感和人生境遇，使以往被光环所笼罩的名人回归生活的本真。普通观众在与这些知名人士交流的过程中，可以自觉或不自觉地将他们与自身所处的社会情境和生活体验相联系，从而在社会心理上产生共鸣。此外，在收看节目的过程中，观众可以从“历史性”名人那里了解到一定的历史知识，从嘉宾的生活经历中得到某些启迪。例如，在“刘欢：六十年代生人专辑”中，刘欢回忆了关于20世纪60年代的记忆碎片：“一分钱一块水果糖，两分钱一盒火柴，三分钱一支冰棒，五分钱坐五站公共汽车，一毛钱看一场老电影。”节目再现了当时的蹉跎岁月，而那“铁锹玫瑰”“革命＋浪漫”的时代精神也给许多观众带来了激励。

2. 以主持人的独特风格营造民主开放的谈话氛围

对于谈话节目来说，主持人是其成功的重要因素。主持人控制着节目的整个节奏和整体风格。《艺术人生》的成功，离不开朱军扎实的主持功力和风格。

朱军的主持风格是平实、温和、机智而不失幽默的。我国的名人访谈节目，大致存在两种类型：一种以《艺术人生》《鲁豫有约》等为代表，参与者由主持人、嘉宾和现场观众三方组成。另一种以《杨澜访谈录》《面对面》为代表，通过主持人与嘉宾一对一的双向交流而完成。朱军作为央视的节目主持人，有着优秀的素质和良好的形象。平实直率的话语、抑扬顿挫的声调、生动丰富的表情、亲切真诚的笑容以及机智而不失幽默的语言，这就是他在电视荧屏上给观众留下的印象。平等的视角和真诚的态度，是朱军打开主持之门的钥匙。无论是什么身份的嘉宾，朱军能够把自己摆在同嘉宾和观众一样的位置，有时甚至更低，以平等的姿态引导嘉宾的自由叙说。所以，每一次的谈话他都带着自己特有的心情、感悟和人生经验来介入节目。主持人用一颗善良的心去和嘉宾聊人生、聊感悟，能够使嘉宾在这种真诚的氛围中，感觉到节目不是以发掘明星的隐私为乐趣，意识到这是一个沐浴在人文关怀之中的心灵港湾，从而消除原来的紧张和拘谨，主动敞开自己的心扉。

3. 以独具匠心的叙事呈现给观众“有意味的”形式

《艺术人生》在谈话内容上，注重引导嘉宾以大众化角度讲述情感化故事；而在节目内容叙事与表现形式上，更是力求用“有意味的”形式吸引观众。

一是内容叙事。《艺术人生》中，嘉宾的艺术成就各有千秋，年龄跨度较大，对艺术和人生的感悟由于个人经历的差别而各有不同。正是这种差异和多彩，从不同方面形成了中国几代人所亲历时代的缩影。《艺术人生》每期嘉宾不同，谈话的主题、表达的方式也迥然不同。节目中的谈话内容并没有停留在浮光掠影的表面做文章，而是在使受众目睹嘉宾真实风采、满足好奇心和娱乐需求的同时，深入挖掘嘉宾的内心情感和与众不同之处，从其艺术和生活的不同角色中寻找矛盾冲突来突出嘉宾性格，彰显节目的张力。所以，每期《艺术人生》都会带给观众全新的感觉，一定程度上避免了重复单调。

二是节目叙事的结构。每一期《艺术人生》都能根据不同嘉宾的个性特点、不同的话题，用不同的方式来组织谈话内容，逐步构建故事，使故事的叙述总是处于上升和前进状态，最后在高潮中结束。例如，在“周迅专辑”中，嘉宾周迅虽然年轻，但她的演艺生涯却比较长。节目对她的艺术历程没有进行较多文字与言语的介绍，而是以一串寓意深刻的标点符号为象征来展示她演艺生涯中的坎坷与收获。以顿号相连接的是与周迅合作过的多位名导演；破折号表示沸点、冰点两个极致；句号意味着少女时代结束；最后的问号表示一个疑问：当青春逝去的时候，周迅的艺术之路还能走多远。节目让周迅本人来回答。这样的叙事结构寓意深刻。又如在“无间道Ⅲ专辑”中，为了避免嘉宾排序的尴尬和困难，节目采取女士优先做法。首先请出了陈慧琳，继而根据规定词语诸如最酷的男人、最体贴的男人等，由她点将出场嘉宾，引出嘉宾。这种结构因人、因话胚而异，既便于谈话的展开，又使得整个节目紧凑而且精致，也避免了与以往节目的雷同。

4. 以精心的节目包装与编辑、巧妙的道具运用引导谈话

首先，节目包装是电视媒体运作的需要。《艺术人生》很注重节目的自我包装。它推出制作精良的节目形象宣传短片，在节目内适当安排隔断点，反复宣传节目的宗旨、定位。在节目画面组合中辅以精美的制作渲染，加上浑厚有力的解说、荡气回肠的音乐，形成声画融合的效果。在节目中，专门设置现场乐队，根据谈话的节奏和进展，予以不同旋律的音乐伴奏，以渲染现场气氛。为了强化舞台背景，节目组常常以被访者的生平剧照、童年影像以及将被纳入谈话议题的其他一些有代表性的照片或资料为舞台背景修饰。所有的这些设置，都会使节目本身增加更多的可视性。

其次，精心节目编辑。《艺术人生》的节目编排一般分为三个段落，在每个段落的结尾预告下个段落的精彩内容，穿插对人物的介绍，设置悬念，牵引观众的注意力。在节目中，主持人的背后就是一个大屏幕，随着谈话内容的变化，视频画面的内容也随之而变。这样就充分发挥了画面语言客观记录、细节捕捉、表情达意的作用，扬画面优势之长，强化视觉的冲击力，丰富节目的表现力，避免节目的单调性。同时，借助版块之间的转换过渡，在结构上营造了一种张弛有序、高低有致的节奏感和韵律感。

最后，《艺术人生》擅长用特别的道具来引领谈话内容，用意外的“礼物”来制造悬念引出话题。例如，在“刘欢专辑”中，朱军开场就拿出玉泉山牌啤酒，与刘欢对饮。这不仅调节了气氛，而且借这个20世纪80年代的玉泉山品牌，迅速切入了刘欢的大学时代——他音乐生涯的起点。在“陈凯歌专辑”中，主持人送给陈凯歌几样藏在电影胶片盒里的礼物：一管牙膏、一盘录像带、一个“蝙蝠侠”模型、一张音乐CD、一本书。这些礼物，既是引导故事展开的道具，也附着着访谈嘉宾人生中几段刻骨铭心的经历。在“黄磊专辑”中，当黄磊收到父亲以前常穿的、发了黄的旧背心，听着父亲朗诵亲自写的有关这件白背心的小诗时，他实在抑制不住内心感慨，把头侧向一边，几分钟后才勉强平复心情。这些小道具、意外“礼物”的巧妙运用，打开了受访嘉宾的话匣。节目通过神秘礼物赠送、神秘嘉宾出现的意外惊喜，带给受访嘉宾以不设防的情感冲击，从而使其流露出真性情的一面。

虽然作为名牌访谈节目的《艺术人生》，还有许多可圈可点之处，但我们也会听到些许质疑与批评声。香港林奕华先生说：“内地的《艺术人生》走探求人生意义的雅俗共赏路线，只是太过严肃正经又会流于板着面孔说教。”[①]冯巩在小品中对朱军的主持作过这样的评价：“你主持得再好不就那四招嘛，套近乎，忆童年，拿照片，把琴弹，只要钢琴一响就让你哭得没个完。”这看似戏言，却无形中指出了朱军主持的模式化特点。说实在话，《艺术人生》节目也有不足之处，也面临着在当今节目激烈竞争中所出现的同质化和模式化问题与挑战。

无论是当下最火的电视真人秀节目，还是一些经久不衰的访谈节目类型，都不可避免地遇到这样的发展困境。激烈的收视率竞争，使电视节目呈现病态，模仿与同质化比比皆是。电视访谈类节目一向是因有明星参与而有收视率保障的，于是我们看到大量明星访谈节目争相角逐，如《艺术人生》《鲁豫有约》《超级访问》《非常静距离》《杨澜访谈录》《天下女人》等。这些明星访谈节目各有各的卖点，各有各的风格和角度，但从实质来看，其访谈思路和理念是相同或相似的，通常模式是展现明星成长的经历及对人生的感悟。同一个嘉宾可能做客过多个节目，其故事总是被不断提及，观众对嘉宾的人生过往也

① 搜狗百科．艺术人生[EB/OL]. http：//baike. sogou. com/v28253. htm.

都较为熟悉，这样必然会陷入“炒冷饭”的境地。如何在嘉宾选择及节目选题视角的独特化上做文章，是包括《艺术人生》在内的所有谈话类节目的共同议题。电视节目内容为王，谈话类节目更是如此。同样的嘉宾因为其在工作和家庭间角色的转换，可归为不同类别。在家庭中，他们可以是爸爸、儿子、丈夫，而在工作中他们是演员、歌手；有的一辈子专注一件事情，有的图求多栖发展；他们有着不同的性格和爱好。或许在同质化的背景下，寻找不同嘉宾的不同特质可以成为节目内容推陈出新的一个出路和突破口。看来《艺术人生》如何与时俱进地保持独特性、新鲜度和旺盛生命力，仍然任重道远。

五、阅读延伸

[1]乐晋霞，徐伯勋．谈话节目主持人话语构建原则探析[J]．渤海大学学报(哲学社会科学版)，2005(4).

[2]盛永生．电视谈话节目的话回类别与功用[J]．修辞学习，2005(2).

[3]邓琪，郭绪文．访谈节目的话语分析[J]．重庆大学学报(社会科学版)，2004(3).

[4]刘运同．会话分析学派的研究方法及理论基础[J]．同济大学学报(社会科学版)，2002(4).

[5]李华东，俞东明．从话轮转换看权势关系、性格刻画和情节发展[J]．解放军外国语学院学报，2001(2).

[6]桂诗春．语言使用的研究方法[J]．现代外语，1993(3).

[7]赵雪．电视访谈节目的语境[J]．语言文字应用，2005(S1).

[8]匡小荣．口语交谈中的话语打断现象[J]．修辞学习，2005(4).

[9]盛永生．电视谈话节目主持话语的基本话目分析[J]．暨南学报(人文科学与社会科学版)，2004(4).

[10]陈平．话语分析说略[J]．语言教学与研究，1987(3).

(孙宜君，王雅)

走出生活误区，享受快乐生活
——湖北卫视《生活·帮》读解

《生活·帮》倡导积极乐观、相互帮助、奉献爱心的快乐生活理念，倡导乐观快乐的生活态度，树立“阳光主题，快乐为本”的节目形象。节目秉承“直击生活痛处，倡导快乐人生”的宗旨。节目口号是“生活帮，会生活”“有事您说话，热心生活帮”。

一、节目概述

中文名称：生活·帮

节目类型：生活服务类节目

主持人：喜子、小熙、小勇、向颖

生活调查员：小艳、洪洋、向颖、馨逸、胡雨歧、小熙

播出频道：湖北卫视

开播日期：2012年1月1日

播出时间：每周三22：00、每周六至周日11：50

播出状态：播出中

《生活帮》是湖北卫视全新打造的一档生活服务类节目。该档节目以“生活帮，会生活”“有事您说话，热心生活帮”为口号，秉承“直击生活痛处，倡导快乐人生”的节目宗旨。

《生活帮》突出一个“帮”字，直面生活中的盲点、惑点、难点、闷点，全力为百姓解惑、解难、解气、解闷，共同营造放心、安心、舒心、开心的生活氛围。节目在内容选择上针对百姓生活中的惑点、难点、闷点，分别设置以下版块：一是“生活帮你办”版块，及时报道百姓反映的问题，切实帮助百姓解决生活中的难题，维护观众利益；二是“生活麻辣短剧”版块，用幽默手法辛辣讽刺生活中的假恶丑，让人过瘾解气；三是“圆梦行动”版块，帮助有梦想的人实现梦想，丰富感情，敢于表达，让所有人一起分享观众在生活中的乐趣与感动；四是公益真人秀版块——“准备好了吗”，倡导文明新风，寻找生活榜样。

《生活·帮》节目采取演播室访谈与外景拍摄的方式，也称得上一档新闻咨询类节目。此节目通过市民走访、街头调查等手段，专家点评、科学实验等方式，为市民生活提供帮助或者给出建设性意见。《生活·帮》重点关注生活、消费、养生等具有高关注度的话题内容，满足观众的好奇心，引导观众树立科学生活、健康生活、快乐生活的理念。节目创办之初就力求为老百姓

提供有助于生活的信息、常识和窍门，解决老百姓生活中碰到的疑问和困难。节目倡导健康的生活方式，以提高老百姓的生活品质为追求，努力成为百姓生活的小帮手。长达50多分钟的节目由30分钟市场调查、10～20分钟新鲜资讯信息组合而成，主要关注被忽略的生活常识、民生热点以及生活窍门等。

二、传播源流与路径

中国的生活服务类节目是从20世纪90年代开始涌现的。其中，以央视的《为您服务》《生活》及各大省级电视台的此类节目为代表，多呈现旅游、美食、职场等专业性和针对性较强的内容。近年来，以《缘来非诚勿扰》《非你莫属》等为代表的生活服务类节目也以崭新的节目形态和内容包装呈现在大众眼前，带来了生活服务类节目的一次大跨越。但是，这类节目依旧难以摆脱类型趋同、内容相似等同质化问题，替代性和可复制性不断增强。

为了避免同质化，主创人员将节目定位在民生，即帮助百姓生活层面。作为湖北卫视2012年改版后全新打造的一档生活服务类节目，《生活·帮》于2012年1月1日11：40正式开播。《生活·帮》的晚间版，《金装生活·帮》于2012年5月17日22：00开播。两者在节目版块构成上有一定的差异性，《金装生活·帮》省去了网友问答这一互动环节，整期节目在一个较为集中的主题下，从问题缘由到存在的问题再到解决方法的整个环节入手做了更为详细的解说。而周末午间的《生活·帮》更为侧重生活类信息的传达和解释，问题相对松散，环节设定和表现形式更为轻松幽默。周末档与周三档的结合，使得《生活·帮》节目在传播周期上有了新的突破，称得上是半周播节目。节目于不同却又固定的时段播出，使观众的收视习惯发生了变化，方便了观众诉求的及时表达与反馈。

三、主要社会影响

湖北卫视大型生活服务类节目《生活·帮》金装版，仅推出四期，就一举击败安徽卫视《说出你的故事》、天津卫视《王者归来》、江苏卫视《一站到底》等王牌节目，雄踞同时段全国收视榜首。我们以节目看点为线索，探究《生活·帮》成功的秘诀。

1. 满足观众好奇心，探寻生活真相

激发和满足观众的好奇心，是收视率的重要保障；对生活难题的破解和真相的探寻，是节目获得极大关注的动力源泉。《生活·帮》的选题广泛，深入生活的方方面面。它主要包括三类：一是生活中常被忽略的健康常识，具体涉及吃、穿、住、用、行各个方面，尤其以饮食和养生为主；二是与百姓生活相关的民生热点调查，具体如房产、就业、消费等；三则是生活窍门的调查。

2. 劲爆的实验现场，冲突的现场调查

劲爆的实验现场和冲突的现场调查，是《生活·帮》提升可看性的一大亮点，也是生活辟谣和调查类节目惯用的手法和节目形式。只是相较于实验室的单纯实验而言，《生活·帮》更加注重现场真实感和观众的体验感。在对“山洪如猛兽，如何逃生?”这个话题的探寻过程中，针对雨季漫长，山洪频发的事实，主持人小熙亲赴湖北省恩施州，实地模拟山洪暴发场景，计算洪水的“百米速度”。强大的洪水让设立的标杆、小旗瞬间被淹没。一旦遇上洪水，是往上游还是往下游逃离才能活命？紧急情况下，人们有几秒时间能够逃生？湖北卫视《金装生活·帮》给出了科学逃离存活的案例示范。对于观众而言，这种亲眼见证的教育和示范意义可能更加深刻，而这恰好也是节目追求的主旨。

3. 立竿见影的生活妙招

既然是生活妙招就必须巧妙且易行。《生活·帮》之所以“接地气”，原因也在于此。例如，在巧用肥皂头的实验中，节目组就提供了三种可行性方案。一是将废弃肥皂头放入微波炉加热后，制成天然皂粉；二是将肥皂头和水一起放入锅中加热，直至肥皂头融化，待肥皂水冷却后装入瓶子，制成洗手液；三是充当马桶清洁剂，即将废弃肥皂头装在丝袜里，把丝袜打结后放在抽水马桶的抽水槽中，以用来冲洗马桶。这样的方案，不仅每一种都方便易行，而且使得观众有根据自身需求选择的余地。

4. 颠覆传统的健康理念

生活节奏的加快，使得现代人大多处于亚健康状态，与此相伴随，人们对健康的追求不断提高。针对总是存在的一些健康误区或者传统理念，《生活·帮》进行了探寻和验证。我们都知道红外线光疗能够改善局部血液循环，缓解肌肉痉挛，改善血瘀。例如，腰肌劳损、腰椎间盘突出、慢性胃炎等都能通过红外线疗法来改善。但《生活·帮》告诉人们，这种疗法并非人人都适合，类似高热患者、出血倾向者、活动性肺结核的患者切忌红外线疗法。这种对传统健康理念的关注与提醒，能够使人们避免长期的慢性伤害，而这种颠覆也会在观众心中留下深深的烙印。

随着《生活·帮》这匹黑马的出现，此节目的效仿者也接踵而至。例如，扬州电视台生活频道就推出了一档《生活办》的节目，从节目名称到内容制作上都与《生活·帮》如出一辙。而事实证明，这种近乎复制的移植，使节目在当地获得了极大的成功。由此可见，节目的制作模式和版块设置是易被复制的，在产生影响的同时，节目组也应在原节目设置基础上推陈出新。

四、阐述与评价

《生活·帮》作为贴合民生的调查服务类节目，让四位主持人分别作为享受生活、智慧生活、实惠生活和时尚生活的代表，帮助人们获得更好的生活妙招。节目形式的有机组合及“主持群”的概念打造，成为节目区别于其他调查服务类节目的两大特色。

1. 节目形式的有机组合

《生活·帮》的成功，源于它丰富的节目内容和多元的节目看点，能够满足观众好奇心，探寻生活真相。节目中，市场调查大约 30 分钟，包括生活方式调查、产品调查、生活调查以及话题调查等。生活实验则需要 20 分钟，一般对流行的、有特殊效果的产品，或与生活息息相关的科学常识进行现场实验。例如，冬季羽绒服热销时，节目现场检验各档次羽绒服的含绒量。新鲜资讯信息提供会占据 10 分钟左右的时间，主要介绍湖北民生政策、天气预报与穿衣搭配、食品种类与数量选择等内容。多种形式的有机组合，成就了《生活·帮》这档节目的综合竞争力和观赏性。

2."主持群"的概念打造

从主持人喜子、小熙、小勇、向颖到生活调查员小艳、洪洋、向颖、馨逸、胡雨歧，《生活·帮》罕见地融入了将近十人的庞大主持团队，希望借此建立"主持群"的概念，一定程度上给观众带来了耳目一新的感觉。主持人应当说是各有千秋：小熙无疑是《生活·帮》的最大主角，所有角色的配定、服装的安排、剧情的设计以及台词的规划等都围绕她来展开。而拥有当地知名度，类似丑角的喜子，虽然其话语缺乏内涵，但非常有表演天赋。小艳和搭档小勇无疑是剧中的配角，但两人绿叶衬托功能发挥得极好，有个性有特点，却没有突兀感，低调但容易让人记住。四个有特点有个性的主持人在录影棚里相辅相成，两个形象靓丽的外景主持在录影棚外让人大饱眼福，满足了各种观众的观看需求。"主持群"的概念打造为《生活·帮》贴上了鲜明的个性标签，但是一定要注意"主持群"内部的配合搭档，否则会使节目产生割裂感并缺乏整体性。

从《生活·帮》到《金装生活·帮》，加大了养生保健、危机处理、深度调查、体验式生活试验等内容的力度，并在全国范围内寻找选题资源、实验资源和专家资源，尤其注重寻求一线城市的实验资源和专家资源。为了拓宽收视群体，在当前35～55周岁的女性收视群体基础上，选题适当向男性观众与年轻观众倾斜。新版《生活·帮》在包装上启用全新模板，全面提升节目品质。在专注自身节目内容和品质的同时，跳脱出地方卫视的局限，通过贴吧和微博、微信等打造一个真正的全媒体的生活服务平台，这也许才是《生活·帮》节目的努力方向和发展目标。

五、阅读延伸

[1]石永军．从《生活·帮》看实验调查类节目的中国化生存[J]．南方电视学刊，2013(6).

[2]邱燕，张凡杰．打造地方电视媒体强势品牌[J]．中国广播电视学刊，2005(6).

[3]郭玉真，张冠文．真人秀栏目的中国化、本土化——兼评湖南卫视《快乐男声》[J]. 电影文学，2008(6).
[4]黄志祥．探索中国化“媒体融合”新路径[J]. 中国记者，2009(11).
[5]赵晖．科教类纪实性娱乐节目的问题和对策[J]. 中国广播电视学刊，2013(9).
[6]黄慧．生活服务类节目的创新路径——以湖北卫视《生活·帮》为例[J]. 南方电视学刊，2012(4).
[7]陈华峰．电视节目播后评价体系探析[J]. 电视研究，2001(7).
[8]刘智．类型化电视节目发展趋势[J]. 电视研究，2001(9).
[9]方健文．电视节目的突围与创新[J]. 当代电视，2001(11).
[10]李陈．电视节目主持“六忌”[J]. 当代电视，2001(11).

（王雅，孙宜君）

聚焦社会热点，评说大众话题
——中央电视台《焦点访谈》读解

《焦点访谈》是由中央电视台创办的一档以舆论监督为重点与特色的新闻评论节目。节目口号是：时事追踪报道，新闻背景分析，社会热点透视，大众话题评说。自1994年开播以来，节目受到我们党和国家领导人、各界观众的广泛关注和重视。它以深度报道为主，以舆论监督见长，是中央电视台收视率最高的电视访谈节目，多次获中国新闻界最高奖项。

一、节目概述

中文名称：焦点访谈
节目类型：电视新闻评论、电视新闻访谈
现主持人：侯丰等
原主持人：白岩松、张泉灵、张羽等
播出频道：中央电视台综合频道 CCTV-1、
中央电视台新闻频道 CCTV-13
在线播放平台：央视网
开播日期：1994 年 4 月 1 日
首播时间：每日 19：38(在综合频道和新闻频道并机播出)
重播时间：次日 03：45、05：45(在新闻频道播出)
节目时长：17～18 分钟
播出状态：播出中

由中央电视台于 1994 年创办的《焦点访谈》，是中国家喻户晓的电视新闻评论节目，也是中央电视台收视率最高的电视访谈节目。

《焦点访谈》在节目形态上，采用演播室主持和现场采访相结合的结构方式，使报道有着落，评论有依据，述与评相互支持、相得益彰。20 多年来，《焦点访谈》推出了一大批受到广大观众认可的记者和主持人，如水均益、翟树杰、张泉灵、张羽、王怀毅、侯丰等。《焦点访谈》节目组目前有工作人员 80 多人，由制片人、主持人、记者、策划和制作人员组成，分为策划组(负责节目的策划和协调)、记者一组、记者二组、记者三组，进行《焦点访谈》节目的日常采制和播出。

《焦点访谈》这一舆论监督节目多年来为人们所关注和喜爱，选择“政府重视、群众关心、普遍存在”的选题，坚持“用事实说话”的方针，反映并推动解决了社会进步与发展过程中大量存在的问题。《焦点访谈》的许多报道成为有关方面工作的决策依据和参考，具有相当的权威性。《焦点访谈》自开播以来，得到了人们的广泛关注和重视。每天有上千名观众通过打电话、写信、发传真和电子邮件等方式，向节目组反映他们的收视意见，提供大量的报道线索。同时，此节目也受到我们党和国家领导人的关注和重视。作为一档极具社会价值的电视节目，《焦点访谈》曾得到我国三任总理的题词和赠言。这是极为罕见的，足以看出节目的影响力。

作为以舆论监督为主的节目，《焦点访谈》在发展过程中逐渐形成了独特的风格，还有一以贯之的目标与原则。其一，节目目标：批评社会不良行为和丑恶现象，针砭时弊，监督失范行为、腐败现象，保证广大民众充分享有知情权和言论权，在一定程度上遏制不良现象的发生。其二，选题原则：反映不同社会群体在某一特定社会现象上的意见交锋，凸显不同的价值观和立场。其三，报道原则：坚持舆论导向，以正面报道为主，防止负面报道造成混乱和不安的情绪。

二、传播源流与路径

1. 节目创办背景

我国改革开放初期，社会结构发生了非常深刻的变化，使得旧计划经济体制下的中国新闻传媒体制已无法适应时代前进的步伐，于是新的新闻传播样式应运而生。《焦点访谈》这档节目正是在这样一个复杂的背景下产生并脱颖而出的。

首先，在中央政府对地方刚性指挥减弱的情况下，中央政府需要大众传媒作为监督渠道，及时完善不同侧面的反馈，及时弥补工作中的漏洞。中央对地方的管理主要通过两个刚性任务的达标来实现。一是在经济建设上，中央向地方要硬的指标和速度；二是在政治上，中央要求地方保持安定团结的政治局面。这样的要求，往往使地方在上报中央政府的材料中报喜不报忧，随意夸大成绩，对问题避而不谈。这种情况下，《焦点访谈》的出现正好切合了中央政府希望大众传媒发挥监督功能的需求。

其次，民意和中央政府之间需要无衰减交流和传递。《焦点访谈》的出现，犹如多了一条上下及时沟通的渠道，正好满足了民众的需求。

最后，监督批评类节目《焦点访谈》的出现，也是大众传媒业自身发展的需要。随着全球媒体与信息的不断扩展和交流，中国民众接收信息的渠道也在不断地被拓宽。媒体要发展，要提高公信力，就必须实事求是地正视问题，不片面夸大优点、掩盖缺点，遵循客观、真实、全面地传播信息的理念。从某种意义上来说，这也是《焦点访谈》节目得以诞生并产生巨大影响力的重要动因。

2. 节目进展与传播路径

1993年底，中央电视台决定成立新闻评论部，对《东方时空》栏目进行改版，同时筹备一档在晚间黄金时段播出的新闻深度评论类的日播节目，以填补中国的这个规模最大电视台历史上没有自己旗帜与号角的空白。1994年2月初，《焦点访谈》的开创者们在北京的梅地亚会议中心举行了第一次正式的筹备会议，讨论《焦点访谈》的具体制作方案。

1994年4月1日19点38分，中央电视台综合频道播放了一段浑厚的男中音："时事追踪报道，新闻背景分析，社会热点透视，大众话题评说，每日请看《焦点访谈》。"伴随着激昂的音乐，《焦点访谈》首次亮相。接着央视财经频道、综艺频道和军事农业频道分别对《焦点访谈》进行重播。从此，一只由红、绿、蓝构成的"大眼睛"，即《焦点访谈》片头标志，每天呈现在亿万观众面前，注视着观众，关注着社会。

1997年7月1日，因香港回归，《焦点访谈》更换片头。2002年5月12日，因央视西部频道(2004年12月28日，更名为"社会与法频道")开播，《焦点访谈》在此频道设立重播。

2002年8月5日，《焦点访谈》撤销在央视军事农业频道的重播。2003年5月1日，因央视新闻频道的开播，《新闻联播》《天气预报》《焦点访谈》于此频道和央视综合频道连续并机直播。同时，《焦点访谈》在央视新闻频道进行重播，而原先在央视综艺频道的重播被撤销。2003年10月20日，《焦点访谈》撤销在央视财经频道的重播。2004年末，《焦点访谈》撤销在央视社会与法频道的重播。

2013年，《焦点访谈》迎来开播以来首次大改版，时长增至17分钟，每期不再只关注一个社会焦点，而是关注两个乃至多个社会热点，并增加了新主持人劳春燕。主持人劳春燕更是改变了以往坐着主持的方式，首次站立主持，播报时还用了触屏导播。

改版后的节目坚持舆论监督特色，更贴近民生，强化“有深度、有锐度”的评论功能。从首期改版节目来看，许多观众对《焦点访谈》的选题偏民生表示认可，觉得很“接地气”。特别是央视记者不再高高在上地采访别人，而是把摄像机交到普通百姓的手里，让他们说出自己最想说的话，这让许多观众觉得很难得。

此外，节目内容还加入了动画视频，郭德纲的相声也出现在节目中，这是以往《焦点访谈》从来没有过的。节目播出后，许多观众表示，严肃的节目变得轻松自在了，看起来也更津津有味了。节目内容的包装也更加轻松，更加亲民。节目在环节设置上也做了一些变动：百姓“连连拍”成为最大的亮点，采用普通人采访普通人的方式，极大地改善了传授关系；设立官方评论员，以继续保持节目的专业性和权威性；增强普通民众的参与性，将舆论监督的范围扩大到全体观众。

三、主要社会影响

央视的王牌节目《焦点访谈》创办已有 20 多年，可以说伴随了一代人的成长。这一舆论监督节目对中国社会产生过重要影响，取得了突出的成绩。

《焦点访谈》播出的第一期节目是《94 国债发行第一天》，报道了 1994 年度国库券发行的情况、有关人士的评说和群众的反应。节目开播的第二天就得到了来自社会各界的好评。《人民日报》在 1994 年 4 月 2 日的《今日谈》栏目中，发表署名文章，题目叫《“焦点访谈”开了好头》。文章说，1994 年国库券发行不仅数额大，而且对全国的经济大局具有非常重要的意义，为此有关方面在发行的措施上做了许多调整和改进。《焦点访谈》确实抓住了群众关心的这一“焦点”问题。可以说，《焦点访谈》开头开得不错，值得祝贺。

此后，《焦点访谈》推出的许多节目，都是大家关注的国内外焦点问题。其中，使观众备感振奋的是节目对一些腐败现象进行了无情揭露，将舆论监督真正呈现在了亿万电视观众的面前。《焦点访谈》在坚持正确舆论导向的原则下，用事实的力量最大限度地实现了舆论监督的公开性，如对民警张金柱酒后驾车撞人拖人恶性命案的监督。1997年8月24日，郑州发生了公安局民警张金柱酒后驾车撞人拖人致死命案。公安机关在1997年8月27日开始立案，但事隔一个半月多事件处理仍毫无进展。1997年10月13日，《焦点访谈》播出了题为《逃不掉的罪责》的节目，对张金柱命案进行了公开报道，一时间该案件成了全国人民最为关注的焦点事件。在《焦点访谈》将此事件曝光后，案情马上发生重大转折。河南省检察院认为公安部门过于敷衍而退卷，并于1997年10月28日予以起诉。法院随即开始立案，1997年12月3日公开审理并报经最高法院审委会讨论。此案件最终于1998年1月12日做出一审判决，最终张金柱被绳之以法，受到了法律公正判决。可以说，如果没有《焦点访谈》的公开报道使这一事件昭然于天下，这一案件会是什么样子的结局我们不得而知，但起码此案件绝不会在法律规定的时效内按时结案。

"《焦点访谈》舆论监督的公开性是一束阳光，使许多被极力掩盖的铁幕撕开了一角，使众多惊心动魄的真相大白于天下。在众目睽睽之下，各级政府和司法机关该吸取的教训认真吸取，该完善的制度努力完善，该追究的责任严肃追究。事故的隐患因此得以减少，腐败言行因此受到警示，党和政府的威信因此提高，人民群众对党和政府的信任程度因此增强。"①我们党和政府也非常重视《焦点访谈》的舆论监督作用与功能。国务院前总理朱镕基曾直言："中国这么大，各地干部都在干什么，想什么，怎么干，我们在上边的眼力不够，无法有力监督。"《焦点访谈》正好成为担当此任的最佳选择，成为中央政府惩办部分中间层行政故意偏离行为的理性选择。另外，《焦点访谈》舆论监督的成功实践，也在一定程度上完善了中国新闻媒体公正公开介入社会事务的新秩序，开辟了让公众公开了解社会真相的新途径。它也昭示着中国社会主义民主与法制建设的巨大进步。

当然，也正是因为这样的社会影响力，在历年的新闻评奖及节目评奖中，《焦点访谈》屡次取得了突出成绩。其中，《"罚"要依法》《巨额粮款化为水》《难圆绿色梦》《和平使沙漠变绿洲》《"粮食满仓"的真相》《吉烟现象》《铲苗种烟 违法伤

① 梁建增，孙金岭．新闻舆论监督的成功实践——关于《焦点访谈》栏目的思考[J]．中国广播电视学刊，2003(3)：10-12.

农》《河道建起商品楼》《洗不掉的恶行》《追踪矿难瞒报真相》《想要通知书 先拿十万来》等节目曾在社会上引起广泛反响，并获得每年度中国新闻奖评论类大奖。《焦点访谈》曾两次被评为“中央主要新闻单位十大名栏目”；1999 年和 2001 年分别获首届和第二届中国新闻名栏目奖；1994 年至今，连续获中央电视台优秀栏目一等奖。在第十七届中国新闻奖评选中，《焦点访谈》栏目获得中国新闻名专栏奖。此外，《焦点访谈》还在中央电视台、中国农林部等部委评奖中多次获大奖。《焦点访谈》从众多新闻节目中脱颖而出。“评委认为《焦点访谈》栏目特色鲜明，在国内媒体中具有广泛的影响力。作为一个已经运行十几年的品牌栏目，《焦点访谈》既保持栏目特色，又不断开拓创新，不断提高节目的核心竞争力，拓展选题领域，改进表达方式，优化传播效果，围绕党和政府的中心工作，推出一系列导向正确、监督力度大的单体和系列节目，保证了栏目在收视率、收视排名等指标上始终名列前茅，保持了强势的影响力。”①

四、阐述与评价

1. 节目成功因素

中央电视台的《焦点访谈》在中国观众心中和新闻业界都有着举足轻重的地位，可谓创造了中国新闻界舆论监督方面的一个“奇迹”。作为央视第一档舆论监督节目，《焦点访谈》在多方面开辟了先河，取得了很大成功。从节目本身来讲，其之所以取得成功，主要在于以下几点。

(1)节目定位准确，监督内容有度。节目成功的根本原因在于定位准确。《焦点访谈》开播初期的定位是：时事追踪报道，新闻背景分析，社会热点透视，大众话题评说。这一定位的范围较广，基本框定了选题的范围和报道的形式，拓宽了电视报道的题材，创新了电视报道的体裁。随着节目的大量播出，其中的一类节目内容受到社会各方的关注，即批评社会不良行为和曝光丑恶现象的舆论监督类节目内容。这类节目内容切中时弊，得到了广大观众的热切关注与认可，成为《焦点访谈》中的焦点。在我国改革开放初期，法律

① 官方网．焦点访谈[EB/OL]. http：//www. guanfang123. com/website/jdft. html.

还不尽完备、法纪意识还比较薄弱，失范行为、腐败现象时有发生。媒体舆论对各种有悖社会公理的不法行为，特别是对官僚主义的制约往往更显巨大威力。广大民众自然希望有媒体对那些丑陋违法行为予以揭露与批评，也非常希望找到一个公开表达自己内心真实想法的渠道。《焦点访谈》的做法无疑在一定程度上满足了群众的这一愿望。实践表明，《焦点访谈》制作人员调整焦点、聚集重点，终于找到了节目准确的定位——舆论监督。这个定位既有民意基础，又有政治基础。

《焦点访谈》准确定位后，如何确保"舆论监督"的定位不跑偏不变味，这需要"度"的把握。《焦点访谈》的经验做法，具体表现在节目的密度和力度两个方面。其一是监督内容的密度。相对于其他节目，《焦点访谈》中的问题性报道在数量上占较大比例。《焦点访谈》总制片梁建增先生坦言，节目中"批评性问题报道占 1/3，中性问题报道(在节目中有处理结果的)占 1/3，其他报道占 1/3。三类性质报道的比例保持在一个黄金平衡点上。如果天天都是唱赞歌，只有'舆论'，不见'监督'那就变成了《新闻联播》的扩大版，栏目没有特色也就失去了存在的必要。但是，如果天天都在监督，久而久之可能会使一些人因见阴暗面过多而对社会前途失去信心"①。其二是监督内容的力度。舆论监督的力量不仅体现在节目数量上，更体现在节目内容的"杀伤力"上。因此，节目组在选择报道的问题时，注意"抓大放小"，考察它是否有"典型性"与"焦点性"。力戒为力度而力度，力戒没有内容深度的"力度"。在强调力度的同时把握好基本的"度"——报道立场要始终站在党和人民的利益一边。

(2)选题范围广泛，把控原则有度。《焦点访谈》之所以取得成功，还因为它最大限度地利用自身优势，实现舆论监督范围的广泛性。《焦点访谈》的报道涉及了社会生活的许多方面。其中与百姓生活息息相关的工商业、农林牧副渔业、科教文体卫以及财政金融等是其报道比较集中的领域。尤其值得注意的是，对公用事业、生态环保以及交通通信等这些与人民生活密切相关的领域，报道比例虽然不大，但均呈逐步上升趋势。当然，《焦点访谈》舆论监督中，批评报道涉及最多的还是政法领域，这说明法制报道确实是《焦点访

① 梁建增．把握好度——《焦点访谈》成功的关键[J]．新闻战线，2002(2)：60-62.

谈》批评性报道的一个重点。

在实践中，《焦点访谈》报道选题范围虽广，但在原则把控上确是有“度”的。这原则把控包括政治与业务两个层面。“政治层面的选题原则是要确保领导和社会大众的观点和意见汇聚起来，在社会中引起较大的共鸣和反响。而业务层面的选题原则则是在政策的背景下寻找合适的事实，并加以呈现。要监察人的言行是否符合国家法规和工作纪律，是否符合做人的原则和社会的道德，也就是说要‘揭短’，要‘亮丑’，而且这‘短’，这‘丑’，绝不是一般的‘短’和‘丑’，而是事关大局、事关大理、事关大德的‘短’和‘丑’。”[①]当然，《焦点访谈》舆论监督的最重要原则是通过可靠的事实说话。把握好节目选题原则的“度”，对于节目长久发展的确是大有帮助的。

(3)监督对象实名，分寸掌握有度。《焦点访谈》在一开始的舆论监督报道中就采用了“实名制”，即对一切丑恶现象、腐败分子、不法行为进行“对号入座式”地揭露与批评。对于事件的当事人、当事地也进行实名播报。“实名制”的运用，使《焦点访谈》在反映人民意愿、聚焦新闻热点、披露事实真相中更加具象直接，形成了犀利而鲜明的风格。

“实名制”的做法，始终贯穿在《焦点访谈》的舆论监督节目之中。对于批评对象——当事人，采取“实名制”大胆批评的做法，使舆论监督真正落在了实处，不再是隔靴搔痒。譬如，2001 年 12 月，《焦点访谈》播出的《当孩子落水之后》节目，实名曝光了宁夏回族自治区吴忠市原副市长王明忠等人面对女童落水，不下水救助而眼看孩子被水淹死的事件。在节目中，记者不仅将事情的前因后果调查得一清二楚，而且还直接采访了当时在现场的人员。由于完全是用事实说话，所以在《焦点访谈》节目播出后，上级纪委及相关部门立即进行调查。在节目播出一个月后，王明忠就被撤销了市委委员及副市长职务。群众反馈说，这是《焦点访谈》实名曝光的结果，惩处那些对人的生命的冷漠行为，符合民意，快慰人心。

《焦点访谈》在舆论监督节目的具体运作中，讲究适度性原则，非常注意分寸的把握。无论是记者叙述还是评论解说，都本着实事求是的原则，不以偏概

① 梁建增．把握好度——《焦点访谈》成功的关键[J]．新闻战线，2002(2)：60-62.

全，不把话说满，辩证地看问题。节目在着眼于局部的同时又着眼于整体，在揭露个人的时候注意把个人同组织分开。例如，节目在报道309国道黎城、潞城路段刘代江等交警乱罚款时，主持人的评论把握得非常有分寸："山西黎城、潞城的个别干警站在了全国150万干警的对立面。他们的所作所为同漳州110、济南交通民警的行为又泾渭分明地形成了反差。"①这样，刘代江们的行为虽说丢了广大干警的脸，但没有影响群众对干警整体形象的认识。在表现受害者司机的时候，节目充满对弱者的同情，但也不忘提醒那些司机要严格遵守交通法规。这对当事人是客观公正的，对全国干警也是客观公正的。

《焦点访谈》对舆论监督分寸的把握，还表现在报道程度的"出"与"收"上。一方面，在原则问题上一是一、二是二，对严重违法乱纪之人不留情面，该出手就出手；而对犯一般错误的人适当收手，给其改正错误的机会。另一方面，既要揭露问题，也要认识问题，更要解决报道问题。这种分寸的把握，使《焦点访谈》在报道事实、表达观点的新闻功能之外，又承载了一种社会功能——推动社会进步。从揭丑到铲丑，从揭露阴暗面到呈现光明面，使批评报道产生了正面效应。

2. 节目有待改进之处

作为舆论监督节目的先行者，《焦点访谈》在其多年的发展与传播过程中，也存在一些不容忽视的问题。随着时代的变革与进步，节目也确实存在有待提高与改进之处。

(1)节目中舆论监督内容比例有所减少。《焦点访谈》因其强有力的监督力量，曾一度被人们称为"焦青天"。观众之所以选择这个节目，是因为它敢于揭露社会阴暗面，敢于讲真话，反映人民的心声。但是，近年来，《焦点访谈》舆论监督的内容有逐渐减少的趋势。

(2)节目题材重复，报道形式有待创新。客观地讲，一个已创办多年的节目要做到题材不重复是很难的，何况是《焦点访谈》这样已播出20余年的老节目。因为"这是社会发展的现实规律，每年到什么时候就容易发生什么问题，但是对于一个喜爱和关注《焦点访谈》的老观众来说，没有人会喜欢看年年重

---

① 梁建增．把握好度——《焦点访谈》成功的关键[J]. 新闻战线，2002(2)：60-62.

复的报道”①。这就需要《焦点访谈》在内容上推陈出新，在同类题材的报道形式上要有所变化，不断地进行创新。

(3)监督层次有待提高，监督深度有待加深。由于我国传媒体制的特点，媒体对政府的依附性决定了它在对行政机构实施舆论监督方面处于劣势地位。虽说《焦点访谈》已播出许多期舆论监督的节目，其主要监督对象有些还涉及政府机关工作人员，但是它的监督却是“向下”的，主要是县级干部和基层干部。这就会让人感到“《焦点访谈》打‘苍蝇’多，打‘老虎’少，它批评的‘大老虎’无一例外是‘死老虎’”②。同时，《焦点访谈》对社会上的一些复杂敏感问题没有挖掘到应有的深度，缺乏对政府机构及高级干部深层次问题的追究和报道，舆论监督的大都是一些并不复杂的问题。可见，此节目的舆论监督层次与监督深度均有待提高。

3. 节目改进建议

(1)正确认识舆论监督与社会子系统的关系。《焦点访谈》舆论监督的层次与深度要提高，首先，应正确认识舆论监督与政府公信力的关系。从以往的舆论监督发展状况来看，曝光不但不会影响政府形象，反而会提高政府公信力。其次，应正确认识媒体监督与社会发展的关系。在维护民众利益的同时做好舆论监督报道，能够加快我国改革的步伐，促进社会的发展。此外，要加强公共领域的法制构建，保证媒体舆论监督相对独立，提高监督效果。

(2)坚持批评性报道与正面报道相结合。《焦点访谈》是新闻评论类栏目，针砭时弊是其主要职能。但是，还应做到批评性报道和正面报道相结合。掌握分寸，正确把控监督的界限。批评性报道要起到惩戒不良现象，消除误解，鼓舞人心的作用；正面报道要解释政策，表彰先进，起到带头示范的作用。其实，不论是正面报道，还是批评性报道，所产生的社会效果都应该是积极的、有建设性意义的。因此，应坚持正面宣传与批评性报道相结合。

(3)不断提升媒体人员职业道德水准与业务素质。媒体人员的职业道德水准与专业素养是非常重要的。媒体人员要坚守真实、客观、公正的新闻原则，

---

① 王薇，刘立荣．《焦点访谈》节目内容分析[J]．新闻知识，2006(12)：19-21.

② 郭镇之，赵丽芳．聚焦《焦点访谈》[M]．北京：清华大学出版社，2004：328.

坚守职业道德，进行舆论监督报道时须严谨和审慎，避免感情用事。“哥伦比亚大学新闻学院教授塞缪尔·G·弗里德曼在其《媒体的真相》一书中反复强调一个观点，不管新闻采访和传播的技术达到多高水平，支撑新闻根基的始终是记者的职业精神，即对真相不断的调查求证、对平衡和公正的追求以及对新闻价值的把握。”①媒体新闻工作者应恪守新闻职业道德，有强烈的社会责任感。同时，还要有较高的业务能力与业务水平，与时俱进，改革创新，不断提高舆论监督节目的质量，不断满足人民群众对舆论监督节目的要求。

五、阅读延伸

[1]梁建增，孙金岭．新闻舆论监督的成功实践——关于《焦点访谈》栏目的思考[J]．中国广播电视学刊，2003(3)．

[2]王薇，刘立荣．《焦点访谈》节目内容分析[J]．新闻知识，2006(12)．

[3]余伟利．《焦点访谈》：品牌战略研究[J]．中国广播电视学刊，2007(9)．

[4]晋岭，于慧丽．《焦点访谈》选题运作的再思考[J]．新闻战线，2010(2)．

[5]杨伟光．电视评论的标志性栏目——《焦点访谈》[J]．新闻战线，2004(6)．

[6]谭天．中美电视调查性报道比较——以《60 分钟》和《新闻调查》为例[J]．湛江师范学院学报，2007(4)．

[7]胡立德，哈斯格日勒．电视评论还是电视专题——对《焦点访谈》、《新闻调查》类节目的再认识[J]．浙江传媒学院学报，2012(5)．

[8]陈君，郭研．舆论监督类栏目的现状、问题与对策——以《焦点访谈》为例[J]．新闻世界，2012(8)．

[9]庄永志．《焦点访谈》何以失焦[J]．青年记者，2013(14)．

[10]高孟沅隆．管窥央视新闻评论栏目《焦点访谈》[J]．中国报业，2011(24)．

（张立，孙宜君）

① 陈君，郭研．舆论监督类栏目的现状、问题与对策——以《焦点访谈》为例[J]．新闻世界，2012(8)：52-53.

冲出国门的闪耀星光

——湖北卫视《我的中国星》读解

《我的中国星》是一档为普通百姓打造的音乐励志真人秀节目。节目通过在全国的海选，并经过现场直播的激烈的评选比赛，让最具实力、最具才艺的选手脱颖而出，站在万众瞩目的舞台上表演。节目意图将比赛中表现优异的选手打造成为影视、音乐等全方位综合发展的亚洲明星。

一、节目概述

中文名称：我的中国星
外文名称：Super Star China
节目类型：励志真人秀节目
主持人：赵屹鸥
播出频道：湖北卫视
在线播放平台：湖北网台、爱奇艺
开播日期：2013 年 7 月 7 日
播出时间：每周日 22：00

《我的中国星》是湖北卫视 2013 年联合韩国最大的娱乐媒体公司(韩国 CJE&M 公司)打造的励志真人秀节目。这是一档专门为普通百姓打造的音乐励志真人秀节目，通过在全国的海选，诞生出国内新的音乐明星，来登上现场直播的评比舞台，通过激烈的评选比赛让最具实力、最具才艺的选手脱颖而出，站在万众瞩目的舞台上表演。节目意图把在比赛中表现优异的选手打造成为电视剧、电影、音乐等方面全方位发展的艺人。

《我的中国星》的选手，从最开始的素人形象到华丽决赛舞台上的魅力四射，经历的是一种脱胎换骨的改变。节目设置了四场预选赛，紧接着是四场 Super week(超级周)残酷考验。在这几场比赛中，选手接受了大量的考验，有 12 名选手最后脱颖而出。12 强选手集体奔赴韩国，开始为期 40 天的培训。这些年轻的优秀选手展现出他们极大的可塑性，经过从服装造型到舞蹈、歌艺等的全方位包装后，他们都展现出了令人惊叹地变化。培训期间，12 强选手与 f(x)组合来了一次近距离接触。曾作为节目评委的宋茜亲自率领 f(x)组合所有成员，来到训练现场为选手们打气加油。除此之外，韩国男子偶像团体 BEAST 组合也到训练场送出祝福，他们的舞蹈让选手们震惊。同时，韩国最优秀的词曲作者和最具人气的实力派歌手、《韩国超级明星》(Super Star K)的评委之一——尹忠信，也专门来到训练场跟选手们进行互动。之后选手们进行连续六场直播比赛，前三场面对800名观众，第四、五场均面对3000名观众，最后一场中最优秀的两名选手面对10000名观众进行表演。到了最后的总决赛，选手们宛如经历了涅槃重生。

二、传播源流与路径

《我的中国星》是湖北卫视斥巨资引进韩国《韩国超级明星》的制作模式。《韩国超级明星》是韩国收视第一的选秀节目。它是韩国有史以来最成功的音乐选秀节目，收视率远超韩国其他当红综艺节目《韩国好声音》《韩国达人秀》《韩国流行歌手》(K Pop Star)等。而《韩国超级明星》的制作公司，韩国CJE&M公司是韩国最大的娱乐公司，可以说是韩流文化的领导者。

节目制作过程中，为了保证这档节目能够原汁原味地在中国呈现，湖北卫视斥资7000万元，除了引进版权，还对《韩国超级明星》的原班创作团队进行了捆绑式的引进。湖北卫视舍得付出这样高的节目成本可以说在国内选秀节目当中是非常少见的，仅次于浙江卫视第一季《中国好声音》8000万元的成本。《韩国超级明星》的总制片，《韩国好声音》和《韩国达人秀》的总导演，还有韩方最优秀的编剧、最优秀的导演、最优秀的摄像人员悉数引进到中国。不仅仅是这些导演团队、编剧团队、摄像团队，就连灯光、舞美、音响、造型、道具等也都全方位引进。《我的中国星》的韩方制作团队超过70人，再加上中方的制作班底，这样的组合在国内选秀节目中可以说是绝无仅有的。除此之外，《我的中国星》的节目内容和环节也完全按照《韩国超级明星》定制。从录制、制作到整个赛程都会按照原版节目来进行严格把控。

2013年3月20日，湖北广电旗下的长江传媒公司以63万元的价格拍得《我是歌手》总决赛宣布冠军得主前的黄金广告时段，拟用其来播放湖北卫视于同年7月将播出的大型电视音乐节目《我的中国星》的广告宣传片。经过多次广告提案提交以及湖南卫视严格的程序审查，这段广告于2013年4月12日晚如期播出。一家省级卫视将广告打到另一家省级卫视上，且宣传同类型的节目，在业内几乎没有先例可循。此举让《我的中国星》还未播出，就引发了湖北、湖南双平台的观众以及各家媒体的高度关注。

这是湖北卫视推广《我的中国星》理念的创新和执行的开始。在节目开播以前及前4期节目中，湖北卫视砸入1500万元用于造势和推广。邀请"华昇"及"英智"两大顶级专业团队负责策划执行，前者有《中国好声音》《舞林大会》《宫心计》等的网络整合营销经验，而后者拥有多年电视节目网络推广经验；同时，进行电视、移动、平面、网络线下活动相结合的全媒体整合宣传，实现几何扩散。例如，湖北卫视开辟了《我的中国星》官方网站，对赛程进行360度的实时更新；开通了微博、微信、人人网三大互动平台；甚至面向全球推出一款名为"星吧"的电视互动社交智能手机客户端应用，用户可以通过这款应用全程参与《我的中国星》所有环节。

三、主要社会影响

近几年，国内音乐选秀节目层出不穷，竞争愈加激烈。但是，这无法阻止更多的省级卫视在今后相当长的一段时间内前赴后继地加入音乐选秀大战。因为，音乐选秀节目面向的是"草根"大众，参与的门槛普遍较低，有扎实的群众基础，具备良好的收视条件。更重要的是，一档优秀的季播大型活动，在短短数月的播出周期里，可以为电视台带来非常可观的广告收入，提升广告价值，是地方卫视扩大影响力的绝佳途径。由此可见，各大卫视想要凭借此类节目赢得收视率，在激烈的竞争中脱颖而出，就要积极寻找音乐选秀节目的创新突破点。浙江卫视的《中国好声音》在播出期间一直火爆荧屏，其成功的一个重要原因就在于创新性地设定比赛形式，放大真人秀环节，回归音乐选秀重视声音的本质。

放眼全球，在音乐真人秀节目方面做出尝试最多同时也最成功的当属韩国，而《韩国超级明星》是其最典型的范例。自2010年开播以来，《韩国超级明星》为观众提供了持久性的话题，聚集了相当高的人气，节目以21.15%的高收视率创造了韩国有线电视历史上的收视奇迹。《韩国超级明星》在节目模式和制作上的创新，是其在收视率和话题性上取得双赢的最关键因素。

《我的中国星》全面引进《韩国超级明星》节目模式，致力于打造中国最励志的音乐真人秀节目。与原版节目一样，《我的中国星》不同于一般音乐选秀节目。它将真人秀环节放大，除了表现选手的音乐素养，还会更充分地展现出选手个人的性格、品行以及发展潜能等。从节目最开始直至结束，选手们凤凰涅槃般的蜕变过程被完整展现。此节目于2013年7月7日晚22点在湖北卫视全球首播，首播收视率超越了《中国最强音》以及《中国梦之声》，位列2013年第二季度选秀类节目全国第三，可以称得上是2013年中国歌唱类选秀节目中规模最大的。《我的中国星》前五期节目的平均收视率超过了1.22%，每期节目的收视率均位居全国同时段前三位，这一度引起了海内外众多媒体的深度关注。

2013年8月11日13点，韩国唯一播放中国节目的电视频道——中华TV在韩国进行了《我的中国星》的首播，节目受到了韩国观众的一致好评。2013年12月28日晚，《我的中国星》在新加坡电视台播出。据悉，《我的中国星》还将在美国、澳大利亚、泰国、印度尼西亚、新加坡、马来西亚、菲律宾、缅甸、柬埔寨以及我国的香港及台湾地区陆续献映，预计观看人数将至数千万人次。《我的中国星》可以说是中国电视史上第一档被多个国家和地区的电视台播出的音乐真人秀节目。

《我的中国星》获得这样骄人的成绩，与有湖北卫视这样一个优秀的平台是分不开的。湖北卫视有5档节目的收视率曾经进入过全国前三，有3档节目的收视率冲击过全国第一。据有关数据显示，湖北卫视“2012年3月下旬以来，全国收视连续8个月排名同时段前十，并成功入围2011—2012中国品牌媒体百强卫视品牌十强。2012年，湖北卫视成为全国省级卫视中当之无愧的黑马。进入2013年，卫视十强争夺更加激烈，位序动荡不稳。以3月为例，截止到3月30日，先后有13家卫视争战十强，而湖北卫视共有24天进入全国前十，收视稳定性排名全国前八。同时，湖北卫视与排名前列卫视差距缩小，与第4名东方卫视收视差距仅为0.027，与5至8名之间卫视收视差距在0.02以下，有望逐渐赶超”①。在此基础上，《我的中国星》为湖北卫视带来的是收视率的提升和广告价值的激增。

① 佚名．大型季播节目：以新制胜，荧屏争锋[J]．声屏世界·广告人，2013(6)：85-86.

四、阐述与评价

从2004年开始，选秀节目逐步进入大众的视野。湖南卫视的《超级女声》在当时风生水起，引起了巨大的反响。之后，各种选秀节目层出不穷，横扫多个省级卫视，如东方卫视的《加油！好男儿》、湖南卫视的《快乐男声》、江苏卫视的《绝对唱响》等，甚至央视也曾一度推出《梦想中国》。但是后来，一大批选秀节目不得不面临收视率大幅下降的窘境，遭遇停办或者勒令停办的命运。到了2012年，《中国好声音》红遍大江南北，给各大卫视指出了选秀节目重新发展的方向，那就是引进海外电视节目模式版权。于是，2013年暑假，出现了选秀节目"百家争鸣"的状况。《我的中国星》就是其中典型的一例。

《我的中国星》作为一档音乐真人秀节目，有几大看点。节目组邀请了韩国8位顶级作家为节目设置任务环节。选手通过完成这些任务将自身特点以及相互之间的人物关系充分展现。海选之后，50名晋级的选手进入72小时Super week合宿环节。在这个环节中，选手们要完成三个任务和无数个隐匿的考验。音乐素养之外的品格、性格等成为重要的考量因素。在封闭的训练基地度过72小时之后，通过考验的选手便能够晋级。这一环节是完全按照韩国原版定制的，据说现场录制环节安排了40多个机位，对每个选手和评委进行全方位的跟拍，捕捉到无数个细节，后期素材耗片比超过1000∶1，这在中国电视真人秀节目中是史无前例的。而在此之前，中国还没有一档选秀节目会对选手进行长时间的贴身跟拍。这种纪录片式的真实展现，无疑是此节目的一大亮点。

但是，由于《我的中国星》是完完全全按照韩国《韩国超级明星》定制的，因此它没有能够避免后者所存在的一些弊病和局限性。真人秀本身就存在不可预知性、隐私性、残酷性和博彩性等特点，这些正是其获得高收视率的重要法宝。虽然这些元素在很多国家都被接受，但显然与我国文化传统和观众的审美习惯是背道而驰的。

出品方虽然花高价钱高调购买了原版节目的版权，掌握了原版节目的全部制作流程，但是这并不代表他们掌握了这档节目的深层理念。2013年7月26日，国家新闻出版广电总局针对"境外模式"过分引进的现象，要求"改变对引进节目模式的依赖心理，各播出机构要从资金、人员、机制上扶持节目研发创新工作，提高原创节目比重，对于上星综合频道原创节目，总局将予以优先备案、在各类评比评奖中给予倾斜，同时对引进境外节目模式节目将严格管理和调控”。① 显而易见，如果只是进行单纯的大手笔投入而不进行本土化的创新改造，节目还是会走入严重同质化的困境；如果没有我们的主流价值观作为支撑，一味复制海外热播节目的运作模式，最终还是会失去观众，失去市场。

五、阅读延伸

[1]岑卓，臧志．音乐真人秀节目的突破之路[J]．中国广播电视学刊，2013(9).
[2]王静．选秀节目如何在困境中突围[J]．现代视听，2009(6).
[3]佚名．大型季播节目：以新制胜，荧屏争锋[J]．声屏世界·广告人，2013(6).
[4]严三九．关于引进海外电视选秀节目模式的思考[J]．中国广播电视学刊，2013(10).
[5]赵彬彬．主持人也需要包装与宣传——从“凤凰卫视”谈起[J]．当代电视，2005(8).
[6]李玮．东方卫视的品牌革命[J]．广告大观，2005(1).
[7]李镭．重建大众的历史意识——历史题材纪录片的话语重构[J]．现代传播，2003(1).
[8]程锐．多彩的历史 个性的表达——历史题材广播作品创作谈[J]．中国广播电视学刊，2014(7).
[9]施玉景．历史题材广电节目应追求的三个维度[J]．传媒，2014(2).

（胡家玮，孙宜君）

① 严三九．关于引进海外电视选秀节目模式的思考[J]．中国广播电视学刊，2013(10)：1.

电视调解类节目的业界楷模

——江西卫视《金牌调解》读解

俗话讲，“家家有本难念的经”。《金牌调解》是一档以老百姓的婚恋、家庭、邻里矛盾等生活琐事的调解为主题的节目。节目在素材选择上重点关注典型性与非正常性的案例，通过专业的调解为老百姓解决矛盾提供可参考的范本。《金牌调解》兼顾娱乐性与教育性，不仅满足了观众的情感需求，更起到了普法教育、纠纷处理的作用。

一、节目概述

中文名称：金牌调解
节目类型：社交类节目、社会服务类节目
节目形式：演播室对话＋外景短片
主持人：章亭
播出频道：江西卫视
开播日期：2011 年 3 月 21 日
播出时间：每周一至周日 22：00
节目时长：45 分钟
播出状态：播出中

《金牌调解》是江西卫视制播的一档形式新颖的社交类、调解类节目。《金牌调解》拥有一个调解团队，包括一名主持人、两位调解员和多位观察员。节目模式为演播室内交谈，分为短片背景交代、演播室现场调解、密室单独调解和揭晓调解结果 4 个环节。每期节目讲述一个故事，解决一个矛盾。节目以调解纠纷、化解矛盾、促进和谐为宗旨，打造出一种全新的节目模式，满足观众的情感诉求，成了调解矛盾、化解纠纷的代名词。

节目的圆形演播室俨然一个严肃却不失温馨的“人民调解法庭”，当事人、调解员、观察员和主持人，在节目中分别扮演不同的角色。当事人是调解事件的主角，他们坦诚地陈述事件，流露真情实感。调解员扮演着模拟法庭中的“法官”角色，通过理性的分析找出当事人之间存在的本质问题，给出矛盾的解决方式，这是调解能否取得成功的关键；观察员是“法庭”调解的见证人，又是节目的必要陪衬，他们在当事人陈述问题的时候适时发表客观评论，在调解过程中起辅助作用，强化了节目的效果；主持人则是整个调解过程的把控者和主导者，起到引导话题、驾驭现场和调解气氛的作用。除了演播室中的调解，节目还设置了一个充满神秘感的环节——密室调解。调解进行到最后的时候，调解员、观察员与当事人进入密室进行更深入的沟通交流，这将对调解结果起到决定性作用。

二、传播源流与路径

调解是一种具有中国特色的纠纷解决机制。我国社会的发展和法治的进步，对人民调解制度提出了更高的要求。电视调解节目正是在这样的背景下产生的。“2010年8月29日，十一届全国人大常委会第十六次会议审议通过了《人民调解法》，完善人民调解制度，以达到规范人民调解活动，及时解决民间纠纷及维护社会和谐稳定的目的。2011年1月1日，《中华人民共和国人民调解法》正式颁布，新的人民调解法肯定了民间调解的群众性和正当性，明确规定人民调解协议具有法律约束力。”①自此，电视调解节目的法律效力有了正式的法律依据。

2011年3月21日，《金牌调解》正式开播。在此之前，节目策划与播出方案已由江西省司法厅批准，并成立了人民调解委员会。节目不但在录制现场布置了模拟法庭场景；而且模仿法庭制度，设置了密室调解环节。与其他的调解类真人秀节目不同的是，在《金牌调节》中，在调解的最后，矛盾双方当事人签署的调解协议是具有法律效力的。《金牌调解》开播之后，多个地方卫视逐渐推出了类似的节目，掀起了一阵电视调解节目的潮流。

《金牌调解》是一个促进良好沟通的平台。参与节目的人员进行多元对话，形成多种传播模式的复合传播。当事人在调解过程中进行自省，重新认识矛盾双方存在的问题。在调解现场，当事人、调解员、观察员和主持人进行面对面的人际交流。这种最直接的沟通方式，及时表现出当事人心理和情感的变化，双向性非常强。与很多节目一样，《金牌调解》除了通过电视媒介传播外，还采用了网络传播模式。江西卫视官方网站上同步播出每一期节目，同时，在搜狐、优酷等视频网站上也可以找到此节目的视频。此节目拥有微博

---

① 谷春燕．中国法制类电视调解节目研究——以江西卫视《金牌调解》为例[D]．武汉：华中师范大学，2012.

官方账号，主持人和调解员借此与观众保持良好互动。《金牌调解》的这种立体传播模式，满足了节目参与者和受众的情感诉求需要。

三、主要社会影响

积极构建社会主义和谐社会依然是我国社会发展的主旋律。家庭是社会的细胞，家庭和谐直接关系到社会和谐。有效解决家庭矛盾，在解决社会矛盾的过程中显得尤为重要。电视媒体是党和政府的重要舆论宣传平台，理应在建设社会主义和谐社会的过程中担当起相应的责任。

江西卫视《金牌调解》开播仅两日时，其收视率就跃居全国卫视第六名，创造了一个收视奇迹。当前，在令人眼花缭乱的电视节目中，《金牌调解》脱颖而出，为广大电视观众呈现了一档不一样的电视调解节目。

《金牌调解》的宗旨是调解纠纷、化解矛盾、促进和谐，一个高素质的权威调解团队为实现这一宗旨提供了前提和保障。这个调解团队的成员学历高、阅历广，表现出了超乎常人的智慧与能力。主持人能够把控局面，对当事人循循善诱；调解员善于分析和解决问题，专业性与艺术性并存；观察团成员职业多样化，有作家、心理医生、教师、司法干部、律师等，在分析问题时可以做到从多角度入手。

当事人联系节目组参与到节目中，目的是希望得到帮助，改变生活现状。《金牌调解》在调解过程中充满了人文关怀，客观公正地分析问题，将心比心地为当事人提供建议。当现场冲突升级的时候，调解团队不是为了吸引眼球而火上浇油，而是用温情和智慧来化解矛盾。他们不停地用各种方式来安抚当事人，使其暂时忘却生活中的悲伤与痛苦，回忆曾经的美好瞬间。例如，在 2014 年 6 月 23 日的节目中，夫妻对峙，妻子谴责丈夫，情绪激动。这时，观察员适时引导妻子，让她不再压抑，更在现场引导丈夫拥抱妻子。类似的情景在《金牌调解》中比比皆是，让观众感受到浓浓的人情味。目前，有不少同类节目故意激怒当事人，营造现场的紧张气氛以制造看点，在社会上带来了不少负面影响。与之相反，《金牌调解》并不一味追求收视率，而是把当事人的利益放在第一位；不以暴露隐私为兴奋点，不为可看性而过度挖掘当事人隐私，而是坚持弘扬正确的价值观，努力使调解向良性状态发展。在有效缓解矛盾、解决问题的同时，也向广大受众传达真善美的力量。不仅如此，节目还设立了爱心基金，帮助经济上有困难的当事人缓解压力，社会反响极佳。

《金牌调解》一经播出就得到了广大受众的一致好评，在社会上起到了广泛的正面影响作用，被称赞为一档情真意切、弘扬正气的好节目。它一方面，运用大众媒介的力量向普通民众展示了“家和万事兴”的重要性，为老百姓自己处理类似纠纷提供了有效的方法和良好的典范，创造了和谐的社会氛围；另一方面，响应社会需求，为法庭外调解纠纷提供了一条新的途径，帮助缓解和解决社会民间矛盾，很好地促进了社会和谐。帮助当事人现场解决纠纷是节目的目的所在，但其根本目标依然是宣传法治，普及法律知识。

由于《金牌调解》在推动民主法制建设和促进社会和谐方面贡献了正能量，因此不仅广大观众对《金牌调解》给予了好评，江西省很多党政领导干部和法律领域的专家也对节目予以肯定。许多法律专家指出，以电视节目的形式开展人民调解工作是一项具有开拓性的创举，为中国普法教育和人民调解工作开辟了一片新领域、一条新途径。这对广大媒体人也是具有启发性的：打造出优秀的节目并不是难事，只要着眼于人民生活，从人民利益出发，提炼独特视角，培养责任感和大局观，灵感一定是源源不断的。

四、阐述与评价

我们知道，国内不少真人秀节目都曾被爆出找“演员”作秀的丑闻，调解类节目也不例外。观众总是怀疑此类节目充斥着虚假的当事人和虚构的故事情节。不真实的人物与情节，显然是与真人秀的特质背道而驰的。《金牌调解》在这方面态度坚决，坚持从真实案例中取材，录制节目之前不会进行预设。所有当事人在调解过程中的情绪反应和行为举止都是真实的。节目选题的时候也会注意选择一些有典型性的案例，能引起情感共鸣、发人深省的案例。《金牌调解》调解员胡剑云深得广大受众欢迎，调解纠纷时，他善于运用相关社会伦理道德规范，调解效果显著，社会反响良好。

当然，我们也承认，《金牌调解》并非完美无缺。像《金牌调解》这样的优秀节目，也存在避免不了的局限性，也需要不断改进与创新。

首先，调解的纠纷类型比较单一，范围比较狭窄。较之传统的电视法制节目，电视调解类节目更关注私人利益方面的议题，而偏离了公共利益，重点调解私人争端，很少涉及医患纠纷等社会性的题材。有数据显示，《金牌调解》中，关于夫妻矛盾或者其他家庭成员纠纷的题材占到了八成左右。调解员胡剑云曾经坦言，“节目现在受到了题材雷同的质疑，对于征地拆迁类的纠纷，自己也想尝试，只是很难把握”①。而且作为我们党和政府的舆论宣传平台，电视台本身会受到上级行政主管部门的管制。考虑到相关方面的态度，一些涉及敏感话题的纠纷，节目很难处理。另外，由于电视调解类节目暂时缺乏足够的权威性，处理复杂的民事纠纷时往往显得力不从心，当事人会更倾向于去相关的法律部门寻求帮助。所以，虽然目前《金牌调解》有意扩大纠纷调解的类型范围，但是阻力重重，难度依然很大。

其次，有些当事人的隐私，没有得到很好的保护。节目中，当事人主动联系节目组，委托其帮助解决纠纷，这在一定程度上会暴露当事人自己的隐私。虽然有些当事人会要求节目为保护其隐私采取一些措施，如在面部打马赛克或者允许当事人戴上墨镜等，但是效果是有限的。更何况，有很多当事人的面孔是直接暴露在镜头前的。大部分当事人并没有很好地意识到这一点。调解的过程中，当事人很难掌控局面，他们会受情绪影响，无意识地将愿意或不愿意暴露的隐私展现在千万电视观众面前。

再次，调解人员素质与水平参差不一。虽然《金牌调解》中有素质高、调解能力强的调解员，但也有素质一般与调解能力不强的调解员。大部分调解员并不是专业的法律人士，他们主要是以自己的道德观和价值观去对一件纠纷进行分析和调解，缺乏对法律知识和精神的贯彻。他们比较注重伦理道德的层面教育，而在法律层面上有所欠缺，没有很好地发挥节目普及法律知识的功能。

最后，节目在解决问题的同时，或多或少造成某些负面影响。一方面，

① 郑红秀．电视节目调解纠纷的局限性剖析[J]．山西高等学校社会科学学报，2012(7)：83-85．

当事人的生活会受到消极的影响。因为节目播出后，当事人的隐私会被社会知晓，其社会评价或多或少会有所降低。很多参加完调解的当事人完全没有预料到，这给他们以后的生活带来了很多波澜，再也无法回到以前的平静了。另一方面，社会也会受到一些负面影响。虽然节目是出于善意调解纠纷，但是节目展示给大众的却是人们在社会生活中表现出的黑暗面，不是婚外情导致夫妻关系破裂，就是手足之间因为金钱反目成仇。对别人不幸的窥探欲是人性的弱点，节目很可能对人们道德观、价值观的形成产生误导作用，尤其是对青少年产生不同程度上的不良影响。

虽然《金牌调解》存在诸如此类的局限性，但是我们应该看到，它为电视调解类节目的发展所起到的示范作用。此节目不仅赢得了良好口碑，得到越来越多观众的青睐，而且产生了非常好的社会效果。只要有针对性地进行节目改进与创新，相信《金牌调节》一定能获得长久的生命力。

五、阅读延伸

[1]陆钢．情感调解节目的创新路径[J]．中国广播电视学刊，2013(5).

[2]孙阳，赵涓．法制类电视节目的新突破——《金牌调解》的成功之路[J]．声屏世界，2012(6).

[3]王冬梅．电视调解类节目现状分析及对策——以《金牌调解》为例[J]．新闻世界，2013(10).

[4]陶许娟，程芸．调解类真人秀谈话节目探析——以《金牌调解》为个案[J]．新闻世界，2012(7).

[5]陈佑荣．重思公共领域：电视调解中的家庭政治与协商民主——以江西卫视《金牌调解》栏目为个案[J]．国际新闻界，2015(4).

[6]蔡培．构建诉求平台，完善调解机制——江西卫视《金牌调解》栏目探析[J]．东南传播，2012(3).

[7]戴烽，李倩．调解类电视节目发展路径研究——以江西卫视《金牌调解》为例[J]．电视研究，2014(1).

[8]胡清，黄志钢．叙事学视野下的《金牌调解》[J]．当代电视，2013(12).

[9]罗弦．弘扬公民责任意识 重唤东方道德伦理——探析情感调解类节目《金牌调解》[J]. 当代电视，2015(3).

[10]顾利娟．江西卫视《金牌调解》的选题研究[D]. 保定：河北大学，2014.

（胡家玮，孙宜君）

中国法制进程的记录者
——中央电视台《今日说法》读解

《今日说法》是中央电视台第一档全日播法制节目，已经成为家喻户晓的品牌节目。节目理念是：点滴记录中国法治进程。节目口号是：全力打造“中国人的法律午餐”。《今日说法》开创了“绿色收视”的奇迹。

一、节目概述

中文名称：今日说法

外文名称：Legal Report

节目类型：全日播法制栏目

主持人：撒贝宁、路一鸣、元元、李晓东

制片人：朱海峰、何抒玟

播出频道：中央电视台综合频道 CCTV-1

开播日期：1999 年 1 月 2 日

播出时间：周一至周六 12：37

播出状态：播出中

《今日说法》是中央电视台第一档全日播法制栏目，已经成为家喻户晓的品牌节目。《今日说法》自 1999 年制作播出以来，向观众展现了数千例法律案件，一直致力于配合我国的普法宣传工作，成为我国法制化进程中各大重要阶段的见证者和记录者。

该栏目一向以"重在普法，监督执法，促进立法，服务百姓"为宗旨，秉承"点滴记录中国法治进程"的理念，全力打造"中国人的法律午餐"。节目采取以案说法、观众参与和专家点评相结合的形式进行创作，也由于节目本身贴近百姓生活、形式轻松自然、讲解通俗易懂，播出后取得了较高的收视率，一下跻身中央电视台收视率的前十名。"据统计，每天有 5000 万人收看《今日说法》，占午间全国收视观众的 25.6%，收视率达 5%，因此这一节目也被称之为'午间焦点'。在 CCTV 网站的栏目中，《今日说法》的电子版点击率也一直处于前几名。"①

《今日说法》除了播出日常节目外，还陆续推出了一系列特别节目和活动，如"年度十大法治人物"评选活动，不仅以品牌带活动，而且成功地提高了节

① 尚墨玲.《今日说法》创办精品法制栏目的成功之道[N]. 中国新闻出版报，2001-08-17.

目的品质和层次，使得观众对其愈加关注与重视。特别节目和活动的创新探索，也成为《今日说法》长盛不衰的力量之源。

二、传播源流与路径

在国外，犯罪新闻(crime news)作为电视新闻的一个种类，由于涉及社会现实等问题，受到了广泛的关注。但在中国，有关犯罪题材的新闻往往根据其具体性质被归入社会新闻或经济新闻等种类之中，并无单独门类。然而，我们可以看到，中国电视法制节目与国外的犯罪新闻有着千丝万缕的联系。中国的法制进程问题是中国法制节目的重要内容，但我们也应看到，大多数法制节目是通过犯罪案例来说法、普法的，即犯罪新闻是法制节目的重要部分，或者说是法制节目理论升华的具体文本阐述。

具体到中国法制节目的发展历程，可以根据我国法制的发展分为三个阶段：一是电视法制节目的发展初期(1980 年至 1993 年)；二是电视法制节目的快速发展时期(1994 年至 2003 年)；三是电视法制节目的繁荣时期(2004 年至今)。1985 年，上海东方电视台《法律与道德》栏目的创办，标志着我国电视法制节目的产生。随后，中国电视法制节目发展速度加快，呈现出繁荣发展的大好势头。从中央到地方，各级电视台法制节目不断涌现，而且纷纷扩版增容，创办了一批广受好评的、影响深远的法制节目。

《今日说法》也是在这样的大背景下创办和发展起来的。从 1999 年 1 月 2 日播出第一期节目开始，《今日说法》一直发展至今。《今日说法》采取以案说法、大众参与、专家评说的节目样式。节目宗旨是：重在普法，监督执法，推动立法，为百姓办实事。此节目获得了高收视率与高社会效益的双丰收。值得一提的是，2013 年 3 月，《今日说法》在保留日播节目的基础上，又推出了由撒贝宁独立主持的推理类特别节目——《撒贝宁时间》。《撒贝宁时间》通过影视手法展现故事魅力，由主持人化身侦探，层层推理，将案件抽丝剥茧，同样获得了很好的收视效果。

中国政法大学姚广宜教授将我国电视法制节目，分为六种类型：举案说法类、演播室讨论类、纪实性公安题材类、益智互动类、竞技挑战类和庭审直播类。纵览中国的电视法制节目，我们认为，其中比较成熟的类型是举案说法类和纪实性公安题材类。《今日说法》这档节目应当属于举案说法类的经典之作。

三、主要社会影响

《今日说法》是从1999年开播至今仍长盛不衰的法制类名牌节目。它在传播历程中获得过许多骄人的收视成绩。节目开播当年，收视率就位于中央电视台前10名。2002年8月，扩版后的《今日说法》已取得收视率全台第5名的好成绩。2002年10月，《今日说法》再创新高，全台收视率排名第四。随着节目影响力的逐步扩大，收视率节节攀升，最好成绩达到过央视收视率排行榜第三名。对此，有关国家领导人曾批示说"《今日说法》是'三贴近'的典型"，"《今日说法》开创了'绿色收视'的奇迹"。《今日说法》这档名牌法制节目的创办，对我国法制类节目的发展具有里程碑式的重大意义。

从收视率来看，《今日说法》受到了广大观众的高度喜爱。在获得高收视率的同时，《今日说法》栏目也获奖无数，产生了相当高的社会效益。在1998至1999年度全国法制节目评比中，《今日说法》荣获栏目类一等奖、短片类和系列片类二等奖。2000年，《今日说法》荣获政府奖——中国社教节目评比栏目类一等奖，还获得了"全国法制宣传教育先进单位""巾帼建功先进集体"等荣誉称号。自2001年以后，《今日说法》历年被评为中央电视台的优秀节目，还多次获得电视法制节目全国十佳栏目奖等。

作为法制节目的《今日说法》，对案件报道遵循以下两个准则：第一，在指导思想上，不迎合某些观众猎奇心理，因为猎奇会使法律宣传的效果适得其反。第二，不详细报道某些犯罪细节（作案手段），对那些属于保密范围的侦破手段和法律规定，属于国家机密、个人隐私的内容不进行公开报道。可以说，《今日说法》遵循了以上两点准则，也就把握住了节目的大方向。这也是节目始终产生良好影响力的重要保障。

四、阐述与评价

1. 节目特点与经验

《今日说法》这档经久不衰的法制类节目，承载了几代电视人对法制节目的无限希冀。该节目经过多年的实践与努力，形成了鲜明特点，积累了丰富经验。

(1)讲述事件，重在“说法”。《今日说法》的落点是一个“说”字，就像日常对话那样，这“法”要靠“说”。突出这个“说”字以后，老百姓爱看了，因为它没有采用老师教导学生那样枯燥无味的讲课形式，而是注重人与人之间的对话。这种对话有几种，一种当然是主持人和专家之间的对话；另一种，拍摄的内容本身都是百姓自己的事情，其中便有各种矛盾体的对话，如执法人员和被执法人员之间的对话。《今日说法》的魅力可能也应于说话了，所以让人觉得不呆板，受人欢迎，收视率也稳步提高。它在一片荒地上创业，现在已是枝繁叶茂、绿树成荫了。《今日说法》的成功，另一个关键在于它找到了一个平等的与人对话的视角。它不是“讲法”，而是“说法”。法律节目容易有俯视、仰视的视角，影响了平等对话。《今日说法》的视角非仰视，也非俯视，而是平等的。这种形式，体现了一种人文关怀。

(2)点滴记录，真实再现。从开播至今，《今日说法》一共制作了不下千余期节目。从纠缠不清的民事案件到错综复杂的刑事案件，从家庭伦理到司法变革，每一次法制的进步与改革，《今日说法》栏目组都在进行点滴记录，并力求再现真实。让每一位观众不仅仅是法制化的看客，更是推动法制进程的参与者。

2002 年 8 月 15 日，节目由 15 分钟扩版到 20 分钟，使得整个节目有更加充足的空间展开曲折的故事情节，刻画细致的人物形象，阐释深刻的法理常识。在秉承一贯的可看性强、条理分明的风格基础上，强调新闻敏感度和案发现场的真实性，争取新闻因素和法律因素相结合，使节目产生更大的冲击力和社会互动力。扩版还包括更为精心地打造演播室，加大信息数量，提高信息质量，全面改进节目包装，确立节目标识、节目口号，进一步明确节目的定位和理念。在坚守普法定位的基础上扩展题材范围，也能够为记者成长提供更大的空间。

(3)普法阵地，大众意识。在制作电视法制节目时，要把视角更多地放到与老百姓生活息息相关的法制案例中。目前，很多节目中的大案要案，主要靠事件的关注度、故事的曲折和情节的离奇来吸引大众的眼球，但是这样的案例可遇而不可求。《今日说法》节目注重把视角放到素材更加丰富的小案件中，并不一味追求案件的重大性，而是追求案件的贴近性、故事性和娱乐性从而让观众觉得这些案件就是实实在在发生在生活中的事儿。

(4)关心百姓生活，体现人文关怀。《今日说法》有多期节目呈现了以法律援助、司法救助为切入口，帮助百姓通过法律途径解决自身困难的案例。这些案例中的人物有无证经营的三轮车夫，有被雇主虐待致死的小保姆，有受害的普通农民、打工仔、家庭妇女等。节目的"周末反馈版"对一周来播出的部分案件进行"回访"，做简要的后续报道，同时解答观众求助的法律问题。这既监督了执法，了却了观众对案件的牵挂；又让节目办出了社会实效。这些针对普通百姓的节目，无疑让《今日说法》更具人文关怀，更聚人气。

2. 节目启示与建议

通过对《今日说法》的分析，我们对该节目的特点与成功经验有了一定的了解，同时对节目创办与传播的意义有了较深切的体察。《今日说法》的节目特点与成功经验，对我国法制类节目的发展具有很大的启示作用。但是，从节目的制作理念与传播形态上看，《今日说法》还应在以下几点上做出努力。

(1)面临同质化挑战，寻求改进创新策略。《今日说法》节目获得成功之后，这种以案说法式的节目形态为很多地方电视台所模仿或原样复制。一时间，《给你说法》《举案说法》《法治进行时》之类节目蜂拥而出。在节目的形态上，这类节目基本上是照搬《今日说法》惯用的案情介绍、主持人串场以及演播室专家点评的模式。在演播室设计、节目整体包装、主持人风格等方面也多有相似、雷同之处。"根据央视索福瑞媒介研究发布的《中国TV栏目发展报告》显示，截至2004年，全国已经有六十多个法制栏目。同时有资料显示，以案说法型是各电视台法制栏目开播初期采用最多的节目形态。"①节目同质化

① 黄海星．试析《法治进行时》的节目形态[J]．中国广播电视学刊，2005(2)：41-42.

的倾向愈来愈明显。面对此种情状的挑战，面对受众日益提高的法制类节目观看水平，《今日说法》应不断调整和提升节目的内容与形态，寻求改进创新策略与突围之路。

(2)协调好媒体监督与司法独立的关系。从表面上看，媒体监督与司法独立有着矛盾与冲突：一方面，媒体想方设法调查事实、了解案情，代表人民对国家机关及其工作人员行使监督权；另一方面，司法机关为了维护自身的独立性，又依据相关的法律法规来防止外来的干涉。其实，二者并没有本质上的冲突。它们都是在依法履行各自的职责，为社会公正与法治建设服务。妥善处理媒体与司法机关之间矛盾的根本途径，不是扼杀媒体的舆论监督而是真正实现司法机关公正性前提下的公正。“所以，只要媒体不干涉司法机关的工作，而只是遵循法外的监督程序进行适当的揭露，并时刻注意报道的真实、客观，避免‘媒介审判’的发生，就能够恰到好处地帮助司法机关尽快实现司法独立。”①

(3)发挥新媒体功能，增强节目新形态。目前，我们已处在网络新媒体的时代，网络新媒体正以其强大的功能改变着社会生活方式，同时也在为传媒的变革、节目形态的变化提供极大的可能。从现实条件看，《今日说法》已拥有网络视频、微博、微信等新媒体交流互动平台。如何利用新媒体进行节目形态的调整与革新，是《今日说法》面临的重要课题。面对未来，《今日说法》依然任重而道远，我们期待《今日说法》在保持特色与优势的前提下，增加节目新形态因素，不断改革创新，保持旺盛的生命力和影响力，为推进中国法制进程，为构建社会主义和谐社会，做出新的更大贡献。

五、阅读延伸

[1]王仁忠．电视法制节目的发展策略[J]．现代视听，2008(4)．

[2]唐济生．电视法制节目创新的三种途径[J]．声屏世界，2007(3)．

[3]胡智锋．《今日说法》十年发展的意义与启示[J]．中国广播电视学刊，2009(3)．

① 丁莉华．从《今日说法》看电视法制节目的创新[J]．传媒观察，2005(5)：51-52．

[4]张瑜烨.《今日说法》节目标题的四定位[J]. 当代传播，2004(5).

[5]方毅华. 新闻叙事与文学叙事的多重审视[J]. 现代传播(中国传媒大学学报)，2010(5)

[6]张岚. 媒介语境：为受众设置的界面[J]. 国际新闻界，2004(2).

[7]杨保军. 新闻文本的个性特征[J]. 当代传播，2004(2).

[8]谢苗枫. 语言符号对电视新闻的意义[J]. 当代传播，2003(2).

[9]于跃. 电视片解说词的写实方式[J]. 写作，1997(6).

[10]常颖. 硬新闻"软化"之误区[J]. 记者摇篮，2012(3).

（王雅，孙宜君）

对人类大脑极限的挑战
——江苏卫视《最强大脑》读解

《最强大脑》是一档以展示科学与脑力为主要内容的科学真人秀电视节目。节目以“让科学流行起来”为口号。制作团队将脑力科学与娱乐元素融合，通过艺术性编排与加工，采用“动静结合”的舞台道具，并运用明星元素的偶像效应，使节目更具有故事性、趣味性和观赏性。此节目给中国电视荧屏吹来了一股清新的科技之风。

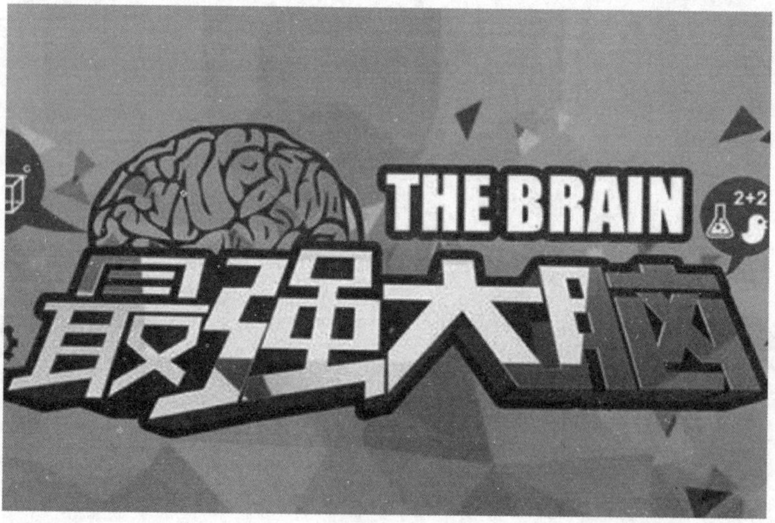

一、节目概述

中文名称：最强大脑
外文名称：Super Brain
节目类型：科学类真人秀节目
主持人：蒋昌建
科学判官：魏坤琳
科学助教：周杰伦
固定观察员：陶晶莹、李永波、梁冬
X观察员：李彦宏、章子怡、孟非、林丹、金秀贤等
播出频道：江苏卫视
在线播放平台：优酷、土豆视频
开播日期：2014年1月3日
播出时间：每周五22：00(第一季)、
每周五21：10(第二季)
节目时长：90分钟
播出状态：播出中

于2014年1月3日开播的《最强大脑》，是由江苏卫视创作团队引进、借鉴德国同名电视节目(Super Brain)制作模式，进行本土化改造后推出的中国首档大型科学类真人秀电视节目。节目精选来自各个领域的天才，展现他们异于常人的脑力、眼力，分享他们不为人知的神奇故事。节目中设置科学判官，由脑科学家判官从专业角度为观众解密天才的世界。节目还邀请各领域知名人士作为嘉宾、观察员，给参赛选手打分评判。节目通过晋级赛、挑战赛等环节从参赛选手中选出佼佼者，使他们最终站在世界的舞台上，与来自意大利、西班牙和德国的同等类别的最强大脑选手进行正面对决，从而决出真正的世界最强大脑。

《最强大脑》将脑力科学与娱乐元素融合，通过艺术性编排与加工，采用

“动静结合”的舞台道具，并运用明星元素的偶像效应，使节目更具故事性、趣味性和观赏性。节目受到了广大观众的赞誉，特别是青少年观众的喜爱。它给电视荧屏前的观众耳目一新之感。

《最强大脑》第一季由蒋昌建担任主持人，魏坤琳担任科学判官，陶晶莹、梁冬、李永波担任嘉宾评委。第二季仍由蒋昌建、魏坤琳担任主持人与科学判官，而嘉宾评委则由孟非、高晓松、陶晶莹担任。此外，还有全面升级的明星观察员阵容。比起第一季，第二季中增加了让人目不暇接的魔方墙、斑点狗、巨型攀岩墙等新鲜元素。在节目道具方面也有大幅度的升级，出现了许多令人叹为观止的最强道具：127 个蜂巢组成的蜂巢迷宫、真人扮演的铜人茶馆、规模庞大的赛车场等。节目从室内扩展到户外，内容更加不可思议，难度更加登峰造极，选手展现的技能也比第一季更加五花八门，如展现了人脸识别能力、听觉分析能力、辨识力、空间记忆力等。《最强大脑》已圆满播出两季，其成功之处给时下真人秀节目的制作提供了一些有益的思考与借鉴。

二、传播源流与路径

德国原版《最强大脑》由恩德莫公司独立制作。各版本节目都通过各国购买该节目版权，与恩德莫公司的国际团队合作完成。根据恩德莫公司官网的描述，截至目前，该节目的版权已卖至全球 20 多个国家和地区。

在节目内容安排和制作上，原版节目的规则是，7 位选手在一期节目里向观众展示自己的大脑才能，接受观众投票，最佳者获得 25000 欧元现金奖励。欧洲其他各版本规则完全一样，但奖金设置上有所差别。而中国版《最强大脑》在赛制安排上做出了重大变革，赛程分为晋级赛、挑战赛、中外 PK 赛三个阶段。《最强大脑》这样的赛程安排，相较于原版的节目设定，加入了更为刺激的竞技性元素，让这档科学节目更具看点。晋级赛、挑战赛和中外 PK 赛等环节的设定，将比赛的激烈与紧张程度节节推升。从个人的晋级赛到轮番的淘汰卡位，再到最终以团队形式出征国际比赛，可以说吊足了观众的胃口。这也使节目的内容更丰富，更有可看性。

从《开心辞典》到《一站到底》《芝麻开门》，一直以来，益智类节目一直一枝独秀于各类娱乐节目之外，拥有自己固定的收视群。《最强大脑》这个集结了众多“科学怪人”的舞台，被众多网友称为高配版的2.0益智节目。这其实也道出了《最强大脑》节目属性的一次飞跃。在中国益智类节目的创作历程中，《最强大脑》完成了量变到质变的根本转变。正如节目组所提及的，这是一档科学真人秀，就是要让选手在秀出自己的同时，还能被科学地解读。节目中，特别设置了“科学博士”这个角色，邀请国内顶尖的专业人士坐镇现场，为每个选手的“脑力秀”进行解密与点评。在场外，还有非常庞大和权威的专家顾问团，他们从节目初期的选拔开始，一直对选手进行科学指导，对比赛过程进行严格把关。这个专家顾问团囊括了当今中国、美国、韩国、日本、澳大利亚等国家的世界级脑科学、精神学等方面的专家，甚至有多次获得诺贝尔奖提名的业内权威。

《最强大脑》首季节目于2014年1月3日至3月28日每周五22：00播出，第二季节目于2015年1月2日至3月27日每周五21：10播出。江苏网络电视台同步转播。从第二季开始，《最强大脑》在优酷、土豆视频等网络在线平台播出，为万千观众带来了清新的科学类电视真人秀之风。

三、主要社会影响

2013年10月，国家新闻出版广电总局向各大卫视频道提出加强版的“限娱令”，规定每家卫视每年新引进版权模式节目不得超过一个，每家卫视黄金档歌唱类节目最多保留4档。在这样的大背景下，江苏卫视顺势引进德国同名电视节目模式，推出了《最强大脑》这样一档专注于传播脑科学知识和脑力竞技的节目。这也成为江苏卫视主打的王牌节目之一。

《最强大脑》第一季在2014年1月3日首播，就创造了收视奇迹。央视索福瑞48城市收视率为1.423％，收视份额为6.308％；总决赛创下了2.74％的高收视率和10.42％的高收视份额，居同时段收视率和收视份额全国第一，刷新了2014年省级卫视新办节目的开播收视纪录。从以上两方面可以看出，《最强大脑》可以称得上是叫好又叫座的最亮眼的科学真人秀电视节目。此节目在推出的 2014 年，就在第 27 届中国电视金鹰奖颁奖典礼上独揽最佳电视文艺节目作品奖。

四、阐述与评价

1. 节目成功因素

凭借德国原版节目的成功模式以及《缘来非诚勿扰》的专业制作团队，打造出一档反响热烈的科学真人秀节目是可以预见的。总体来看，创造出收视奇迹的《最强大脑》有许多可圈可点之处。

(1)节目宣传语独特易辨识，借助新媒体实时传播。《最强大脑》是以展示科学与脑力为主要内容的科学真人秀电视节目，国内此前还没有同类节目。广泛传播植根于节目定位的宣传语，是让电视观众了解节目的有效途径之一，对树立节目品牌形象也起着至关重要的作用。《最强大脑》节目的宣传语——让科学流行起来，牢牢把握住了节目内容的特点，言简意明，便于观众识记与传颂。

在节目正式开播前一个多月，江苏卫视就在其新浪微博、腾讯微博、微信及客户端等新媒体上推广传播节目宣传语等内容。创作团队专业人员实时发布有关《最强大脑》的选手招募、拍摄花絮和节目预告等内容。节目开播后，既利用微博、微信、江苏网络电视等传播节目内容，还利用手机客户端等大力推送节目，并与粉丝们积极互动。多方位的营销宣传，使广大观众得到了关于这档节目的很多资讯，也激发了观众的收视热情。《最强大脑》从第二季开始，在优酷、土豆视频等网络在线平台播出。借助新媒体，该节目获得了更加广泛的收视效果，博得了观众的喝彩声。

(2)科学与娱乐和谐相融，激发选手“秀”个性。通常人们会认为，科学类节目是神秘、深奥和高端的。科学真人秀《最强大脑》，怎样“秀”才能避免节目走进曲高和寡的窘境，又如何将科学与娱乐和谐相融，让观众破除“科学枯燥”的刻板印象，从而提升收看热情。邀请知名人士加盟节目是其重要方法。《最强大脑》曾邀请陶晶莹、李永波、周杰伦、李彦宏、章子怡、孟非以及韩国明星金秀贤等做客节目，担任嘉宾或观察员。“明星们面对台上‘不可思议’

的脑力展现，一方面，他们和我们绝大多数观众的反应是高度类似的，带着他们的疑虑和好奇，会帮助我们更好地从大众眼光去解释这些科学现象。另一方面，明星元素的偶像效应，也会让更多年轻人了解科学、爱上科学。”此外，节目在赛制安排、选手对阵、舞台背景及道具华美运用等方面都体现了科学与娱乐和谐相融的理念与特色。

对于科学真人秀怎样“秀”这一问题而言，选手能力也非常重要。为了找寻选手——科学“天才”、能人，节目团队做了大量前期工作，或查阅媒体多年前的报道及文献资料，或直接派编导去全国各地寻找，或通过多种媒体进行线索征集等。像“火眼金睛”郑才千、“心算神童”葛韵霖、“魔方狂人”贾立平、“中国雨人”周玮、“闪电速配王”王峰……这些脑力神人都是节目组通过大海捞针式的搜寻而找到的。为了保证节目的科学性，还特别成立高水准中外专家顾问团。科学顾问在选手上台前，对他们进行多项智力测试，根据测试结果推荐选手参加相应的挑战项目。正因为加强了对选手参赛条件的考核，才最大限度地激发了选手“秀”的内容的独特性。

(3)节目贯通人文关怀，舞台道具吸引眼球。《最强大脑》作为一档科学真人秀电视节目，其本质决定了它必须融入人性，必须具有人文关怀。融入了人性的科学节目在讲究科学性的同时，也对人性进行了展示和考量。在《最强大脑》第一季第三期播出之后，患有智障但却具有数学天赋的周玮成为人们关注的焦点，连《人民日报》的官方微博都称赞他是“奇迹”。江苏卫视在节目播出之后也特地带周玮去做了脑力检测，并请语言专家对他提供帮助。“中国雨人”周玮引爆了媒体关于电视收视与人文关怀的大讨论。① 在《最强大脑》第一季第十期节目中，李云龙迎战同为 12 岁的来自意大利都灵的选手安德里亚(Andrea)。李云龙只花了 1 分 18 秒便记住了 51 对新人的随意排列顺序，而安德里亚花了 2 分 41 秒。然后，两人共同按照记忆顺序在桌上摆放新人玩偶。起初，李云龙以为自己摆错了，当场号啕大哭。尽管李云龙赢得了比赛，但他在比赛中因误以为自己马虎出错而号啕大哭的表现引起了网友对中国式

① 林台．论科学类真人秀节目的成功之处——以《最强大脑》为例[J]．今传媒(学术版)，2015(1)：113-114.

教育的质疑。有网友指出，中国的家长为求孩子成才，往往给予孩子过大压力，令孩子的抗压能力过低、好胜心过强。

《最强大脑》中绚丽的灯光、合乎节奏的配乐以及高端大气的“最强道具”，构成了节目的亮点。例如，2500个魔方组成的密集高大的“魔方墙”，让人眼花缭乱的101只斑点狗，长23米、宽3米的3D版《清明上河图》，32对同卵双胞胎，油画墙，激光隧道……都令人惊叹不已。节目中的这些道具既新潮，又具有科技感，大大吸引了观众的眼球。

2. 节目不足与争议之处

任何一档节目都伴随着各种争议的存在。《最强大脑》的争议点主要集中在，节目中科学元素与娱乐元素的搭配比例以及公众对节目科学性的考量上。

(1)节目中科学元素与娱乐元素的搭配比例失当。《最强大脑》比较成功地突破了以前歌舞选秀类节目的娱乐模式，开创了“科学＋娱乐”的新型模式，取得了良好的成绩。但在“科学”与“娱乐”两种元素的配比上，娱乐元素超过了科学元素的比重。所以，“尽管《最强大脑》确实使一些脑科学术语进入了普通人的关注视野，但科学的原理与机制并不是这档节目的表现重心，相反，在一系列娱乐元素的包装裹挟之下，科学的本体价值常常被有意或无意地架空与放逐。”这是需要反思与改进的。

(2)明星观察员可能会打感情牌而忽略科学公平性。《最强大脑》节目设置了科学助理周杰伦，嘉宾陶晶莹、梁冬、李永波，X观察员李彦宏、孟非、范冰冰等，大多是文艺体育界的明星或网络名人。这些嘉宾、观察员在一个脑力竞技的舞台上出现，确实让人捏了把汗。有些观众担心，由于知识结构的不同，明星观察员会打感情牌而忽略科学公平性并影响公平评价。当然，也有观众认为，节目中明星嘉宾、观察员起到了两大作用：一是代表大众的反应，带着他们的疑惑和好奇，会更好地以大众眼光去解释这些科学现象；二是明星元素的加入，能够发挥明星们的偶像效应，让更多的年轻人了解科学、爱上科学。

(3)节目时长安排带来对科学性的影响。节目中设计的项目是对挑战者眼力、记忆力及逻辑思维能力等的挑战，因此大多都耗时较长。时间及现场录制等因素，或多或少会对选手的现场表现产生干扰。此外，对有些挑战项目的原理的解释，也由于节目时长的限制而被剪辑掉，电视荧屏很难原汁原味地呈现出现场观众所看到的效果。对于一档录制时长达十多个小时的节目来说，精剪至一个多小时确实会影响其科学性的呈现。

《最强大脑》引起争议或存在一些问题与不足，这是必然的，也是可以理解的。我们不指望仅凭一档节目就为科学正名，也不苛求一开始就十全十美。但是我们期待，节目创作团队能牢记媒体责任，把握科学制作底线，使节目越办越好。

五、阅读延伸

[1]佚名．广电再推限娱令 益智类节目走俏[N]．羊城晚报，2013-10-24.

[2]网易娱乐．周杰伦综艺首秀《最强大脑》担任“科学助教”[EB/OL]．[2013-12-10]．http：//ent. 163. com/13/1210/07/9FNG17EL00031GVS. html.

[3]隋笑飞．“最强大脑”“汉字听写大会”等节目获第 27 届中国电视金鹰奖[EB/OL]．[2014-09-10]．http：//news. xinhuanet. com/local/2014-09/10/c _ 1112430198. htm.

[4]李响．《最强大脑》：“创新的内容”为王与“差异化”品牌策略[J]．现代传播(中国传媒大学学报)，2014(3).

[5]谢金华．从营销角度看《中国好声音》≥20 个亿[J]．新闻研究导刊，2013(11).

[6]毛慧敏．益智类电视节目的创新途径——以《一站到底》为例[J]．青年记者，2013(14).

[7]罗茜．电视娱乐节目的品牌营销——以《一站到底》为例[J]．新闻世界，2013(4).

[8]殷海晴．《中国好声音》热播的几点思考[J]．新闻爱好者，2013(2).

[9]邓艳昕．新型益智类节目的娱乐元素——以《一站到底》为例[J]．新闻世界，2013(1).

（王雅，孙宜君）

聚焦文化艺术精品
——北京卫视《天下收藏》读解

《天下收藏》汇聚中国传统文化艺术精品，凸显北京地域特色，用现代化的传播方式及国际化的视角来系统地诠释中国古代艺术品的精巧与美艳。与此同时，“去伪存真”的宗旨彰显出节目与众不同的氛围与立场，在温情与柔美之外展现出节目的冷峻与个性。

一、节目概述

中文名称：天下收藏
节目类型：鉴宝类节目、收藏类节目
主持人：王刚、那威
播出频道：北京卫视
开播日期：2006 年 4 月
首播时间：每周五 21：35
重播时间：每周一 11：05
播出状态：2014 年 7 月停播、2015 年 5 月复播

《天下收藏》是北京电视台于 2006 年开播的一档大型文化类演播室节目，由著名演员、主持人及收藏家王刚担当主持人，节目时长 50 分钟。节目在经历了不断改版后，目前由那威担任主持人。

《天下收藏》聚焦中国传统文化艺术精品，凸显北京人文、文化特色。与其他同类节目相比，这档节目最大的不同在于，其推出的海外版用现代化的传播方式及国际化的视角来系统地诠释中国古代艺术品的精巧与美艳，展示其中所蕴含的文化精髓。与此同时，“去伪存真”的宗旨，也彰显出节目与众不同的氛围与立场，在温情与柔美之外展现出节目冷峻与个性的一面。360 度全景演播室将整个收藏界浓缩为一个“圈”——面对摄像机，藏宝人、明星嘉宾、国内外知名鉴赏家汇聚一堂，共同就“宝物”的收藏与鉴赏展开论战。在这里，每期上演的都是一场“真”与“假”的较量，“质”与“价”的争锋。一幕幕看不见的刀光剑影，连连上演在收藏的“天下”。观众在节目中可以领略顶级藏品的风采，同时在金锤舞动的瞬间体会收藏的乐趣与真谛。

《天下收藏》的节目模式和环节设计具有特点，360 度全景演播室环境布置得优雅大气。这档节目采取周播制，在北京卫视每周日 21：35 首播，每周一 11：05 重播，播出时间安排较好。早期节目环节设定较为简洁，每期只有一个主题。譬如，2008 年 12 月 13 日的节目，主题是“人物纹瓷器”。在节目环

节上，首先是亮宝，如介绍一个清代康熙青花十八学士纹笔筒，并提示此类瓷器在以前的拍卖中拍出过 110 万元、124 万元的价格。然后，请现场的 3 位嘉宾猜测它目前的市场估价——答案是 80 万元。而这个价格是在节目现场的三位文物专家给出的，猜测价格的嘉宾并非专业人士，但都具有一定的知名度。接下来是请三位“持宝人”分别拿着自己的宝物上场，分左、中、右并排，然后分别介绍宝物来历。根据节目规则，再往后是嘉宾与观众分别发表意见，讨论这几件宝物是否为赝品。最后是请三位专家给出结论，若是赝品则当场砸碎，若是真品则给出目前市场估价。

二、传播源流与路径

近年来，全社会不断提高对文化遗产的重视程度，有关文物鉴赏、鉴定和交易等内容的电视节目日益增多。据不完全统计，近年国内共有 17 家电视媒体开播了有关文物鉴赏、鉴定和交易等内容的电视节目，共 20 档左右。国内知名鉴宝类节目，有中央电视台的《鉴宝》《寻宝》、广西卫视的《收藏马未都》、河南卫视的《华豫之门》、山东卫视的《收藏天下》、凤凰卫视的《投资鉴宝》以及吉林卫视《找你》等。目前，部分节目已停播，其中的竞争程度可见一斑。

这些节目，大致上可分为三类。一是以介绍文物价值和收藏背景、普及文物知识为主要内容的文物鉴赏类节目，二是以专家现场鉴定文物真伪并估价为主要内容的文物鉴定类节目，三是以文物鉴定评估和现场文物交易为主要内容的文物交易类节目。北京卫视的《天下收藏》属于第二类，即文物鉴定类节目。

在国外，其实早就有《天下收藏》这类节目。国外多数综艺节目的制作人都认为，鉴宝类节目起源于 1979 年英国的《古董巡回秀》。《古董巡回秀》走红后，其节目版权卖到世界各地，不同国家的电视节目也纷纷效仿，光是美国的电视荧屏上就有数十档鉴宝节目。国外知名的鉴宝节目有美国的《美国拾荒者》《现金与凯莉》《拍卖猎手》以及英国的《现金在阁楼上》《古董淘宝拍卖》等。只不过国外这些节目中的“宝”相对较肤浅，没有什么文化历史底蕴，仅是一些猎奇的物品罢了，如一把第二次世界大战时期的刀剑、某明星穿过的鞋子。所以，国外这些节目中的“宝”只能由专家给出估价，而鲜有文物所承载价值内涵的传播。这类节目属于商业娱乐节目范畴。目前国内的鉴宝节目是在学习国外节目模式基础上制作而成的，仅就这一点来说都算是“舶来品”。

《天下收藏》于 2006 年 4 月在北京卫视开播。2011 年 2 月，《天下收藏》更名为《收藏秀》；2011 年 10 月，《收藏秀》又改回《天下收藏》；2014 年 7 月，《天下收藏》停播；2015 年 5 月，《天下收藏》再次改版，重磅回归。该节目几经波折，争议不断，也改版创新不息。就节目传播形态而言，《天下收藏》是以话题进行叙事的，其中，嘉宾通过口语化的方式来表达观点，相关的权威专业人士则从理论角度探讨话题真伪。这就形成了一种兼顾人际传播与大众传播的节目样态，带来了较好的传播效果。

三、主要社会影响

《天下收藏》开播的前四年，收视率和影响力在北京地区的排名称得上是一年一个新台阶。根据北京电视台研发部提供的统计数据，2006 年《天下收藏》的平均收视率为 2.0％，在北京卫视节目中排名第八；2007 年《天下收藏》的平均收视率为 2.5％，在北京卫视排名第六；2009 年《天下收藏》的平均收视率为 3.5％，在北京卫视排名第四。2010 年上半年，此节目的平均收视率达到 3.7％，稳居全国收藏类节目收视率和影响力的第一名。

从节节攀升的收视数据可以看出，电视观众，尤其是广大藏友对于此档节目的关注与喜爱。2014 年《天下收藏》在赞赏与争议声中经历数次改版后正式停播，直到 2015 年才在北京卫视重新播出。

回顾节目近 10 年的制播历程，争议最多、反响最大的环节是主持人王刚亲手操作的砸宝环节。这也为王刚与节目组带来了持宝人的诉讼与广大观众的质疑。影响较大的是，2012 年 5 月至 10 月，首都博物馆(简称首博)和《天下收藏》节目组联合举办了“‘假’如这样——真‘假’藏品对比展”。《天下收藏》节目组从被砸掉的 300 多件“赝品”瓷器中选择并修复了 30 余件精品，同首博的馆藏珍品对比展览。而著名收藏家、中国收藏家协会玉器委员会主任姚政等反复观看展览后表示，该节目“所砸掉的‘赝品’不少是真品，并且不乏珍品”。后来节目组回应说，所谓砸的“赝品”都是事先从潘家园等旧货市场上特意买的假货，然后找来所谓的“持宝人”上台表演，最后顺其自然地把假货砸掉。① 在节目不到一个小时的录制时间里，由于认识与场所的局限，很难对藏品的真假做出客观真实的判断。一旦砸坏，文物的文化价值和经济价值都会受损。错误的传播不利于传统文化的传承和文物的保护。节目中的砸宝事件之所以引发强烈关注，原因正是近年来国内电视鉴宝节目在取得火爆收视率的同时，被曝出存在鉴定流程不严谨、找托儿上节目等一系列问题。这些争议之处与违规做法都是应当被重视和认真推敲的，收藏类节目应当以此为戒。

四、阐述与评价

虽然《天下收藏》曾被停播，但节目在长达近 10 年的制作历程中也有许多亮点与创新之处值得此类节目借鉴学习。与新闻类节目不同，《天下收藏》每期节目选题差异性不大，如何把缺少新闻噱头的常规选题做出高收视，节目组进行了许多有意义的尝试和创新。从该节目火爆的收视率来看，节目组的思路是正确的。

第一，文化节目注入娱乐元素，幽默而有品位。以往藏宝人在节目中对自己和藏品进行介绍时说得都是大白话，缺乏语言魅力和现场感染力；而改版后，节目组对每个藏宝人的发言都进行了语言艺术加工，使藏宝人利用快板、唐诗、歌曲以及京剧等，既巧妙地介绍了自己的藏品，又使节目形式耳目一新，大大提高了可视性。同时，节目组加强了对嘉宾的培训，要求他们必须利用幽默而不低俗的语言帮着主持人一起制造悬念、营造氛围。他们最终能否猜对藏品的真伪已经不重要了，关键是使节目现场既充满悬念又有相关收藏知识的碰撞，达到娱乐性和知识性并存的效果。

第二，降低专业性门槛，想方设法拉近和普通观众的距离。节目组以往选择的嘉宾集中在瓷器、书画以及投资理财等行业。这些业内人士虽然保证

① 光明．王刚紫金锤砸赝品引争议[N]．扬子晚报，2012-08-20.

了节目的专业性，但在趣味性和普及性方面与普通观众的接受程度还存在一定的差距。2009年，《天下收藏》将邀请的嘉宾锁定为影视界、模特界、体育界以及主持界等热点领域的知名人士。张铁林、韩乔生、蔡明这些明星直言自己就是收藏的门外汉。嘉宾从明星心理回归到一种大众心态，积极发问，勇于质疑，极大地缩小了专业性节目和普通观众的距离。

第三，不断创新环节设置，消除观众审美疲劳。继“三件藏品集中砸”变为“分而砸之”的创新后，2009年的《天下收藏》增加了对嘉宾的惩罚机制。一旦嘉宾在竞猜藏品真假的过程中失利，一道帷幔将在嘉宾的身后缓缓升起，被遮挡了视线的观众将无法欣赏到下一环节的精彩画面，以此作为对嘉宾带领的观众团队的惩罚。这大大增强了嘉宾与现场观众的团队协作精神以及参与热情度，很好地保证了嘉宾临场的发挥。

从《天下收藏》的大起大落中，我们也应看到，无论收藏类节目如何泛滥，就如同前些年综艺类电视节目的泛滥一样，还是会有个性化的突破空间。也并非任何地区的电视台都适合制作此类节目，收藏类节目的好坏跟一个地区的收藏传统、文化特点和民间藏品资源有着很大关系。有的地区，在以往历史中的民间收藏不是很发达，藏品资源自然少，想找出珍稀的、能吸引观众眼球的藏品来上节目自然比较难，也很难找到合适的权威专家在节目中讲述鉴定诀窍。所以说，成功的收藏类节目同样需要天时、地利、人和这三大元素的有机统一。

五、阅读延伸

[1]光明．王刚紫金锤砸赝品引争议[N]．扬子晚报，2012-08-20.

[2]覃晓玲．娱乐至死——以改版后的《天下收藏》为例[J]．新闻爱好者，2010(24).

[3]米莉．传播仪式视野下的中国鉴宝节目——以《天下收藏》节目为例[J]．传媒观察，2009(1).

[4]田雷．《华豫之门》：做时尚健康的鉴宝节目[J]．视听界，2009(5).

[5]杨状振，李翔．电视收藏鉴宝：体验经济下的节目传播模式及其批评[J].

中国电视，2009(12).
[6]王炎龙，张平平．娱乐化趋势与品牌化生存——收藏类节目的现状与转型策略[J]. 中国电视，2008(7).
[7]陈亚南．电视鉴宝节目 收视火爆玩出心跳[J]. 中国拍卖，2007(4).
[8]申天红．“鉴宝”的成功之道[J]. 今传媒，2007(7).
[9]汤礼春．“鉴宝节目”的启示[J]. 理论与当代，2010(6).
[10]张杰．中国电视鉴宝类节目研究——以《寻宝》、《收藏秀》为例[D]. 开封：河南大学，2011.

（王雅，孙宜君）

塑造典型人物，提振民族精神
——中央电视台《出彩中国人》读解

《出彩中国人》以“出彩中国人，精彩中国梦”为口号，以平凡中国人的励志奋斗故事为主线。舞台上汇聚了各种各样的才艺，竞相争奇斗艳，充满了多元化和趣味性，同时又不失梦想的庄重感，弘扬梦想的力量。追梦者的梦想更是传递了一股正能量的暖流。

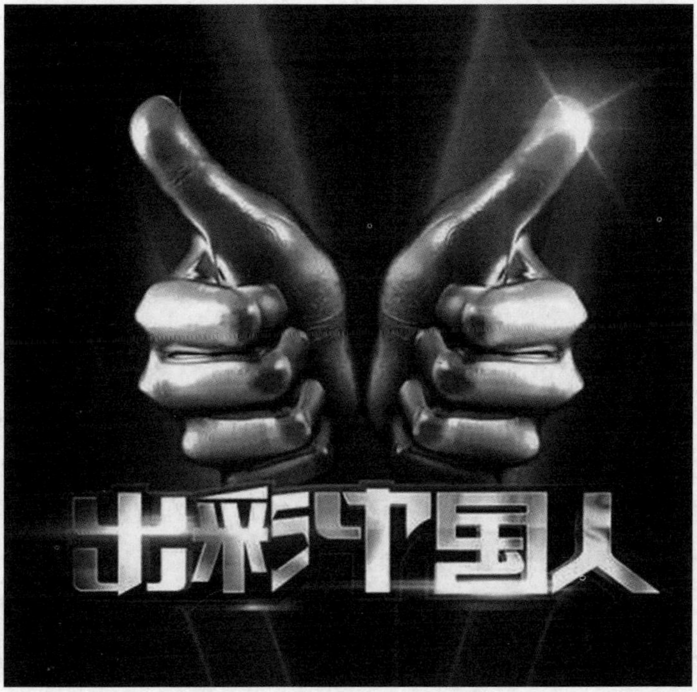

一、节目概述

中文名称：出彩中国人
外文名称：Amazing Chinese
节目类型：大型励志真人秀节目
主持人：撒贝宁
主要嘉宾：蔡明、李连杰、周立波(第一季)
周立波、蔡国庆、范冰冰、陈凯歌(第二季)
节目导演：陈涤、章骊
播出频道：中央电视台综合频道 CCTV-1、
中央电视台财经频道 CCTV-2
在线播放平台：央视网
制作单位：中央电视台、灿星制作
开播日期：2014 年 2 月 9 日(第一季)
2015 年 3 月 1 日(第二季)
播出时间：每周日 20：05
节目时长：100 分钟左右
播出状态：已播完两季

《出彩中国人》将习近平总书记对中国梦的精彩阐述作为创作初衷——“生活在我们伟大祖国和伟大时代的中国人民，共同享有人生出彩的机会”。节目组进而提出了“出彩中国人，精彩中国梦”的口号，在展现选手各项才艺的同时，传达出他们坚持梦想的满满正能量。

《出彩中国人》是由中央电视台和《中国好声音》的出品方灿星制作公司携手打造的大型励志真人秀节目。此节目在全国范围内寻找各行各业的劳动能手和行业标兵、群艺文化中的佼佼者担任出彩候选人。在节目中，出彩候选人逐一展示才艺和他们的故事，争夺当周“出彩明星”的称号。最终，10 位单周“出彩明星”共同争夺当季“出彩之星”的称号。节目还在网络上同步进行“出彩候选人”的人气评选，最终选出的8位高人气“出彩候选人”与电视节目中脱颖而出的8位“出彩之星”进行两期节目比拼，争夺最后一期“出彩争霸赛”的入场券。

节目由撒贝宁主持，第一季由周立波、李连杰、蔡明担任评委，于2014年2月9日央视综合频道播出；第二季由周立波、蔡国庆、范冰冰出任评委，导演陈凯歌从半决赛开始担任梦想评审员，于2015年3月1日起每周日20：05在央视综合频道播出。

二、传播源流与路径

作为一档选秀型的真人秀节目，《出彩中国人》的同类型节目竞争十分激烈。它们大多拥有类似的节目模式：选手＋评委＋主持人的阵容安排。从歌唱型到才艺励志型的真人秀节目，虽然题材不尽相同，却包含着相近的选秀类真人秀的节目制作模式。显然，《出彩中国人》在核心策略方面也遵循着类似于《中国达人秀》的节目模式。

但是，《出彩中国人》能够在众多同类型节目中脱颖而出，也得益于其对节目形式的创新。通过电视文化仪式的集中体现，将传统文化、民族精神深植于观众心中，构筑起民族想象的共同体，从而进一步实现文化认同与国家认同，这是通过电视节目完成的对观众民族文化意识的培养。节目以“中国梦”为引导主线，不是通过说教而是以“凡人故事”“才艺展现”的形式传达给受众。这种正能量是通过每个选手的经历于潜移默化之中给予的，民族精神也随之培养。

2014年2月9日，节目在央视综合频道黄金时段首播，全国平均收视率即达到2.048％，33个重点城市平均收视率达2.285％，领跑同时段收视。同时，节目赢得了社会各界广泛关注和高度赞誉，也引起了观众在新媒体平台上的舆论共鸣。从传播角度看，《出彩中国人》的可贵之处在于，它是对中国本土化节目创新的有益实践。成功的传播之道在于三点：其一，抓住市场的真正需求，提升自身娱乐竞争力；其二，注重人性的表达，实现有效的互动；其三，抓住“秀”，但不加粉饰，遵循传播规律。

三、主要社会影响

在节目开播后不久，中央电视台就举行了"'托起平凡人的中国梦'——中央电视台综合频道《出彩中国人》暨创新节目研讨会"，研讨《出彩中国人》的社会影响力与"正能量"传递，探讨节目形态创新与社会主义核心价值观的深度融入等问题。可见，《出彩中国人》是央视在2014年度主推的创新节目，其深刻的影响力引发了业内同仁、高校专家学者以及《出彩中国人》节目主创人员和参赛选手的热烈讨论。其中，涉及《出彩中国人》特点与影响的讨论主要有以下方面。

1. 主旋律风格充满正能量

《出彩中国人》从节目名称到宣传片都充满了"正能量"，加之央视综合频道的播出平台，很有"主旋律"风格。选手中，渔家乐老板娘孙长艳爱唱主旋律歌曲，连唱了《我和我的祖国》《军港之夜》《马铃儿响来玉鸟儿唱》等歌曲；歧途青年与狱警缔结"狱中友情"，演唱的歌曲也同样励志。这是一档在励志外壳下的全民狂欢的节目。《出彩中国人》是一档讲述13亿中国人通过个人奋斗，证明自己的尊严和价值的节目。它让人感到快乐，也让人生发出一种自信的力量。

尹鸿教授指出，《出彩中国人》实现了娱乐竞争力、节目影响力和价值引导力三个诉求的统一。央视综合频道的创新动力、热情和干劲是前所未有的，从而使其自身真正保持旗舰的优势地位。

2. 选手的出彩在台下得到延续

节目第一季已经落下帷幕，但为普通百姓打造的出彩舞台还在延续。研讨会开始，北京盛基艺术学校的孩子们带来了精彩的开场表演《承仁》。这些孩子都是2008年汶川地震后的藏族孤贫儿童，他们登上舞台，享有展示自己的机会。通过节目中的表演，他们也获得了更多的关注与鼓励。

第二季节目中，来自广东的玩具推销员吴武强在与主持人的交谈中就坦言，参加节目后玩具的销量比之前要多出一倍，这个舞台带给他最重要的两个东西就是勇气与自信。还有许多的选手，在节目展示中获得肯定，坚定了自己为梦想奋斗和努力的信念，在平凡的生活中愈加发光出彩。

3. 节目设置雷同，缺乏特色与创新

因为节目采用的是《中国达人秀》的制作团队，所以节目最后的呈现形式也与《中国达人秀》的整个节目形式和选手特色很相似。有网友评价道，除了导师不同，选手由“中国达人”变成“中国出彩人”之外，其他真没有任何区别，看着看着就觉得自己穿越到《中国达人秀》了。由此可见，虽然内外兼修上《出彩中国人》已经做得比较出色，但还是缺乏自身模式的突破与创新，观众也难免产生疲倦心理。

四、阐述与评价

对于《出彩中国人》，观众赞扬与肯定的较多。我们认为，节目有以下几个特点与表现值得一提。

1. 选手兼具才艺与人格魅力

选手的才艺内容是节目最重要的组成部分。在《出彩中国人》的舞台上也讲究“内容为王”。在经过多档选秀真人秀节目的洗礼后，观众已经习惯于各式各样的选手才艺展现。在才艺内容上多下功夫，是节目组最需要考虑的问题。想方设法寻找高难度或是能带给观众新鲜感的才艺，是节目维持创造力与生命力的保证。

再者，节目组以选手高超技艺背后的故事挖掘为着力点，使观众在观看新奇高难度节目的同时，收获内心情感的满足与精神的提升。除了选手的才艺，最重要的是选手的人格魅力，这样才能给观众与评委留下深刻印象。例如，第二季节目中，有着“中国金刚芭比”之称的柏堂静。她从自卑到自信，用健美改变人生。她的出现正如蔡国庆导师所说：“柏堂静代表了中国人一种新的女性美，一种有力量、有自信甚至有点霸道的健康之美。”柏堂静在《出彩中国人》舞台上夺人眼球的表演也让其获得了不少美称——“零脂肪美人”“性感健身教练”“励志女汉子”等，这些称呼无疑包含着人们对她的敬佩。然而，在这些赞美的背后，柏堂静也难免遭遇或多或少的非议。对于异样的眼光，柏堂静从最初的愤怒转为如今的淡然，她已经学会放平心态、坦然应对。像

柏堂静一样的出彩中国人，传递出的正能量，感染着观看节目的每一个人。像柏堂静一样的出彩中国人，传达出一种健康积极的生活态度，有利于全社会的良性表达与发展。

2. 出彩的“出彩评审团”

自歌唱类选秀节目红火以来，催生了大批敢说敢做的个性化评委。除了选手的精彩演出，评审们的各自较劲与真情实感的表达也为观众所津津乐道。《出彩中国人》在嘉宾评审的选择上也印证了这一点。第一季的评审中，周立波、蔡明两位南北笑星会在评委席上“英雄惺惺相惜”；李连杰则用朴实的语言讲述生活中的细节，引起观众的共鸣。三位评委的性格与表达方式各具特色、风格迥异，在节目中发挥了不同的导向作用。第二季的评委选择也兼顾了这一点：周立波继续保持了他一贯的犀利话锋，他的表达张扬却不失真实；蔡国庆的语言叙述虽然相对柔和，却饱含着他的爱才惜才之情；范冰冰毫无疑问是高颜值的代名词，她在节目中的种种表现也展现了其心灵美的一面。

第二季节目经过两个多月的比拼，在“梦想冲刺夜”迎来导演陈凯歌的倾情加盟。陈凯歌首次坐镇评委席，享有“一键直通”权。范冰冰还在节目中模仿“宋丹丹”，和撒贝宁一起戴夸张猪头面具不惧扮丑，引来阵阵笑声。看着“杂技情侣”伍一、林怡在选择导师时犹豫不决，蔡国庆便拿出了自己唱歌的看家本领来吸引他们的目光。并且，蔡国庆表示愿意免费为这对情侣做伴郎，却不想遭到了撒贝宁的调侃——“我就没听过收费的伴郎”。

3. 主持人的绿叶意识

主持人的侧幕主持强化了选手的主角意识。撒贝宁风趣幽默，通过与选手的互动引发观众共鸣，为节目增色不少。

从《开讲啦》到《出彩中国人》，撒贝宁的幽默观众们有目共睹。节目中，蔡国庆为选手拉票唱了两首歌。撒贝宁则机智调侃道：“国庆大哥已经两首歌了，《常回家看看》《不能没有你》。但是，国庆大哥再怎么唱都是《同一首歌》。不过，你已经表达对这对选手最深切的渴望了。”

作为《出彩中国人》的节目主持人，撒贝宁可真的是十八般武艺样样精通。除了正常的串场主持外，他还要变身活体道具，一会扮演天后“王菲”惊现舞台，一会变身快递员配合选手演出需要，忙得不亦乐乎。在一次接受采访时，谈到《出彩中国人》的录制，撒贝宁称，他希望能与选手保持“初次见面”的新鲜感，这也是他最习惯的方式。撒贝宁透露，他将尽量避免在节目录制前挖掘选手故事，而是待到节目现场，以最真实的状态与他们建立了解和信任。他说：“我知道这很具有挑战性，但我就喜欢这种慢慢探索的过程。”面对同类节目中主持人用力煽情，选手在台上讲述苦情故事而哭成一团的现象，撒贝宁坚称自己“干不了这个”，“这么多年来，我只会让别人笑，不会让别人哭”。① 他希望节目中的一切都是真情流露，而非刻意渲染。

五、阅读延伸

[1]潘祖超.《出彩中国人》因何“出彩”[J]. 青年记者，2014(26).

[2]杨洪涛. 浅议电视文化活动的生存之道——兼谈央视大型电视文化活动《开学第一课》[J]. 中国电视，2010(12).

[3]朴晶. 出彩中国人[J]. 电视研究，2014(3).

[4]唐陟. 央视《出彩中国人》暨创新节目研讨会在京举行[J]. 中国广播电视学刊，2014(6).

[5]王静. 论《出彩中国人》的节目定位[J]. 名作欣赏，2015(9).

[6]王一星.《出彩中国人》中的人文精神[J]. 传媒观察，2014(5).

[7]周韵曦. 论中国电视选秀节目的走向[J]. 现代视听，2009(12).

[8]马玉竹. 浅谈电视与人文精神[J]. 采·写·编，2005(4).

[9]郝雨. 人文精神：21世纪媒体之魂[J]. 新闻记者，2005(11).

（王雅，孙宜君）

① 段敬芳. 撒贝宁备战《出彩中国人》自曝“三不”原则[EB/OL]. [2013-12-23]. http://ent.news.cn/2013-12/23/c_125902226.htm.

汉字文化在综艺中彰显

——河南卫视《汉字英雄》读解

《汉字英雄》是河南卫视与爱奇艺联手打造的国内首档大型网台联动的文化综艺节目，旨在弘扬和传承优秀传统文化。它让观众认识和重温了中华汉字的魅力，展示了青少年个性张扬的风采，不仅夺得了高收视率，还产生了良好的社会效应。

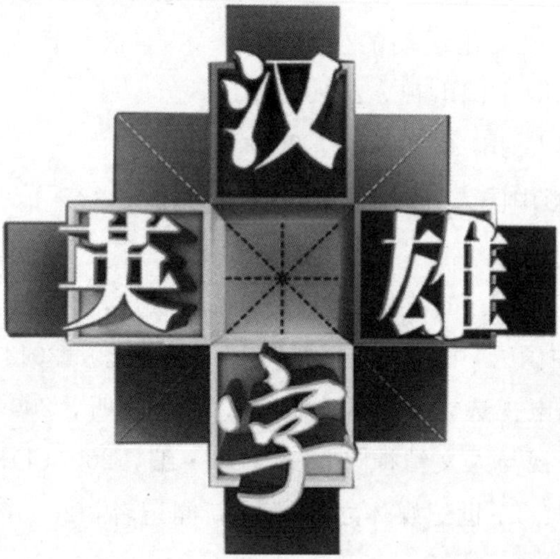

一、节目概述

中文名称：汉字英雄
外文名称：Chinese Spelling Hero
节目类型：文化综艺节目
主持人：马东
节目评委：于丹、高晓松、张颐武
播出频道：河南卫视
在线播放平台：爱奇艺、PPS影音
制作单位：河南卫视、爱奇艺
开播日期：2013年7月11日
播出时间：每周四、周五 21：25

《汉字英雄》是河南卫视联手爱奇艺网站打造的中国首档大型网台联动的文化综艺季播节目。节目集结全国各地青少年中的汉字高手，为他们提供一个公正开放的展示平台，也让观众在紧张激烈的汉字对决过程中，一睹当代青少年个性张扬的风采。节目集综艺性和知识性于一体，面向全体观众，旨在提高当下电视和网络节目的内容深度，挖掘自制节目的社会和媒体价值。

节目由知名电视人马东担当主持，于丹、高晓松、张颐武等文化名人鼎力加盟担当评委，誓言掀起汉字风暴，引领电视节目新风向。《汉字英雄》手机同名客户端同步上线，为观众创造全新互动模式。在益智游戏竞技的外表下，此节目更关注青少年对汉字知识与文化传统的认知，更注重对青少年内心世界的触探。在以爱奇艺首席内容执行官马东为首的制作阵容的精心策划下，节目的整体风格、气氛以及包装都更加追求完美。马东表示："节目还整合了互联网与电视双重平台的各自资源优势，在舞美、视频效果等方面加大投入，营造出炫目的舞台效果。"

此档节目是季播节目，《汉字英雄》第一季于2013年7月11日至2013年8月30日播出，第二季于2014年1月17日至2014年3月14日在河南卫视播出，并由爱奇艺全网独播。伴随“限歌令”的出台，《汉字英雄》这样一档原创文化电视节目突出重围，成为电视荧屏上的一匹“黑马”。

二、传播源流与路径

与国内其他节目引进国外版权、照搬国外成熟综艺模式不同，《汉字英雄》由马东领衔的顶尖制作团队原创打造，在节目形态上呈现出独特性与多元化的特点。此节目首次以汉字为载体，为青少年打造文化传承的平台，同时深入挖掘青少年选手的日常生活故事，凸显选手个性。《汉字英雄》在保证知识性的同时，还注重丰富节目的趣味性与娱乐性，这也在很大程度上增强了节目的可观赏性。

虽然称得上是原创节目，但是在国外也有类似节目值得《汉字英雄》的制作团队借鉴。例如，从 1925 年开播并延续至今的《美国全国拼字比赛》(National Spelling Bee)，虽然与《汉字英雄》相比，在能力考查和制作内容上存在一定程度的差异，但不可否认，《美国全国拼字比赛》的延续证明了文字听写类节目的可持续性。同时，《美国全国拼字比赛》以一视同仁的赛制考核外国学生与美国学生，体现出此档节目的国际化视野和极大的包容性，这是我国汉字听写类节目可以借鉴的。

在国内，央视的《中国汉字听写大会》算是与《汉字英雄》同时期推出的汉字听写类节目。两档节目的创意都源于以汉字为载体的中国文化传播。不同的是，前者的参赛选手必须以学校为单位进行组织；后者以个人身份参与，因而具有更大的包容性。基于“书写的文明传递，民族的未雨绸缪”的节目定位，《中国汉字听写大会》的风格相对严肃，视听语言也较丰富。而《汉字英雄》在其设计的“汉字十三宫”内，通过评委与选手的互动巧妙地将综艺娱乐与知识竞赛融为一体。可以说，两档汉字听写节目实现了差异化竞争，各有侧重。

三、主要社会影响

《汉字英雄》让观众认识和重温了中华汉字的魅力，不仅夺得了高收视率，还产生了良好的社会效应。为此，国家新闻出版广电总局要求广电系统学习借鉴《汉字英雄》，积极开办弘扬和传承优秀传统文化的原创文化节目。互联网媒体人张守科在评论《汉字英雄》时这样说道："能够将汉字用来做一档综艺节目，这样的创意本身也是与时俱进的表现。加上爱奇艺的强力注入，必将引领综艺节目新台阶。"①以上的节目评价充分证明了，《汉字英雄》从形式到内涵对当今电视节目价值提升的意义。

创新的网台联动模式也助力《汉字英雄》的高收视率和网络热度。河南卫视《汉字英雄》第一季已于2013年8月30日全部播完，最高收视率仅次于《中国好声音》与《快乐男声》两档歌唱选秀节目。凭借《汉字英雄》这样一档纯粹的原创文化类节目，河南卫视在歌唱类选秀节目竞争白热化的周末晚间档连续晋级，在全国同时段节目中收视排名前列。在爱奇艺实时点播的推动下，节目的网络搜索热度也居高不下，在新浪微博话题排行榜上的排名曾一度超越《中国好声音》和《快乐男声》，并创下了"零差评"的好口碑。与此同时，复制《汉字英雄》节目环节而打造的同名手游也爆红网络，在推动当下"汉字听写"热潮的同时，也进一步为节目本身培养了一批忠实的"粉丝"。这些"粉丝"成为节目的基础收视保证。

由于《汉字英雄》是以汉字为载体的文化类节目，关于题目答案的争议必将存在。在《汉字英雄》第二季节目录制现场，北京师范大学教授于丹因一道题目与著名音乐人、导演高晓松当场翻脸。高晓松称"从"算是女子美德；而于丹则反唇相讥，认为按高晓松的说法她应该在家里做饭洗衣才是"德"，在节目现场当评委就是"失德"。最后，节目组不得不更换题目。虽然这场风波在节目实际播出时已经被节目组删除，但还是显现了此节目中题目的不严谨和存在的不可控因素。

四、阐述与评价

《汉字英雄》在正确思想与理念的导引下，精心制作，细致策划，形成了

① 综艺报．年度节目《汉字英雄》——传统文化的现代表达[EB/OL]．[2014-02-24]．http://www.zongyiweekly.com/new/info.asp?id=4237.

鲜明的特色。

第一，主打文化牌，以汉字听写为竞技内容。在明星选秀节目盛行的当今，以汉字听写为竞技内容的《汉字英雄》之所以开播就爆红，这与其主打文化牌的差异化内容竞争以及传播文化正能量的优势是密不可分的。节目以传统文化为载体打造了“中国制造”的独特标签。汉字这种象形文字的特点在选手竞技过程中得到了淋漓尽致地展现，从音、形、义等角度全方位地呈现出来。更重要的是，观众在观看节目的过程中，能够在获得乐趣与紧张感的同时，熟知和体会汉字文化的演变及博大精深。

第二，巧取看点，话题热度节节攀升。一档极具综艺感的文化类节目自然将话题性看得很重。新鲜多元的节目看点是节目话题性不断的内在源泉。在第一季中，从第一期“小天才秒报笔画震撼全场”到第二期“喵星人降临，高晓松赞早恋”，再到最后决赛“字典姐与猫姐的正面较量，字典姐险胜”，我们不难看出节目组对节目看点的挖掘十分用心。不论是评委老师的点评风格和言论态度，还是选手有关比赛的超高技能和可说的生活点滴，可以说，节目的包装是全方位、多角度的。因此，节目产生超高的网络话题热度也就不奇怪了。但是，当观众疲于这样的包装手段，如何保证节目话题深度和新鲜度就成了节目组需要思考的问题。

第三，“网台共制”战略结盟，利益风险共担。河南卫视搭档爱奇艺网站的“网台共制”模式，是网络、电视发展的大趋势。作为一档全媒体打造的节目，《汉字英雄》在多渠道终端传播方式上就具有明显优势。作为多屏化时代的产物，《汉字英雄》获得了利益与风险的共担。以用户为中心，电视媒体与网络媒体的积极互动，达到了网台深度合作的效应。节目影响力不断提升的同时，跨屏广告传播也是广告商所喜闻乐见的。同时，以《汉字英雄》节目游戏模式为模板的同名手游也为其开辟出新的产业链，节目品牌价值不断提高。

五、阅读延伸

[1]王书画．文化之路：节目竞争的捷径？——《汉字英雄》引发的思考[J]．西部广播电视，2015(13).

[2]李丽．国内电视节目如何致胜？——以《汉字英雄》为例[J]．晋中学院学报，2015(1)．
[3]张琦．论《汉字英雄》与《成语英雄》的创新与启示[J]．当代电视，2014(5)．
[4]陈渲颖．从《中国汉字听写大会》看电视益智类节目的探索与创新[J]．戏剧之家(上半月)，2014(3)．
[5]赵岩．《汉字英雄》全媒体致胜要素分析[J]．现代传播，2013(10)．
[6]王旻，王秀峰．浅析当前益智类电视节目的特征及发展路径[J]．中国电视，2014(7)．
[7]吕一丹．2012年中国电视收视市场观察[J]．现代传播(中国传媒大学学报)，2013(4)．
[8]曾祥敏，何辰．探析电视节目生产的"标准化"建设[J]．中国电视，2011(8)．
[9]李敏．河南卫视2014年内容战略：内容为王 文化突围——专访河南电视台卫星频道总监徐涛[J]．声屏世界·广告人，2013(11)．

（王雅，孙宜君）

百姓人生的真情讲述
——四川卫视《真情人生》读解

《真情人生》以新闻纪录片的手法，真实地记录与讲述普通人的故事，表现人生的悲欢离合。节目采用文学化的语言、戏剧化的表达方式以及纪录片式的纪实风格，真实还原故事的现场，铺陈感人的情节。“因为曾经感动，所以难以忘怀”，这是节目的宣传语，也是其创作理念与价值定位。

一、节目概述

中文名称：真情人生

节目类型：人物故事类、新闻纪录类

主持人：雷小雪

播出频道：四川卫视

开播日期：2006年1月

播出时间：每周一、周二、周三23：20

播出状态：已停播

《真情人生》是四川电视台于2006年1月推出的一档全新的人物故事类节目。这档节目旨在通过真实地记录与讲述普通人的故事，表现人生的悲欢离合。节目采用了文学化的语言、戏剧化的表达方式以及纪录片式的纪实风格，真实还原故事的现场，铺陈感人的情节。

四川电视台于2006年7月推出了“天下故事”栏目带，积极打造故事品牌。作为其中一档主力节目，《真情人生》找准了自己的定位，关注老百姓，讴歌真善美。节目不断开拓进取，抵制恶俗竞争，拒绝低质模仿，形成了自己独特的讲述风格；与猎奇和炒作划清界限，坚持关注最广大人民利益的理念，表现出了不可忽视的人文情怀。《真情人生》将地域文化优势发挥得淋漓尽致，不仅产生了良好的社会影响力，也获得了可观的市场效益，为四川电视台打造出了一个绝佳的品牌形象，极大地提升了其媒体竞争力。这些都体现出一个主流媒体对自己社会责任的担当，对自己职业道德的坚守。

关爱生命是《真情人生》的故事基调，所有故事的选择都围绕着爱心、真情、温暖这三个关键词进行。典型案例是，汶川大地震之后，《真情人生》制作播出了《万众一心 抗震救灾》等特别节目，紧密追踪事态发展，及时拍摄、回访，着眼于表现受灾群众和救援人员之间发生的感人之事。灾难发生时和灾难发生后应对过程中的一幕幕令人动容的画面，都通过节目的摄像镜头真实而细腻地展现在了所有观众的眼前，让广大观众关注灾情、了解灾情、心系灾情，这在很大程度上为灾后重建的推进提供了助力。《真情人生》通过对汶川大地震的报道，一跃成为最有凝聚力和话语权的主流电视节目之一，促进了越来越多的社会问题的解决。

二、传播源流与路径

20世纪80年代，中国的电视节目一般按照内容的不同来进行分类，如文化、经济、科技等。以中央电视台为例，当时的节目内容涉及方方面面，分布均匀，几乎没有侧重，每个领域都有涉足。在这个起步阶段，许多电视台都模仿中央电视台进行这种百科全书式的节目设置。可惜，这种通而不专的做法分散了精力，削弱了整体实力，节目无法抓住观众的眼球，包括四川电视台在内的各个电视台都无法走出低收视的怪圈。

20世纪90年代，节目引进潮流盛行，很多外来节目流入中国。本身实力较弱的各电视台犹如抓住了救命稻草，纷纷跟上“引进风”。但是，大规模的引进带来了一个问题，那就是抄袭模仿严重，同质化普遍。为了提高收视率，四川电视台也引进了很多节目，可同时也陷入了同质化的泥淖，没有形成自己的特色，收视率也因此没有明显的增长。

到了2000年，电视节目环境发生了变化。各卫视频道之间的市场竞争日趋激烈，纷纷重塑自身形象，探索各自的突围之路，寻求独特的节目定位。四川电视台也加快了变革的脚步，打造原创的个性化节目。

新闻节目是四川电视台进行改革的第一步。为了将观众的注意力从电视剧等娱乐化节目上分散出去，四川电视台开办了《新闻现场》《全接触》等节目，内容均以四川本地新闻为主。2005年5月开始，四川电视台全面完成转变，特别是周播性节目，接连完成改版，内容全部原创。四川电视台的文化旅游频道首当其冲，推出《焦点》和《视线》两档新节目，以故事讲述为节目的表现形式，播出以后反响良好。

《焦点》和《视线》这两档节目脱胎于四川电视台原先的《黄金30分》。《视线》节目“最初采用了‘超级女声’先经地面频道‘孵化’、试验，再‘上星’的运作方式，将播出时间由在原《黄金30分》中的15分钟增加为50分钟，收视只覆盖成都地区”①。节目播出之后，收视率节节攀升，受到广大电视观众的欢迎。四川电视台由此看到了改版节目的潜力，在《视线》的基础上再做调整，《真情人生》应运而生。《真情人生》致力于深层挖掘普通老百姓生活中的真情与真爱，用讲故事的手法满足人们的情感诉求，在广大电视观众当中产生了广泛共鸣。

三、主要社会影响

《真情人生》节目开播后获得了良好的收视成绩。在2007年，“第一季度收视率达到1.023%，第二季度收视率达到1.063%，7月收视率更上一层楼达到1.166%。这些数据说明《真情人生》不但培养了一批忠实的观众每天定点的守候，同时也在不断吸引更多观众的关注”②。

《真情人生》的宣传语是“因为曾经感动，所以难以忘怀”，这也是节目的创作理念与价值定位。从2000年开始，中国经济转型开始进入全面加速时期，与此同时，文化格局也开始发生较大的转变。无论何种电视节目，都把收视率和经济效益放在了第一位，为了博取观众的眼球，一些对道德底线打擦边球的倾向开始显露。在各电视台都开始如火如荼地开展各种选秀的时候，《真情人生》节目摆出了一种截然不同的姿态，抛开浮华的名利追逐，转而将镜头对准了老百姓的普通生活。节目用故事讲述的形态将新闻和纪录片的优势融为一体，浓缩提炼出一个个打动人心的真实事件，通过电视屏幕在观众面前质朴而温情地展现出来。

《真情人生》虽然平凡，却并不平庸。它没有宏大的篇章，却胜在真实与细腻，书写了一部属于普通人的历史篇章。在模仿之风盛行的情况下，原创节目《真情人生》所体现的真善美的价值取向，为整个电视节目创作大环境带来了一股清新之风，为中国电视节目的创作提供了有益的经验和启发。

节目第一期的收视率，在所有省级卫视同时段节目中排名第二，为四川卫视“天下故事”栏目带的打造立下了汗马功劳。这个成绩是意料之外也是情

① 张珏娟，朱培琳．川版电视栏目敲开收视大门[N]．四川日报，2006-03-17.

② 杨翠云．走进故事——四川卫视全面升级栏目侧记[J]．声屏世界·广告人，2007(11)：120-121.

理之中的。因为节目所坚守的人文传播理念提升了节目的品牌形象，提高了节目在社会上的口碑，自然获得了更多观众的支持与喜爱。不管从经济效益的角度，还是从社会效益、文化发展的角度来看，《真情人生》给其他电视节目树立了一个榜样，指出了一条发展道路，那就是精品化发展。

四、阐述与评价

《真情人生》把新闻故事化，把故事戏剧化，既保留了新闻报道真实、客观的特性，又用戏剧化的方式处理冲突，增强了节目的可看性。为了唤起观众的共鸣，调动观众的心理参与感，节目运用了多种叙述方式：用原本的真实场景展现整个故事框架，必要时辅以后期再现的场景来表现细节；采用忠于纪录片的表现方式但不局限于此，平行记录事件始末的同时也使用多种蒙太奇剪辑手法；张弛有度，平铺直叙中穿插扣人心弦的跌宕情节，层层递进。

人物、事件、情感，是《真情人生》每一个故事的核心元素。不同身份、不同经历和不同感悟的组合，可以为节目提供源源不断的素材。人物是节目所要表现的主要对象，是事件的线索，是情感的突破口。所有的故事都是围绕人物讲述的，所有的结构和冲突也是根据人物安排的，通过对人物的刻画来揭示主题。但是，要刻画一个丰满的人物形象又离不开事件和情感的支撑。所以，如何组织结构、如何设置冲突以及如何表达情感，就显得尤为重要。《真情人生》“在对生活素材进行筛选、归纳和剪辑加工的基础上，形成了以悬念结构高潮，以高潮带动事件，以事件突出人物，以人物彰显情感，以情感收拢叙事的戏剧化讲述方式”[①]。这不仅令观众产生情感共鸣，也与节目形成了情感互动，从而使节目获得了良好的感召力。

在每一个故事中，为了突出节目效果，节目将对立的元素放置在一起呈现，善与恶、美与丑的对立、碰撞，令冲突更加激烈。这种二元对立结构，不仅加强了戏剧化效果，同时也令观众的两极情绪达到顶峰。虽然这种处理

① 杨状振．用真情讲述故事 用爱心温暖人生——四川卫视《真情人生》栏目的价值理念与传播定位[J]．中国电视，2009(4)：21.

技巧强化了观众的情绪，但是并没有干涉观众的道德走向。节目在讲述过程中尽可能做到客观，避免因其主观判断而中断观众的独立判断过程，将评价的权利完全交给故事的聆听者。

不过，这档堪称四川电视台“功臣”的节目在播出了六个年头之后，于2012年遭遇停播。节目本身存在的问题值得反思。

第一，节目内容较分散，缺少更深层解读。就节目来看，单独审视每一期节目，其选题和立意基本都是值得肯定的，但是在单位时段内就显得比较分散，不够集中，对一些焦点话题没有进行更深层更广泛的解读。一些特色的系列节目和专题节目是针对上述问题的很好的解决方式，但是从整体上看它们所占的比例是比较小的。因此，这类话题在传播效果上就会大打折扣。近年来，“季播”的概念被中国电视节目广泛接受。电视人意识到，季播节目有利于培养稳定的收视群体，在观众心目中树立稳定的节目品牌形象。《真情人生》却缺乏这种统筹意识，没有一个以某一主题为核心的播出周期，无法营造稳定的收视氛围，也无法根据受众反应及时做出调整。

第二，到了后期，节目的一些主题渐渐偏离了初衷。例如，2012年4月2日播出的《背篓上的巨睾男孩》特别节目，小男孩面部和下身的镜头过多，虽然大部分打了马赛克，但是遮盖效果不佳，有吸引眼球的嫌疑；悬念设置过多，讲述技巧的痕迹明显，生硬做作，缺乏真诚。类似这样的节目在一定程度上背离了展现真情的主旨，选题不够谨慎，有玩噱头、搏出位的倾向。

第三，节目为了讲故事而弱化主持人的作用。虽然《真情人生》以拍摄记录为主，但主持人并不是一个可有可无的角色。有时候，主持人精辟的解说能起到画龙点睛、锦上添花的作用。但是，纵观《真情人生》各种题材和各种情境的节目，主持人的串词单一乏味，不见其情感投入，引起观众的视听疲劳也是在所难免的。

五、阅读延伸

[1]张珏娟，朱培琳．川版电视栏目敲开收视大门[N]．四川日报，2006-03-17.
[2]杨翠云．走进故事——四川卫视全面升级栏目侧记[J]．广告人，2007(11).

[3]杨状振．用真情讲述故事 用爱心温暖人生——四川卫视《真情人生》栏目的价值理念与传播定位[J]．中国电视，2009(4).
[4]张建勇．天下故事栏目带：四川卫视影响力传播[J]．西部广播电视，2007(2).
[5]川宣．四川卫视：讲天下故事[J]．当代电视，2005(10).
[6]张莹．四川卫视打造中国第一故事频道[J]．群文天地，2012(10).
[7]王萍，刘翼．四川卫视在全国省级卫视竞争态势下的策略探析[J]．四川戏剧，2013(2).
[8]陆地．四川卫视的“故事”怎么讲？[J]．中国电视，2005(12).
[9]汪明远．“吉人”无关“天象”[J]．咬文嚼字，2006(10).
[10]梁章林．品牌 品位 品质——省级卫视跨越式发展的实践与思考[J]．中国电视，2009(4).

（胡家玮，孙宜君）

传播真善美的和平使者
——天津卫视《泊客中国》读解

《泊客中国》的镜头，专门对准那些在中国生活工作的外国人。节目将带领观众一起去寻找、聆听、讲述泊客们的故事，见证他们的事迹，记录他们的喜怒哀乐，从而展现出外国友人对中国的特别情愫。

一、节目概述

中文名称：泊客中国
节目类型：中英文人物情景纪录片
主持人：尹畅
播出频道：天津卫视
开播日期：2006 年 6 月
播出时间：每周日 17：55
播出状态：播出中

《泊客中国》是天津电视台创办的大型中英文人物情景纪录片节目。顾名思义，“泊客”一词特指那些来华工作生活的外国人。因此，节目的镜头专门对准那些在中国生活工作的外国友人。《泊客中国》从节目主持的视角出发，用艺术的表现方式讲述泊客们在中国发生的一段段故事，从而展现出世界上其他国家的人们对中国的特别情愫。节目组希望通过这个节目让广大中国人民了解外国友人对中国及中国人民的情感，看到一个更真实的世界。

《泊客中国》曾经采访过来自英、美、德、法、日等数个国家的外国友人，节目组走遍了祖国的大江南北，将这些外国友人的精彩人生故事都收入镜头之中。每一位“泊客”都是独一无二的：日本一位独立学者为了记录我国苗族染织历史，与母亲翻山越岭，遍访贵州 180 个村寨；年近花甲的英国 BBC 记者因为曾经的一尊玉佛扭转了生活方向，只身来到苏州学习玉雕；德国的“80 后”大男孩曾经徒步从北京到达乌鲁木齐，先后出版过两本书，用文字记录下他在中国的行者故事；美国夏威夷大学戏剧与舞蹈系教授，凭借《贵妃醉酒》唱出了外国人在中国用中文演唱京剧的第一声；美国田纳西州的独居老人先后四次因心脏病在死亡线上徘徊，却规划在人生的最后一年将《说文解字》电脑化……他们或是各个领域的精英，或是普普通通的平凡人；他们来自世界各个国家，最后都来到了中国；他们以各式各样的身份行走于这片土地，都怀揣着一份沉甸甸的爱。

二、传播源流与路径

自改革开放以来，中国这块神奇的土地吸引了越来越多的外国友人。同时，这些外国友人他们也为中国带来了宝贵的物质和精神财富，用自己所掌握的先进理念与技术，为这个国家和她的人民贡献了巨大力量。天津电视台一直关注着这一特殊人群的生活状态，于 2006 年 6 月推出了大型中英文人物情景纪录片节目——《泊客中国》，用电视纪录片的形式记录那些客在中国的外国人工作与生活的情状。

回顾中国电视纪录片的发展历程，其发展初期是 1958 年至 1966 年。当时的纪录片只能称之为新闻记录电影，一般记录国家领导人的出访考察情况以及其他重大政治事件，对其他领域的人群、事件则鲜少关注。可见，那时的纪录片风格样式单一，再加上资源稀缺，发展十分艰难。1978 年至 1990 年，纪录片得以迅速发展，并进入成熟期。改革开放给中国带来了前所未有的机遇与活力，纪录片也因此在各个方面都有了突破，逐渐开始系列化、长篇化，与之相伴随，越来越多的受众开始接受这种艺术形式。纪录片越来越注重展现人文关怀，追求、歌颂真善美。

有关数据显示，“每年有超过 5000 万的外国人出入中国，同时有约 500 万外国人生活在中国，这其中有逾 50 万人定居在中国”[①]。《泊客中国》将镜头对准了这一特殊群体，记录他们的生活状态，让更多的人关注这个群体。在节目中，我们的大国气质展现无遗，那就是开放与包容。不同国籍、不同种族的人们在同一片国土上生活，彼此学习，相互关怀。《泊客中国》用开放的视角记录外国友人在中国的生活，解读他们的理念，让优秀的文化在这里融合并焕发新的光彩。这是中国纪录片的一次突破。它试图告诉观众，人，才是最有社会价值的，才是最具有社会影响力的。同时，它也用最艺术的表达方式，将“人”和他们的故事讲述给广大电视观众。

---

① 胡斌毅．泊在中国的客——析天津电视台纪录片栏目《泊客中国》之创新[J]．当代电视，2011(7)：52.

三、主要社会影响

《泊客中国》于2006年6月开播，2007年6月6日在天津卫视播出，2009年5月27日在天津电视台国际频道对北美地区播出。近年来，此节目获得了全国电视十佳纪录片奖、第24届中国电视金鹰奖等数个荣誉。2010年，《泊客中国》获得"2010中国纪录片年度栏目"大奖的时候，评委认为，"《泊客中国》表现了生活工作在中国的老外们的游子之意……作为地方电视台的纪录片栏目，却拥有国际化的视野，用视听语言的交流打破不同文明的沟通障碍，围绕人、事、情的故事线索，运用全方位多角度的手法展开记录，书写真实生活"①。

《泊客中国》在创立之初也曾苦于选题的选择和挖掘，但是随着节目品牌效应的不断积累和提升，开始有嘉宾带着选题慕名而来。再到后来，此节目得到我们国家的扶持，联合国开发计划署驻华代表处和世界自然保护联盟国际组织也先后邀请《泊客中国》合作拍摄纪录片。我国一向重视人与自然的和谐发展，这些纪录片把这一理念传达给了全世界，让所有人看到了中国这一东方大国的人文之美和包容之美。

《泊客中国》从2009年发展至今，已经成功举办了5届"中国因你更美丽"年度颁奖盛典，对节目品牌做了很好的效应延伸。第一届"中国因你更美丽"年度颁奖盛典，恰逢中华人民共和国建国60年大庆，"以'红色中国梦'为主题的首届盛典，通过天津卫视直播，揽获4.14%的收视率；第二届以环保为主题的盛典，更是收得4.48%的收视率"②。在观众的眼中，纪录片曲高和寡，是没有市场的，甚至很多纪录片人都抱有这种想法。但显然，"中国因你更美丽"年度颁奖盛典的举办成功消除了一大批人的成见。在此之前，纪录片中的人物从来没有走出屏幕，更没有走上舞台。在盛典中，十几位来自同一领域的《泊客中国》的嘉宾一同讲述自己的故事，这样密集的呈现给观众带来了最大程度上

① 胡斌毅．泊在中国的客——析天津电视台纪录片栏目《泊客中国》之创新[J]．当代电视，2011(7)：53.

② 尹畅．庄重纪录 性情讲述——写在《泊客中国》栏目创立8周年之际[J]．当代电视，2014(11)：102.

的震撼。“中国因你更美丽”颁奖盛典改善了中国纪录片的发展状态，是中国纪录片的一针强心剂。同时，它也加强了观众和《泊客中国》节目的紧密性。

四、阐述与评价

《泊客中国》节目团队始终都在不断追求，不断创新。历经九年时间，节目品质不仅没有随着时间的推移而降低，反而一直焕发出新的生机。《泊客中国》在创立之初就意识到，纪录片还尚未走到拼收视率、拼市场份额的阶段，一味追求观众规模最大化是没有意义的，关注节目的美誉度和忠诚度才是重点所在。现在看来，《泊客中国》已经成为融合了专一性和专业性的纪录片。

《泊客中国》始终都有一种坚持，那就是正确的价值观。节目始终坚持讲述最真实的故事，展现最可贵的人性，表达最崇高的人生态度。所有震撼人心的故事，所有崇高的立意，其核心都是可贵的人性。《泊客中国》所展现出来的人生态度，都来自于对节目中人物命运的关注，对整个社会的关注，对整个人类命运的关注，直逼人性深处。这种坚持可以说是《泊客中国》长盛不衰的根本原因。

《泊客中国》节目的第一位嘉宾是一个名叫萨布瑞亚·田贝肯的德国姑娘，节目组是在拉萨找到她的。这个有着美丽双眼的女孩是一个盲人，她在西藏的土地上发明了藏盲文，把古老神秘的藏文与盲文这种用指尖阅读的语言相结合，让西藏的盲人有了了解外界的机会。萨布瑞亚在拉萨开办了西藏第一所藏盲童学校，让盲童在那里接受教育，不收取任何费用。过去的十多年里，萨布瑞亚开办的这所盲童学校培养出了西藏第一批能够阅读的盲人。一颗大爱之心代替了她的双眼，帮助成千上万的盲人与她一同来阅读这个世界，感受这个世界。海拔 3650 米的拉萨，是《泊客中国》拍摄的起点，也是节目创作水准和价值高度的起点。《泊客中国》的每一期节目，都是为了“‘三重门’的开启——开启嘉宾的记忆之门，开启记录者的敬畏之门，开启观众心性之门”①。

《泊客中国》中的每一位主人公，都拥有让我们仰视的灵魂；他们的每一个故事，都充满了人性的光辉。每一个“泊客”都不孤独，他们的努力让无数的中国人从中获益，他们的坚持让无数的中国家庭得到改变，他们的奉献让我们的社会、我们的国家看到更光明的希望。这就是《泊客中国》的社会价值所在，把每一个嘉宾、每一期节目都变成一面镜子，折射出人们的生活，折射出我们所处的社会环境，让每一个人都有所反思。传播真善美，歌颂和平与爱，这正是《泊客中国》每一段故事里的情怀所在，也是让《泊客中国》焕发勃勃生命力的不竭动力。

五、阅读延伸

[1]樊国安.《泊客中国》：讲述外国人在中国的故事[N]. 中国新闻出版报，2010-09-07.

[2]黄一鸣，甘涛. 纪录片中的国际传播与公共外交——从《泊客中国》谈起[J]. 鸭绿江(下半月版)，2014(1).

[3]胡斌毅. 泊在中国的客——析天津电视台纪录片栏目《泊客中国》之创新[J]. 当代电视，2011(7).

[4]尹畅. 庄重纪录 性情讲述——写在《泊客中国》栏目创立8周年之际[J]. 当代电视，2014(11).

[5]马晓婷. 如何利用大众传媒塑造国家形象——以纪录片《泊客中国》及其颁奖盛典为例[J]. 新闻世界，2013(5).

[6]韦慧伊，艾丽. 当前影视剧创作中的国家形象塑造问题[J]. 戏剧之家(上半月)，2012(7).

[7]姚延霞.“完美的罪行”——由《逃离德黑兰》谈电影对国家形象塑造问题[J]. 才智，2014(21).

① 尹畅. 庄重纪录 性情讲述——写在《泊客中国》栏目创立8周年之际[J]. 当代电视，2014(11)：100.

[8]庞慧敏．“意见”之后电视纪录片栏目创作的新变化[J]．中国电视（纪录），2012(11)．

[9]黄慰汕．99 亚广联电视纪录片交换会述评[J]．电视研究，1999(10)．

[10]刘海英．浅谈电视纪录片人物的采访[J]．太原城市职业技术学院学报，2004(S3)．

（胡家玮，孙宜君）

凤凰于飞，和鸣锵锵

——凤凰卫视《锵锵三人行》读解

《锵锵三人行》是由凤凰卫视金牌主持人窦文涛与传媒界、文化界之精英名嘴，一起围绕每日新闻事件或热门话题进行的各抒己见的谈话节目。节目中的谈话并非属于正襟危坐追寻根源与答案的“正论”，而是“俗人闲话”，一派“多少天下事，尽付笑谈中”的聊天风格。节目以融汇信息传播、制造乐趣与辨析事理三大元素集于一身为目的。节目自开播以来，一直秉承大众视角的清谈态度，深入透彻地剖析话题，具有浓厚的人文色彩和人文价值取向。

一、节目概述

中文名称：锵锵三人行
节目类型：时事评论类电视谈话节目
主持人：窦文涛
主要嘉宾：许子东、梁文道
播出频道：凤凰卫视中文台
在线播放平台：凤凰网、爱奇艺
制作单位：凤凰卫视
开播日期：1998 年 4 月 1 日
首播时间：周一至周五 23：00
重播时间：周二至周六 05：00
播出状态：播出中

《锵锵三人行》是凤凰卫视于 1998 年 4 月创办的一档时事评论类电视谈话节目。节目名字中的“锵锵”二字出自“凤凰于飞，和鸣锵锵”，指凤凰的叫声；“三人行”则源于“三人行，必有我师焉”。“锵锵三人行”是指主持人与嘉宾在各抒己见中营造的一种自由而思辨的言语沟通环境。“所谓时事评论类谈话节目是指以新近发生的新闻事件和近期的社会热点为谈话主题，以传播者之间或与受众之间的实时交流谈话为节目形式，实现介绍新闻背景、分析新闻事件、预测社会趋势、反映公众意见等功能的专栏节目。”①

《锵锵三人行》由凤凰卫视名嘴窦文涛主持，每期节目邀请两位嘉宾，涉及学术、影视、体育、新闻等多个领域，经常做客的嘉宾有梁文道、徐子东、马家辉等。每期节目都以最近的新闻事件或热门话题为焦点，带有明显的新闻特征和浓厚的时事评论色彩。话题的内容包罗万象，从时事政治到娱乐八卦，再到法律案件等，可谓雅俗共赏。每期节目中，主持人首先抛出谈话主

① 钟姝．主持人与广播时事评论类谈话节目[J]．中国广播电视学刊，2011(1)：66-67.

题，然后和两位嘉宾各抒己见，或旁征博引或讲述自己身上发生的故事。三人并不追求意见统一，也不会把自己的观点强加给其他人。

《锵锵三人行》采用的是“圆桌式”的聊天谈话方式，整个演播室里就只有一位主持人、两位嘉宾、一张桌子和三把椅子。虽然节目带有强烈的新闻性，但是主持人和嘉宾用轻松愉悦的聊天方式来探讨话题，而没有以十分严肃的态度来对事件进行评论。节目从头到尾都是三个人的互动交流，抛弃了传统的“一问一答”模式，每个人各抒己见，平等沟通。主持人与两位嘉宾宛如三友闲聚，企求回归即兴聊天本色，坦诚相见，大胆言论。在谈笑风生的气氛中以个性化的表达，关注时事资讯，传递百姓话语，交流各自观点，呈现生活体验，不掩真实性情，分享聊天趣味。可见，主持人与嘉宾之间的交谈属于“俗人闲话”，一派“多少天下事，尽付笑谈中”的聊天风格。节目十多年来秉承大众视角的清谈态度，深入透彻，具有浓厚的人文色彩和人文价值取向。

二、传播源流与路径

世界上第一个电视谈话节目是美国全国广播公司于 1954 年播出的《今夜》，这档节目令美国开始引领整个世界的电视谈话节目潮流。到了 20 世纪 60 年代，美国涌现大量娱乐类脱口秀节目，《家庭派对》《麦克·瓦莱斯访谈》等节目都是很有代表性的。而到了 20 世纪 70 年代，日间谈话节目在女性观众中逐渐受到青睐，节目内容多以日常生活为主。

20 世纪 80 年代至 90 年代，各类谈话节目都基本发展成熟。多种多样的节目形式都已出现，选题也不再不温不火而是变得尖锐起来。电视谈话类节目开始在全世界范围内成为电视节目里面不可或缺的一个重要部分。

放眼中国，上海东方电视台于 1993 年推出的《东方直播室》打响了国内电视谈话类节目的第一枪。1996 年，中央电视台播出的《实话实说》，在全国反响十分强烈。之后，各式各样的谈话节目如雨后春笋般不断出现在中国观众的视野内，如凤凰卫视的《鲁豫有约》、中央电视台的《艺术人生》《对话》等。电视谈话类节目一直到现在都有非常广泛而深刻的影响力。

在这种背景下，《锵锵三人行》于 1998 年 4 月 1 日正式开播。之前与吴小莉一起主持新闻节目《时事直通车》的窦文涛，被选为《锵锵三人行》主持人。曹景行回忆说，节目播出前只做了一次样片，并没有太多的准备，因为这个节目要营造的就是老朋友聊天式的气氛。在节目还没有正式定型前，讨论的大多是新闻话题，但是采用一种轻松的谈话方式。节目刚开始还很严肃，经常讨论重大话题，如谈印度尼西亚前总统苏哈托下台等事件，后来就加入了很多软性的话题。

《锵锵三人行》中的谈话呈现了三足鼎立的局面，一足是主持人，其他两足是嘉宾。十多年来，嘉宾像流水一样来来去去，当中最为观众所熟悉的是许子东和梁文道。很多临时发挥的即兴话题都不敢交给面生的嘉宾，非要这三个人坐在一起才能指望聊出世态百相。

当然，节目中的核心人物还是窦文涛。曾经担任节目主编的邹倚天认为，《锵锵三人行》其实和《实话实说》一样，也是一场面向观众的谈话，但道具和形式可能是最简单的：三把椅子、三个人，围着一张只放三个杯子的圆桌讨论大千世界、芸芸众生。没有热线电话，没有现场观众，真正能指望的只有镜头中的三张嘴。这种简易模式的好处是节约了成本，又能真正形成聊天的效果；问题是宝都押到了主持人身上。邹倚天说："比如'矿难'出来之后，我们知道这个话题是大家都关心的，希望通过它体现主持人和嘉宾的价值观，这种价值观一定要真诚。通常我们都能达到效果，但有时候遇到嘉宾陷在一个问题里出不来，就需要窦文涛把嘉宾的思维揪回来。在这种节目形式当中，唯一不能取代的就是一个好的主持人。"窦文涛不在的时候，节目组曾经找过陈鲁豫和梁文道来代班，播出后反响一般。掏出来的东西多了，节目的个人气质也就被固化了。邹倚天也承认这一点："这是他原创的节目，风格特别适合他的气质和个性，所以后来有电视台模仿，但都超不过'锵锵'。"

像《锵锵三人行》这样具有鲜明主持人烙印的节目，在美国是以《奥普拉脱口秀》和《大卫·莱特曼的深夜秀》为代表。许子东认为，美国的大牌节目和《锵锵三人行》比起来，也显得很有形式上的局限。"美国的谈话节目都不是三个人的，要么是两个人，要么是一个圆桌，很多人。欧洲也一样。美国的电视工业这么强大，他们一定什么形式都尝试过，偏偏这种形式没有出来。这种形式能在中文电视圈流行，说明电视文化虽然是普世的，但是它毕竟有各个民族文化的特点在里面。”①

《锵锵三人行》得益于凤凰卫视中文台在中国内地的落地，也受益于凤凰网、网络电视、手机电视、网络视频等新媒体在全国范围内获得的广泛传播。

三、主要社会影响

凤凰卫视《锵锵三人行》刚开播时，由于资金和条件限制，节目演播室只有三把椅子和一张桌子，外加一张布景板，道具简单朴素。后来，随着凤凰卫视中文台不断发展壮大，《锵锵三人行》演播室的布置也逐渐丰富起来，使用电脑技术把背景做成了3D效果，但继续保留了三人一桌的最初配置。节目成本如此之低，对此连主持人和嘉宾也时常调侃。可是即便这样，《锵锵三人行》也以优秀的成绩坚持了17年，一直到今天。2010年的数据显示，《锵锵三人行》“在所谓的‘垃圾时段’圈回至少1个亿的广告费，其主持人窦文涛的品牌价值也超过3.2亿”②。三个人靠三张嘴，就创造了这样的节目价值，实在是令人咋舌，足见人物之魅力。

主持人窦文涛学识渊博，言语风趣，又很接地气。在节目中，窦文涛侃侃而谈，观点犀利独到，毫无顾忌；同时他也真诚坦率，不逃避自己知识的盲点，乐于分享自己平凡普通的生活状态，坦然地自揭其短。窦文涛在与嘉宾沟通的时候不卑不亢，尊重嘉宾的同时又不一味迎合，坚持自己的性格和观点。节目中，窦文涛有时会说一些看似“平衡一下”的“滑头话”，其实是为了引导嘉宾发表具有个人色彩的大胆言论，也是为了营造日常聊天的形态、谈笑风生的气氛，力求谈话轻松、惹笑。这种真性情的主持风格赢得了无数观众的喜爱。

《锵锵三人行》曾被《新周刊》誉为“15年来中国最有价值的电视节目”。根据《新周刊》针对《锵锵三人行》的网络受众进行的一项调查显示，收看此节目

---

① 中国网．窦文涛：一个话痨的十年[EB/OL]．[2008-02-15]．http：//www.china.com.cn/culture/weekend/2008-02/15/content_9912585_3.htm.

② 马潇．口无遮拦话“锵锵”——从《锵锵三人行》看主持人风格与谈话节目生存的互为因果[J]．中国电视，2010(6)：59.

的女性观众占50.75%，男性观众占49.25%，男女比例相当平衡。这样的结果是由于《锵锵三人行》的嘉宾配置，既有聪明男性，也有生猛女人。调查还显示，77%的观众表示，话题的尖锐和主持人的魅力是他们喜爱《锵锵三人行》的主要原因；78%的观众表示，《锵锵三人行》要是没有了窦文涛就没有了看点；甚至有56%的观众认为，《锵锵三人行》影响了自己生活中的谈话风格，教会了他们怎么有趣的说话，让他们更加愿意与朋友交谈。窦文涛在《锵锵三人行》中一炮而红，不但顺势衍生出《明星三人行》《老窦一家亲》《老窦酒吧》《文涛拍案》等，还让他一举获得《新周刊》2004年度、2006年度“中国电视排行榜”中的“最佳谈话节目主持人”称号，2004年度《新周刊》“15年来中国最有价值的电视节目主持人”第三名。

四、阐述与评价

与其他很多节目追求高远立意不同，《锵锵三人行》“不求高度，只求广度；不求深度，只求温度；不求结论，只求趣味”。[①] 这个爱耍贫嘴、口无遮拦、肆无忌惮的节目，希望观众可以从中获得乐趣并会心一笑，而不是得到某种经验教导或是崇高的内在提升。大部分的问题在这半小时的节目中并不能得到解决，主持人和嘉宾也不是以“寻找答案”为目标开始对话的。他们各自把个人见解陈列出来，观众根据自己的喜好，可以和他们一起或针锋相对或谈笑风生。

《锵锵三人行》长盛不衰的一个重要原因就是，每次邀请的嘉宾都是业界精英。这些嘉宾来自祖国各地，大多学历背景过硬、阅历丰富、学识广博。在沟通过程中，他们普遍善于表达自己的想法，不为其他人所牵制，总是能针对话题给出自己精辟独到的见解。

我国的谈话类节目，形式一直比较单一，大多数主持人正襟危坐，在节目开始时向观众介绍主题，向嘉宾提出问题再由嘉宾作答。嘉宾是节目的主

① 马潇．口无遮拦话“锵锵”——从《锵锵三人行》看主持人风格与谈话节目生存的互为因果[J]．中国电视，2010(6)：59.

角，而主持人的身份类似于记者，这就使主持人无法真正参与到讨论中，节目也略显严肃呆板。但是，《锵锵三人行》打破了这种模式。主持人窦文涛坐在两位嘉宾中间，三人平等沟通，用轻松愉快的聊天形式来探讨话题；谈话的内容并没有做事先安排，全凭三人的现场发挥。这样的形式拉近了与观众的距离，让观众有一种参与聊天的身临其境之感，从而使节目获得了更好的传播效果。主持人窦文涛曾经这样描述他在《锵锵三人行》的主持风格："那时候，习惯了经典谈话类节目的我，无法想象在这样的前提下，节目可以做出怎样的效果。在这个大难题面前，我犯愁了。当时的播音员说话字句清楚，抑扬顿挫，稳若泰山——好比西装，倜傥光滑。可是，我对这样的说话方式却不以为然。一天，我忽然想到，一个播音员或者主持人说话，为什么不可以保持最原始的自然放松的状态呢？这如同牛仔裤，舒适大方。这时的感觉，像漆黑的夜色里放进一道月光：放宽审美观吧。我们和朋友之间不也总就不同的话题发表自己的意见吗？也许没有专家学者谈得那么深入，但是这份自然比之他们的一本正经，正如牛仔裤比之西装。我的心'嘣'的一声，一条紧捆着的绳子解开了，阳光洒了进来。本着这样的想法，我开始了《锵锵三人行》的长途跋涉。"①

五、阅读延伸

[1]窦文涛．解开身上的绳子[J]．思维与智慧，2008(4).
[2]马潇．口无遮拦话"锵锵"——从《锵锵三人行》看主持人风格与谈话节目生存的互为因果[J]．中国电视，2010(6).
[3]杨龙飞，黎泽潮．我国电视谈话类节目现实境遇与发展策略——以《锵锵三人行》为例[J]．铜陵学院学报，2014(4).
[4]钟姝．主持人与广播时事评论类谈话节目[J]．中国广播电视学刊，2011(1).
[5]丁达，杜娟．论《锵锵三人行》的窦式主持风格[J]．东南传播，2010(12).
[6]易文．中国电视谈话节目发展十年回顾[J]．新闻知识，2004(8).

① 窦文涛．解开身上的绳子[J]．思维与智慧，2008(4)：27.

[7]王焱炜．浅析电视谈话节目的现实角色[J]．记者摇篮，2003(10)．
[8]徐帆．窦文涛的“锵锵和鸣”——《锵锵三人行》制片人张力访谈[J]．南方电视学刊，2011(1)．
[9]孙俊．《锵锵三人行》的叙事学分析[J]．青年作家(中外文艺版)，2010(5)．
[10]韩蕊娟．凤凰卫视《锵锵三人行》解析[D]．西安：西北大学，2009．

（胡家玮，孙宜君）

挑选中国最会说话的人
——安徽卫视《超级演说家》读解

《超级演说家》是中国首档原创语言竞技真人秀节目，它以演讲为主题，在众多真人秀节目中独树一帜。与其他真人秀节目相比，《超级演说家》凸显出“明星评委多样化、选手素质优质化、现场对抗戏剧化”的特点，成为中国首档以演讲为主题的竞技真人秀节目，致力在中国掀起一股“全民演讲热”。

一、节目概述

中文名称：超级演说家

外文名称：Super Speaker

节目类型：语言竞技真人秀节目

主持人：余声

导师：陈鲁豫、乐嘉、李咏、金星、窦文涛等

播出频道：安徽卫视

在线播放平台：爱奇艺、腾讯视频、乐视网、华数TV等

开播日期：2013年8月1日

播出时间：每周六21：10

节目时长：90分钟

播出状态：已完结

《超级演说家》是安徽卫视联合北京能量影视传播股份有限公司推出的中国首档原创新锐语言竞技真人秀节目。节目以“挑选中国最会说话的人”为目标，为选手们提供了一个展示演讲力、展现自我风采的舞台，同时也为电视受众呈现了语言的独特魅力。节目采用纪实的手法，满足受众在大众舆论创造的“拟态环境”下对“说真话”的需求；同时又采用游戏化和娱乐化的方式，吸引受众的注意力，消减受众在现实生活中因繁忙工作带来的压力。节目在创新内容与形式、传播正能量和彰显社会价值的同时，也备受传媒界关注和热议。

节目赛制伴随节目自身的优化，不断得到改进。第一季中，来自全国各地的60位不同职业、不同领域的选手来到舞台上进行演说，经过导师分班、战队对抗、组内厮杀、巅峰之战四轮竞技，从重重关卡中争夺总冠军。到第二季时，节目赛制有了些许变化，赛制分为导师分班、导师队战、决赛卡位战、冠军争夺战四大环节。第二季最大的创新在于引入了“3＋X”导师模式。其中3位导师在第一环节选择学员时，会被挡板遮住眼睛，因此看不到选手的样貌，只能根据选手的演讲内容进行判断选择；而另外1位“X导师”虽然

可以直接看到选手，但却只有在其他3位导师放弃选择时才有选择权。第三季在前两季不断强化竞技性的基础上，更加注重节目的可看性。在海选阶段启动“抢人复活”的全新赛制。4位导师在这一赛季拥有一项复活权利。选手演讲时，导师进行选择；演讲结束，选手反选。选择导师后，选手立刻进入导师战队。没有选择权的选手，直到退场前，都可以争取导师的复活机会。一旦被某位导师复活，选手即可加入导师战队。

与其他真人秀节目相比，《超级演说家》凸显出“明星评委多样化、选手素质优质化、现场对抗戏剧化”的特点。它成为中国首档以演讲为主题的竞技真人秀节目，取得了广泛而良好的社会效果。

二、传播源流与路径

《超级演说家》是中国首档原创新锐语言竞技真人秀节目。安徽卫视在引进《非常静距离》和《鲁豫有约》两档名牌谈话类节目之后，又与北京能量影视传播股份有限公司联合打造了《超级演说家》这一重要品牌。

《超级演说家》把话语权交给来自各行各业的演讲者，不问出身，不看背景，完全凭借演讲者的“说”创造收视奇迹。2013年播出的14期节目中，颇具看点的选手和演讲内容，或温馨或理智或犀利的风格，具有时代感的话题，迅速将观众牢牢吸引，节目在短时间内获得了颇高的收视率。2014年，《超级演说家》第二季开播，为了达到更好的演说效果，演讲者使用了更多的语言技巧。艺术加工的演讲语言中，数字的运用具有鲜明的特色。演讲者运用数字的目的不在于装饰和堆砌，而是通过它来准确地说明问题。“比如在运用数据时，赋予数字一定的内涵，包括数字诠释、数字对比、数字计算、数字统计、数字排列等。对数字的巧用活用使得数字更加形象、生动和有趣，同时也使演讲的主题和内容血肉相依、配合有度、传播了信息、营造了气氛。”①演讲者也通过这些技巧的运用吸引了观众，感染了观众，达到了演讲的目的，使节目的认可度获得了进一步的提升。经历了前两季的播出，《超级演说家》一共

① 高灵新．真人秀节目《超级演说家》中数字的妙用[J]．当代电视，2014(11)：40.

向观众呈现了400多场演讲，观众与导师共同感受了200多个人的人生。2015年3月21日，《超级演说家》第三季正式开播。

《超级演说家》的内容核心是演讲，其新锐语言具有原创性质，同时创新"3+X"的明星评委阵容。导师团队对选手个性化点评，对选手进行麻辣提问、质疑和引导，还与选手进行积极互动，碰撞出现场的火花。

在宣传推广上，《超级演说家》打造了一个全媒体联动的宣传推广空间。除了安徽卫视自身的节目前期宣传，节目组还联合报媒、网络、短信互动平台等资源，全方位多维度地进行节目推广。其中，网络平台作为节目宣传全过程的重要阵地，在微博、微信等新技术的应用平台重点投放宣传内容。同时，在线播放平台爱奇艺、腾讯视频、乐视网、华数TV等也多屏齐发，为节目直播后的后续点播量和活跃度提供保障。

三、主要社会影响

1. 节目的创新之处

自2005年《超级女声》大获成功以来，十年间，歌唱类选秀节目迅速占领各大频道周末的黄金时段，成为当前最为流行的电视综艺节目形态之一。如今在音乐节目扎堆、"模式"扎堆的背景下，各大卫视再重复已有的模式，无异于戴着"镣铐"跳舞。《超级演说家》打破了这一瓶颈，不但弥补了节目种类单一化的缺陷，还将观众从"审美疲劳"梦魇中解救出来，为后选秀时代节目做出了好的示范。

(1)内容创新。《超级演说家》将选手的现场演说作为节目的核心内容，融汇选秀节目的晋级竞赛架构。这既形成了"只说不唱"的独特风格，又保证了节目内容能够吸引观众。《超级演说家》营造了一个倡导普通百姓话语权的平台，给予选手畅享表达的舞台和空间，鼓励选手讲述自己的经历和故事，亮出自己的态度和观点，用真诚的语言去打动评委和观众。同时，观众也可以轻易地发现自己的意见或观点正透过节目中演讲者的口传达出来，从而与演讲者产生共鸣。另外，观众还可以从导师的点评中获得很多有益的启发。

(2)形式创新。说话是人类最基础的能力，这世上所有的成功其实都离不开语言。《超级演说家》实际上开启了一个“富矿”，因为每个人都要说话，每个人都有自己的思维方式和观点，所以每个人都有机会成为《超级演说家》的参与者。《超级演说家》在选手选择上注重差异化，敢于把演讲话题拓展得非常深刻，每个导师的话语场也都在节目中充分地打开，没有一味追求故事化煽情的选秀套路，而是努力向更加专业化的层面行进。对于所有渴望提高自身演讲能力或者渴望通过演讲改变命运的人，尤其是网络时代语言缺失变成“失语者”的许多“90后”甚至“00后”来说，《超级演说家》都不容错过。

2. 节目的社会价值

眼下，电视媒体已经进入品牌竞争时代，具有公益性与市场性的双重属性。一档好的电视节目，不仅要满足观众的收视需求，还要能促进媒体发展和赢得市场广告。社会效益影响并决定经济效益，节目市场决定广告市场。因此，好的节目市场必定培育好的广告市场，而丰厚的广告收入又必将在资金上给电视节目的发展插上腾飞的翅膀，从而使节目愈办愈好。实践证明，《超级演说家》是一档观众、媒体和市场多方共赢的好节目。它满足了观众的收视需要，电视观众大都喜新厌旧，电视节目需要常变常新。在当下中国，每个人都有表达的欲望，可是往往缺乏表达的舞台和空间。《超级演说家》为有梦想的人创造一个展现自己的舞台并给这个社会带来有益的影响，这是大家共同的心愿，也是千万观众共同渴求的“精神食粮”。

(1)提升媒体品牌影响。作为2013年中国电视选秀混战局面之下的一档创新节目，《超级演说家》从令人目不暇接的收视混战当中突出重围，获得不俗的收视率和社会影响力，创造了全新原创非音乐类电视栏目从口碑到收视全面飘红的奇迹。2013年8月1日开播当晚，节目在央视索福瑞33城的收视率成功突破1%，收视份额近4%，稳居省级卫视综艺节目第一。《超级演说家》的节目表现，全面彰显了中国本土原创节目的力量。节目多次斩获同一播出时段省级卫视综艺节目收视冠军，多次荣登微博综艺话题排行榜首位，微博讨论话题数上千万，网络视频点击量过亿。林志颖、周立波、陆琪、刘春等各路明星名人，通过微博发表自己对节目的看法。《人民日报》《环球时报》《北京晚报》《三联生活周刊》以及凤凰卫视等全国各地的权威媒体和诸多网络评论员，对节目质量也是不吝赞美之词。《超级演说家》成功实现了电视节目二次传播的长尾效应，提升了媒体自身品牌的全国影响力。

(2)拓宽广告市场价值。在差异化的媒体竞争环境下，《超级演说家》覆盖了最核心消费群，观众流失率低，收视的黏合度较高，品牌记忆度强，广告投放回报率高，备受广告品牌尤其是高端品牌的青睐。节目开创了国内首个“双国际品牌冠名、多品牌共建”[①]的广告合作新模式，和广告客户共同寻找内容上的契合点、互动上的结合点以及组合上的匹配点，成功实现了广告品牌整合传播的晕轮效应，助力广告合作伙伴拓展市场价值。

在《超级演说家》研讨会上，喻国明教授认为：“作为一档语言类节目，《超级演说家》显然在好看上做足了功夫，节目很好看，很有料，观众可以轻易在节目当中看到自己，看到自己的意见或观点透过演讲者的口传达出来，获得共鸣，同时还可以在观看过程当中得到很多的启发，这是一档电视节目很难得的价值体现，在为社会提供智慧。”[②]

四、阐述与评价

尽管《超级演说家》坚持内容与形式的创新，在口碑与收视率方面都取得了良好的成绩，但该节目也存在些许不足与有待改进之处。

1. 选手多为小众群体

《超级演说家》是中国首档原创新锐语言竞技真人秀节目，提出的口号是“挑选中国最会说话的人”，但它的参与选手多为小众群体，大多经历坎坷，经历过人生低谷的摸爬滚打之后振作起来改写人生。这类群体有自己特殊的经历可与观众分享，在短时间内会显得比较吸引观众眼球，但他们把自己异于常人的故事与人分享殆尽以后还能够在各类话题上侃侃而谈吗？所谓演说家，应该擅长各种类型的主题，能够吸引和打动各类群体，能够熟练运用各种演说技巧，还能够自如地支配语言和非语言表达能力。

---

① 胡鑫.《超级演说家》的节目创新和社会价值[J]. 声屏世界，2014(1)：36.

② 王晗.《超级演说家》研讨会 喻国明：好节目需要有吸引力[EB/OL].[2013-10-24]. http://ent.ifeng.com/tv/news/zongyi/detail_2013_10/24/30610056_0.shtml.

2. 导师无法给予专业指导且对自身言行约束不够

中国选秀节目中“导师”这一角色的出现，发端于浙江卫视的《中国好声音》。此后，各类导师频频出现于选秀节目中。导师，一般被理解为能够在专业领域给人以指导的学者。在《超级演说家》中，导师大多无法在演讲专业领域给予选手相应的指导。

导师乐嘉凭借其鲜明的性格特点和犀利的点评风格给观众留下了深刻印象，这也是他连任三季《超级演说家》导师的重要原因。然而，在第三季节目接近尾声之时，他要酒疯爆粗口的“不羁”言行不仅损害了自己原有的形象，同时给节目带来了较大的负面影响。

3. 将演讲等同于脱口秀

在《超级演说家》的第一赛程，选手演讲的内容多为幽默搞笑的段子，大体结构及演讲方式多为脱口秀形式。但脱口秀就是演讲吗？不，两者有着本质上的区别。演讲，指通过讲话的方式表达自己观点的一种交际活动，而脱口秀是一种舞台表演形式，此节目将两者混为一谈，着实是一种错误的引导。节目组可能意识到了这一点，在进入到第二赛程时减少了搞笑的成分，但这又催生出了前半段搞笑、后半段泪崩的畸形演讲形式。

4. 选手演说题材较为单一

初赛阶段的演讲稿是选手自备，其内容多为自我介绍，讲述自己不平凡的人生经历。由于人人经历不同，所以选手们的演讲看起来有百花齐放的感觉。但是到了第二阶段，赛制是现场选题，并由导师点名对战，在限制选题的情况下，选手演讲的内容必然显得贫乏和单一。

5. 赛制设置缺乏创新

除了部分环节的形式感太强外，《超级演说家》的赛制设置也存在着硬伤。“演讲不同于唱歌跳舞，后者需要厚积薄发，而前者既有积累也有即兴，而且即兴表达在某种程度上更为重要。”[①]并非选手将一些准备好的稿件完美地表演出来即是演说家了，而更应该通过随机抽题现场发挥来证实这一点。恰恰该

① 邱天．细数选秀节目“七宗罪”——以安徽卫视《超级演说家》为例[J]. 青年记者，2014(2)：27.

节目的赛制并不适于演讲者的选拔，虽然第二赛程的比赛看似是现场选题，但演讲内容是选手们早已准备好的，只在迎合选题的时候稍作调整。

《超级演说家》的成功经验与不足都值得我们总结，它引发了我们对电视节目发展路径的深思。目前国内的电视节目制播中，同质化现象严重，不良之风日加盛行，尤其是盲目跟风，模式盗用。当一个节目火爆的时候，紧接着就会有不计其数的类似的节目充斥荧屏。我们的媒体人应该大力提高创新意识，不断进行创新探索；要牢记自身所承担的社会职责，提高自身的道德素质，加强自我约束，做好节目的把关人；还要合理地引导受众的心理需求，营造一个良好健康的电视氛围，创作与传播更多既有文化内涵又有新意，既积极向上又让观众喜闻乐见的电视节目。

五、阅读延伸

[1]胡鑫.《超级演说家》的节目创新和社会价值[J]. 声屏世界，2014(1).

[2]胡继超.《超级演说家》的传播价值探析[J]. 传媒，2014(6).

[3]徐波. 从《超级演说家》看真人秀节目的多维度发散[J]. 新闻世界，2014(10).

[4]向前. 打造全媒体跨屏营销推广新模式——以安徽卫视《超级演说家》为例[J]. 新闻世界，2014(9).

[5]李洪才. 符号学视野下《超级演说家》的创新发掘[J]. 湖北函授大学学报，2014(3).

[6]王一星. 探析《超级演说家》的成功之道[J]. 新闻世界，2014(10).

[7]王译萱. 挑选中国最会说话的人——浅析《超级演说家》的栏目品牌创意与经营[J]. 神舟，2014(18).

[8]兰甲甲. 语言竞技类真人秀节目如何抓住受众眼球——以《超级演说家》第一季为例[J]. 青年记者，2014(26).

[9]高灵新. 真人秀节目《超级演说家》中数字的妙用[J]. 当代电视，2014(11).

[10]邱天. 细数选秀节目"七宗罪"——以安徽卫视《超级演说家》为例[J]. 青年记者，2014(6).

（王雅，孙宜君）

执着地寻找，真情地等待
——中央电视台《等着我》读解

《等着我》是中央电视台综合频道创办的大型公益寻人节目。此节目以其官网为基础，聚合部委、明星、专家、志愿者以及全媒体等寻人力量，旨在发挥国家力量，搭建全方位的权威“全媒体公益寻人平台”。节目口号：为缘寻找，为爱坚守。

一、节目概述

中文名称：等着我
外文名称：Waitting for Me
节目类型：大型公益寻人真人秀
节目口号：为缘寻找，为爱坚守
主持人：倪萍、舒冬
制片人：杨新刚
节目导演：胡波
播出频道：中央电视台综合频道 CCTV-1
在线播放平台：央视网、《等着我》官网、腾讯视频
开播日期：2014 年 4 月 5 日
播出时间：每周二 22：35
节目时长：50 分钟
播出状态：播出中

《等着我》是中央电视台综合频道创办的首档具备国家力量的全媒体大型公益寻人节目，也是中央电视台 2014 年重磅推出的全新公益栏目。与其说这是一档节目，不如说是一项全民范围的公益寻人活动。作为公益寻人活动之一的电视栏目，《等着我》打出了“助力团圆梦，让心不再等待”的宣传口号。

《等着我》节目组与网易新闻共同做过的一项社会调查显示，各个群体中有寻人愿望的达到了 90％，他们寻人的目的和对象也包罗万象。这是节目组定位和创作《等着我》的初衷，就是要通过媒体、政府和公众的力量，帮助有需要的人寻找那个在他们心目中十分重要却又失去联系的人。

节目理念是：“在你的生命中，是否有一位对你至关重要的人？他可能是你的亲人、恋人、朋友、恩人、老师等。由于种种原因，有一天他在你的生活中消失了，再也无法联系上。《等着我》聚合部委、明星、专家、志愿者以及全媒体等多方力量打造了具备国家力量的全方位权威‘全媒体公益寻人平

台'，帮你找到那个人，助你寻回那份弥足珍贵的情感。"①

此档节目由舒冬和阔别主持舞台多年的著名主持人倪萍主持，力求帮助求助人打开多年的心结，与被寻找人在舞台上重逢，迸发最真实的情感。正是有了缘和爱的牵绊，才带给求助者和寻人团更多的力量去寻找和坚守。

二、传播源流与路径

《等着我》是中央电视台综合频道创办的大型公益寻人节目，在 2014 年 4 月 5 日开播。同时，央视网、《等着我》官网、腾讯视频跟进播出。

在此，以具体事件为例，说明《等着我》节目设置的大致环节。"没家的孩子找家，有家的孩子不回家"，是现在儿童丢失的一个现状。对此，节目首先会进行离家背景的介绍。例如，在 2015 年 7 月 28 日的节目中，首先介绍求助者高素芝来到《等着我》是要寻找失踪了 14 年的儿子倪鹏飞。儿子因不堪高考失败压力，离家出走 14 年。接着主持人说出"为缘寻找，为爱坚守，请开门"，揭晓被寻找人是否来到节目现场。第三个环节中，助力团会对求助者和被寻找人进行开导、发问和劝解。最终双方彼此谅解，诉说多年真情。节目中第二环节的口号不免让人联想到 1998 年湖南经济电视台播出的《真情对对碰》节目。这一节目由汪涵、仇晓主持，最经典的主持语就是"人间有真情，人间有真爱"。每说完这句台词，观众便会屏息凝神，等待揭晓调解人是否到场。

《等着我》助力团的嘉宾阵容也十分强大，有中国著名播音主持人赵忠祥，中国公安部刑侦局打拐办主任陈士渠，专栏作家、资深媒体人张春蔚，"宝贝回家寻子网"创办者张宝艳，国家一级演员、著名歌唱家郁钧剑，国家一级演员濮存昕。各方力量的集结，可以从各个角度对求助者提供帮助。

在 2015 年播出的七期黄金档特别节目，每一期的收视率都突破了 2%，最高达到 2.42%。在竞争激烈的周日黄金档，《等着我》力压众多娱乐节目成

---

① 新浪新闻．等着我[EB/OL]．[2015-05-24]．http：//www.news.sina.com.cn/o/2015-05-24/124531869964.shtml.

为一匹收视黑马。在周日黄金档播出后，节目收视率曾一度远超多个娱乐综艺节目。然而，发展势头正好的《等着我》却又一次移档晚间10点，实在令人惋惜。

作为媒体传播平台，《等着我》官方微信也聚集了超高的人气。通过电视与网络媒体的结合，《等着我》在进入黄金档后实现了多屏互动。节目在电视平台播出获得持续高收视率的同时，在线播放平台央视网、《等着我》官网、腾讯视频也实现了高点播率，配合微信、微博话题的热烈讨论，全媒体平台就此打造。

三、主要社会影响

《等着我》开播后不仅收视率屡创新高，网络话题也持续升温，倪萍的主持再次获得了观众的认可，节目的关注度也水涨船高。具体而言，表现为以下几个方面。

1. 话题造势，主持人各司其职

倪萍十年后回归央视主持，一句“我们在路上行走着，互相加油”彰显其依旧大气亲切的主持风格。倪萍亲切、平易近人以及富有感染力的主持风格，跟《等着我》的节目宗旨十分契合。可以说，这档公益节目就是为倪萍量身打造的。其实，《等着我》需要的就是一个肯耐心倾听、能将别人苦难当作自己苦难、不说空话套话的邻家大姐式的主持人。倪萍精确地把握了节目的灵魂，再加上她丰富的主持经验以及善良的品性，才能将《等着我》做得如此富有感染力，才让千千万万观众无论多晚也坚持守候在电视机前。

第二主持人舒冬身为寻人团团长，日常工作非常辛苦，经常和团队其他成员一起四处奔波。作为第二主持人，舒冬一旦在节目中出现，就意味着寻人未果，他被观众戏称为“最想看到又最不想看到的人”。即使如此，舒冬帅气的外形加上淡定洒脱的主持风格，也使他受到了很多观众的喜爱。

2. 收视新高，黄金档回归情感真人秀

在当下娱乐综艺真人秀节目席卷电视荧屏的背景下，全民娱乐的氛围多

少让观众有所疲乏。一档直面公众寻人需求，回归真实情感的真人秀节目，确实让人眼前一亮。同时，动人的故事、艰难寻找的过程以及现场嘉宾多角度的劝解，都是吸引观众选择此节目的重点，让大部分观众跟随节目从黄金档转战午夜时分，无论多晚都在电视机前默默等待。

3. 官网寻人平台，助力团圆梦

据 2015 年 5 月 19 日，新华网数据统计，《等着我》自开播以来共播出 40 余期节目，线上线下的平台已经累计帮助 5600 位求助者，帮助 600 多个家庭实现了团圆，寻人成功率达 60%。栏目官方网站上截至目前已有会员 91781 名，发布了 66258 条寻人信息，收集了 7697 条线索。官方贴吧里有近 4000 条求助信息。官方微博、微信、手机客户端更是每天接收数以千计的寻人信息。①

每期节目在《等着我》官网都设有专题讨论版块，网友在节目播出前后可对嘉宾及寻人故事进行实时讨论。互动专题也推出了各类辅导专题，如“怎样做一个意志坚强的人”“学会感恩好处多”等，帮助寻亲者形成良好的心理素质。

《等着我》官网曾推出“上海孤儿”专题活动。上海孤儿，一般指在 1960 年至 1963 年间被抛掷在常州、无锡、苏州和上海一带，之后又被转移至华北地区的大量弃婴。这批弃婴的数量庞大，时间相对久远，所以这样大规模的寻亲专题活动在社会层面带来了很大影响，助力大批孤儿实现了团圆梦。

四、阐述与评价

《等着我》不仅有现场寻人故事的讲述，还首次展现了栏目组携手各方力量寻人的过程。从舞台设计到环节设置，处处展现出节目组的巧思与用心，也为观众带来了全新的视角。

① 郭士玉．中国首档公益真人秀节目《等着我》进军央视黄金档[EB/OL].[2015-05-19]. http：//news.xinhuanet.com/gongyi/2015-05/19/c_127814581.htm.

1. 媒体平台，彰显强大力量

《等着我》节目组打造的是具备国家力量的全媒体公益寻人平台。部委方面，公安部、民政部等参与其中，为节目提供政策、专家方面的支持。而全媒体平台则包含了国家级媒体、主流新媒体、地方省级媒体。节目组设有常驻演播室媒体席，使各媒体全程参与节目录制，对节目中的案例进行发布、推广报道。公益名人方面，热心寻人的公益明星参与录制宣传片，利用自身影响转发扩散寻人信息，适时参与节目录制。

《等着我》官方寻人网站对寻人信息的展示，还细分为家寻亲人、亲人寻家、台海寻亲、道歉寻人、感恩寻人、战友情深、寻找老友、同学之情以及其他寻人等各类寻人专区。如此一来寻亲者可以迅速找到对应专区，寻人信息的发布也更加清晰明了。

2. 情感回归，超越真人秀效果

在快节奏的社会，我们忘却了多少人与人之间最美好的情感回忆？《等着我》以一个个寻人故事为载体，希望唤起社会上每个人对情感的珍视。这种情感回归的诉求，很可能会成为一种普遍的社会现象。

遗失 20 年的父子一朝相见，跨越 60 年的爱情首次聚首，这种真实情感的烈度是当下任何一档综艺节目、真人秀节目所无法做到的，而这些却体现在《等着我》节目的几乎每一个选题中。真实，就是最强大的力量。

观众的欣赏口味是多重的，并非天天只看娱乐节目。尤其是当前明星娱乐真人秀节目的泛滥，多少会让观众产生疲倦的心理。相当大一部分观众想要收获感动，因此真情实感的展现同样拥有自己的市场。更重要的是，节目的呈现模式看似是在诉说别人的故事，实则会在寻人的过程中激发很多人的朴实情感。一种推此及彼的代入感是保障节目收视率的一个重要因素。

3. 传递公益，弘扬社会正能量

喻国明教授曾这样评价央视大型公益寻人节目《等着我》：“没有吸引人眼球的综艺明星，没有低俗的八卦炒作，只有真实的为一个个求助者劳心劳力地找寻他们失联的或亲人或恩人或爱人。观看电视时，我们或许总感触于寻人者的经历，却常忽视栏目组背后为寻人所付出的辛劳。这档没有被商业化侵蚀的节目，还原了电视制作的本真，更彰显了制作者的不忘初心。”①

作为央视综合频道推出的本土原创节目，《等着我》的成功无疑也是央视节目创新的缩影。这一节目用的都是最简单的手段、最基本的技术，模式也是最简单的，是拿世间最宝贵真挚浓烈的感情做成本。所以，用电视平台做公益活动，彰显的是央视负责任的大台风范，弘扬的是社会正能量。

当然，我们也不否认《等着我》在公益寻人、弘扬社会正能量方面取得很好社会效果的大前提下，也还存在少许不足之处。在个别节目中就存在法律界限不清，把控不严，对事件没有做认真深入的调查和细致的法理分析，从而引发争议并造成负面效果的情况。这是在今后节目中应当避免的。

五、阅读延伸

[1]张国飞，杨新刚.《等着我》：在寻人中挖掘中国故事[J]. 中国广播电视学刊，2015(5).

[2]王纲. 为缘寻找 为爱坚守——浅析大型公益节目《等着我》的艺术特色[J]. 中国电视，2015(2).

[3]汤识理. 公益寻人节目《等着我》创新探索[J]. 电视研究，2014(11).

[4]郭华. 由《等着我》探析电视节目的“后娱乐时代”[J]. 重庆电子工程职业学院学报，2011(4).

[5]赵若竹. 当下国内电视娱乐节目对“中国元素”的挖掘与传播[J]. 现代传播(中国传媒大学学报)，2014(7).

[6]张善庆. 电视艺术：引进不能代替创新——也谈综艺节目的模式引进与本土化改造[J]. 中国电视，2012(12).

[7]张涛，马东风. 娱乐时代的大众狂欢——由“电视造星”现象引发的思考[J]. 人民音乐，2006(9).

① 宋心蕊，赵光霞.《等着我》彰显国家力量 呼吁社会爱心传递[EB/OL].[2015-07-06]. http://www.media.people.com.cn/n/2015/0706/c14677_27260715.html.

[8]白小易．论电视“后娱乐时代”的开启[J]．中国电视，2010(5)．
[9]徐怀谦．边看边骂，边骂边看的泛娱乐时代[J]．杂文选刊(中旬版)，2010(7)．
[10]戴硕．后娱乐时代的电视现状与动向[J]．山西青年，2013(18)．

（王雅，孙宜君）

T2O 模式：探索电视与电商融合创新

——第一财经频道《创客星球》读解

《创客星球》是第一财经频道倾力推出的中国首档原创大型 T2O 电视众筹节目，是众筹真人秀节目，也是关注创客群体的创业类节目。受众通过多屏互动的方式选择自己喜欢的项目，投入资金并获得实物回报。《创客星球》希望能为创意者与受众搭建一个富有价值的服务平台。

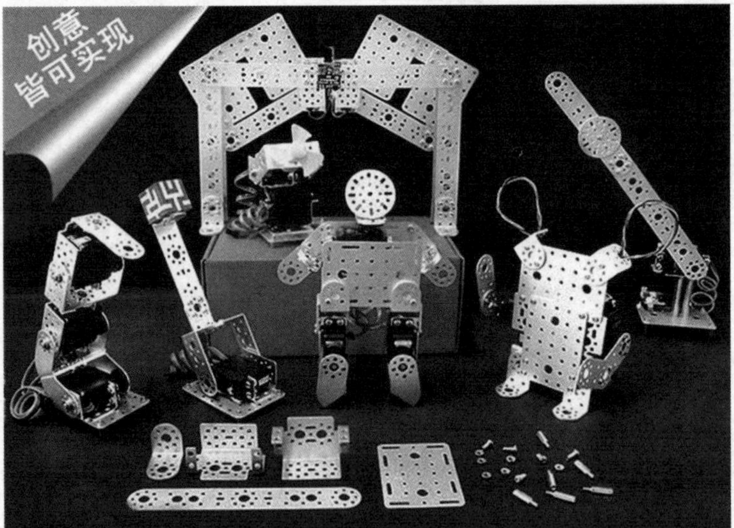

一、节目概述

中文名称：创客星球
外文名称：The Makers
节目类型：T2O 电视众筹、创意真人秀
主持人：白云峰、孙睿琦、臧雅菲
播出频道：第一财经、深圳卫视、宁夏卫视、
香港 now TV、新加坡、StarHub 等(第一季)
在线播放平台：爱奇艺、酷 6 网、土豆视频等
制作单位：上海第一财经等
开播日期：2014 年 7 月 13 日
播出时间：每周日 21：00
播出状态：播出中

《创客星球》是上海第一财经团队制作的中国首档原创大型电视众筹节目，同时也是一个为创意项目和想法提供集资的平台和社区。《创客星球》独创T2O(TV to Online)电视众筹的形式，邀请全球最优秀的创业者、发明家和设计师走进演播室，现场展示自己的产品和创意，并通过与节目同名的众筹平台进行公开筹资。所有观众都能通过多屏互动的方式选择自己喜欢的项目，投入资金，同时参与整个开发过程并获得实物回报。

《创客星球》运用“互联网＋”思维来创新电视节目，通过网台互动、多屏互动的形式，加强线上线下的互动，让所有参与节目的人扮演开发者、评判者、消费者、投资人、受众以及用户等角色。在《创客星球》中，连接与协作将取代收视率。节目希望能为创新者与创业者搭建一个有价值的服务平台。

《创客星球》的宗旨与愿望是：聚集全球杰出创客比拼酷炫产品创意，受众通过移动应用多屏互动参与众筹，让创业融资变得像电视购物一样简单，传播中国创造的生活方式和品牌价值。

二、传播源流与路径

近些年来，各种类型的电视真人秀节目在我国风起云涌、遍地开花，极大地吸引了人们的眼球；与之相伴的跟风、模仿、沿袭等，也使得电视节目同质化现象愈演愈烈。长此以往，势必会造成观众的审美疲劳。电视真人秀节目制作如何避免同质化现象，电视媒体如何拥有互联网思维，借助"互联网＋"进行创新与转型升级，已成为电视人不得不思考的严峻课题。

在这种情势下，上海第一财经频道创作团队率先实践，于 2014 年 7 月 13 日倾力推出了中国首档原创大型电视众筹节目《创客星球》。而《创客星球》同名官方网站先于 2014 年 6 月 18 日正式上线。这是非常值得赞许的创意与创新。《创客星球》节目制作人茹晨对《成功营销》杂志的记者谈了创办节目的初衷："此前我一直在探索财经类节目专业性、可看性、创新性的兼顾模式，后来我意识到要从产品入手：首先要有可视化的创意产品，让观众可以参与进来；其次是改变评价体系，让观众一起评判，拉近与观众的距离。众筹的出现，让我想到'众筹＋电视'模式。现场评委、现场观众、电视机前的观众权利一样，都可以对项目进行资金支持。最终通过多屏互动，网络数据在节目中实时呈现，达到用户的深度参与有效的社交化传播。"在茹晨看来，"用互联网思维做视频产品"打造了网台众筹生态："对于电视台，节目形式由之前的单向传播转为互动，用互联网思维打破了受众与用户的界限；对于众筹平台，增加了新的流量入口；对于众筹项目，增加曝光度的同时，还可以获得众筹资金。"①确实，《创客星球》这档节目突破了传统的电视真人秀模式和众筹模式，将电视节目融入整个产品生产链，成为众筹过程中的一环。用过程整合各方资源，包括创意展示、营销、平台、项目跟踪监督、产品把关等整个节目环节与产品链条。

《创客星球》于 2014 年 7 月 13 日在第一财经频道、宁夏卫视、香港 now TV 和新加坡 StarHub 同步播出。《创客星球》缔造了电视筹款的全新创业融资模式——T2O，通过节目的众筹平台进行公开筹资。所有观众均可通过登录节

---

① 周伟婷．当电视拥抱电商：T2O 在路上[J]．成功营销，2014(10)：65-66.

目网站或移动客户端，支持自己喜爱的项目，参与项目开发，并得到实物产品回报。《创客星球》第一季经过12周播出，最终完美收官于2014年10月27日在深圳卫视播出的《创客星球》年度星球盛典。第一季的前12期节目中，28个众筹成功的产品在网络上角逐“2014年最受欢迎创新产品”，最终由用户票选得出“2014年最受欢迎创新产品”大奖。在2014年度星球盛典上，共有20位行业领袖，300名全球创客、机构代表、科技公司大咖齐聚上海，共同见证全民心中“2014年度最受欢迎创新产品”的产生。

2015年4月19日，《创客星球》第二季启动发布会在上海隆重举行，节目制作团队现场介绍了第二季《创客星球》的亮点与特色。第二季将全面升级第一季的融资模式，首度公布《创客星球》节目自众筹方案，激发大众的参与热情，为创客提供更多助力。

2015年5月，《创客星球》栏目发起了一场名为“创客大篷车”的全国创客运动，将机器人、无人机、3D打印机、新型工具设备等创客产品带到上海、南京、深圳等十多个城市进行巡展。“创客大篷车”所到之处均反响热烈，表明这些凝聚了创客们创新结晶的产品具有极大的市场价值，也显示了“大众创业、万众创新”的活力。行进在路上的“创客大篷车”完成了串联全国创客的壮举。

经过几个月的筹备，《创客星球》第二季于2015年7月19日，正式登陆深圳卫视和第一财经频道周日晚间黄金档，掀起了一场收视热潮。中国乃至全球的优秀创客们在《创客星球》这个舞台上汇聚，展示各自的创意才智，角逐“年度创客”的称号。

三、主要社会影响

《创客星球》这档全新的T2O电视众筹节目，创造了一种新的创业融资模式——电视筹款。来自国内外各行各业的精英人士受邀来到节目现场，向现场以及电视机前的广大观众展示自己的创意和产品。节目播出之前，项目就已经登录“创客星球”众筹平台；节目播出时，“创客星球”众筹平台也同步进行众筹。在规定时间内，所有观众都能通过登录节目网站或移动客户端，以多屏互动的方式即时支持自己喜爱的项目，同时参与项目的整个开发过程，并且得到实物产品回报。

《创客星球》的同名众筹平台主要负责资金的发放和项目进度的跟踪。资金的安全是有保障的，其托管模式类似电商，所有资金通过支付宝先进入创客星球的账户，然后根据项目进度分批发放。众筹成功，投资者获得相应实物产品回报；若项目最终失败，平台方将把资金如数退还给投资者。除了当期电视节目的项目介绍，为了保障投资人后续的知情权，节目在网站上加入了社交元素，实现了项目与投资人、投资人和投资人之间的互动；并且，要求项目方设置时间轴，实时报告项目进展。

T2O 模式的两端主体，是电视节目和电商平台。对电视节目而言，最理想的状态是兼顾专业性、可看性和创新性；而对电商平台而言，当然是增加品牌和产品的曝光度及交易量。《创客星球》意识到，要达到这两种状态，首先要利用电视节目打造可视化的创意产品，让观众可以参与进来；其次要改变评价体系，让观众参与并一起评判，拉近与观众的距离。而“电视众筹”恰好能很好地满足以上两个诉求。

据统计，《创客星球》第一季开播后，通过 T2O 的众筹平台，共为参与众筹的选手集得来自全球的 5000 位支持者，筹集资金超过 500 万元，其中单个项目最高筹资达到了 120 万元。“创客星球”众筹平台在上线短短数月的时间内，即实现了项目数量和筹资额方面的重大突破，网站访问流量增速超过同期其他众筹平台，对国内众筹模式进行了全新的探索和实践。

众筹平台获得这样优秀的成绩，很大程度上得益于与电视的结合。作为电视节目，《创客星球》的功能并不局限于吸引流量，还在于为参加众筹的项目提供更多服务。例如，免费为参加众筹的项目拍摄和制作视频广告，节目播出之后项目团队还可以继续免费使用这则广告进行宣传；帮助培训项目团队；此外，具有较大潜力的明星项目会得到网络、平媒、户外和电视的立体推广。

《创客星球》用互联网思维打造了一个新的台网环境。对于电视台来说，传播模式由单向转为互动，受众的参与度更好，黏性更高；对于众筹平台来说，电视受众又是一个庞大的流量来源；对于产品来说，不仅获得了优质的宣传，还获得了资金支持。

从实践上看，《创客星球》对 T2O 与众筹的融合达到了 1＋1＞2 的效果，突破了传统的电视节目模式和电商众筹模式。传统的电视节目只是一个传播者，而《创客星球》则是众筹过程中的一个重要环节，扮演了一个产业链打造者的角色，融入整个产品生产链。《创客星球》第二季与第一季相比较，在模式、众筹机制等方面都进行了全面升级；借助微信等社交平台的支持，充分发挥各平台的联动作用，使节目的影响力得到了较大的提升。

四、阐述与评价

《创客星球》作为线上线下联动的 T2O 电视众筹节目，推广了“电视众筹”这个前沿概念。这一节目不仅反映了创作者敏锐的电视节目创新意识与互联网思维，而且传播了中国创造、乐于分享的积极态度。在《创客星球》第一季播出之后，无论是创客自身还是各类合作伙伴，都对第二季充满期待，这意味着《创客星球》在未来将面临更多的压力与挑战。为此，我们认为，节目在今后应注意把握以下几点。

第一，更好更广泛地拓展 T2O 渠道。第一财经频道的财经节目大多是专业化、年轻化的偏小众节目。《创客星球》涉足的创客领域也相对小众，因此第一季节目的收视率并不理想。想要在未来更好地联动线上线下，节目应该拓展创意产品的范围，争取把以后的节目变成全面参与的创意众筹节目，吸引更多的年轻人群、高端人群、创业人群以及企业家人群的目光。目前，第一财经与深圳卫视合作《创客星球》第二季，这是电视媒体平台的更好合作，因为深圳作为国家自主创新示范区，已成为“国际创客之都”，聚集了大批创客人才，深圳卫视也素有“先锋卫视”之称。此次，第一财经与深圳卫视强强联合，更有利于沟通上海与深圳这两个人才高地。同时，依托卫视品牌特色与优势，全面升级的 T2O 电视众筹模式，能在舞台上聚合起富有生活态度的创客选手。当然，《创客星球》若要获得更大的影响与成功，还应更广泛地拓展 T2O 渠道，包括与世界著名的电商进行深度的联手合作。

第二，应对众筹的“软肋”。“众筹”译自英文 crowdfunding 一词，即大众筹资或群众筹资。个人可以通过众筹网络平台发布自己创造发明的信息给公众，从而进行筹资，获得需要的资金，把握实现梦想的可能性。目前，依据回报方式的不同，众筹主要分为奖励众筹和股权众筹。《创客星球》采用的是奖励众筹模式。奖励众筹最为突出的问题有两个：一个是跳票，一个是成品无法达到用户最低预期。就第一个问题而言，《创客星球》解决得较好，因为团队对项目质量的把控是很严格的。目前来说，拥有可做功能测评的样品的项目才能入选。但是，和大部分众筹平台一样，《创客星球》无法切实保证成品可以满足用户的最低预期。应对的办法也许是在将来挑选众筹项目时，除了召集专业团队制定更严苛的标准进行考察外，尝试一些更为“激进”的手段，如规定已经启动量产的项目才可以进行众筹，将更多视线投放到宣传和传播上。

第三，扩大众筹节目与平台的共赢。“创客星球”众筹平台并不是《创客星球》节目自主建立的。制作人茹晨指出：“媒体平台首先要考虑内容价值最大化、节目的影响力与口碑。尤其是现在众筹网站处于烧钱阶段，靠佣金赚不了多少钱，跟节目广告收入相比太小。”[①]节目应该注重模式的创新，而不是过于在乎眼前利益。所以，《创客星球》节目与“创新星球”众筹平台是独家合作关系，广告收入依然是《创客星球》节目的主要收入来源，而平台方以佣金为主要收入来源。未来二者有可能突破内容与导流的合作关系，建立股权投资关系，互相促进，实现更高层面的共赢。这是《创客星球》T2O 电视众筹节目创作团队需要进一步思考与选择的。

五、阅读延伸

[1]侯云龙．互联网公司抢食千亿电视市场[N]．经济参考报，2013-07-24.

[2]侯云龙．乐视：众筹模式的胜利[N]．经济参考报，2013-08-02.

[3]佚名．《创客星球》第二季启动 史上最强众筹方案出炉[EB/OL]．[2015-04-21]. http：//www. hebstd. gov. cn/news/zckj/2015-2014/21/content _ 116742. htm.

① 周伟婷．当电视拥抱电商：T2O 在路上[J]．成功营销，2014(10)：66.

[4]胡家玮，孙宜君．T2O 与众筹的创新融合之路——基于《创客星球》节目的分析[J]．电影评介，2015(10)．

[5]周伟婷．当电视拥抱电商：T2O 在路上[J]．成功营销，2014(10)．

[6]佚名．创业融资新模式：众筹[J]．现代营销(经营版)，2015(4)．

[7]张应敬，李钢．嬗变与重塑：多屏融合时代的电视内容生产[J]．中国广播电视学刊，2015(8)．

[8]张琛，黄艳．CP2C 模式：多屏产业下传播价值的趋势判断[J]．科技传播，2013(20)．

[9]鲁昱晖，孙永．互联网化发展的电视综艺节目营销策略[J]．新闻研究导刊，2015(21)．

[10]杜溪．新闻运作模式的变革与创新——以众筹新闻为例[D]．武汉：华中师范大学，2014．

（孙宜君，胡家玮）

说　明

本书配有配套学习课件及教学资源，请有需要的读者与以下邮箱取得联系，获取《电视名牌节目读解》及北京师范大学出版社影视艺术与传媒系列更多学习资源。

联 系 人：北京师范大学出版社　周编辑

联系邮箱：bnu2015ys@126.com